**Pensar a justiça
entre as gerações**

Pensar a história
entre as palavras

Pensar a justiça entre as gerações

DO CASO PERRUCHE À REFORMA DAS PENSÕES

2015

Axel Gosseries

Tradução: Joana Cabral
Revisão científica: Alexandra Abranches

PENSAR A JUSTIÇA ENTRE AS GERAÇÕES
AUTOR
Axel Gosseries
Penser la Justice entre les Générations.
De l'affaire Perruche à la reforme des retraites
©Éditions Flammarion, département Aubier, Paris, 2004
EDITOR
EDIÇÕES ALMEDINA, S.A.
Rua Fernandes Tomás, n°s 76, 78 e 80
3000-167 Coimbra
Tel.: 239 851 904 · Fax: 239 851 901
www.almedina.net · editora@almedina.net
DESIGN DE CAPA
FBA.
PRÉ-IMPRESSÃO
EDIÇÕES ALMEDINA, S.A.
IMPRESSÃO E ACABAMENTO
PAPELMUNDE

Junho, 2015
DEPÓSITO LEGAL
394167/15

Os dados e as opiniões inseridos na presente publicação são da exclusiva responsabilidade do(s) seu(s) autor(es).
Toda a reprodução desta obra, por fotocópia ou outro qualquer processo, sem prévia autorização escrita do Editor, é ilícita e passível de procedimento judicial contra o infrator.

GRUPOALMEDINA

Biblioteca Nacional de Portugal – Catalogação na Publicação

GOSSERIES, Axel

Pensar a justiça entre as gerações : do
caso Perruche à reforma das pensões
ISBN 978-972-40-5977-8

CDU 340

Prefácio não filosófico a uma obra filosófica

Jorge Sampaio[1]

Confesso que quando me pediram para escrever o Prefácio a este estudo, cujo título me despertara enorme curiosidade, não tinha uma noção muito clara do que me esperava! Em abono da verdade, devo mesmo admitir que teria muito provavelmente declinado tal desafio, caso me tivesse apercebido a tempo de que se tratava de uma obra de filosofia, matéria de que, honestamente, não sou nem leitor sistemático nem tão pouco assíduo.

No entanto, para surpresa minha, a leitura deste ensaio, pontuada de dificuldades, é certo, quer pela densidade do arrazoado, quer pelo tipo de abordagem subjacente, foi para mim uma interessante descoberta – descoberta, antes de mais, de que a filosofia pode "descer à terra" e centrar-se em questões concretas, singulares e materiais que afectam o nosso quotidiano. De facto, neste ensaio intitulado *Pensar a justiça entre gerações*, o que está em causa é um verdadeiro exercício de "filosofia aplicada", bem longe das abstracções metafísicas que costumam dominar as obras filosóficas mais clássicas.

Em segundo lugar, o tema escolhido – o da justiça entre gerações – é de grande pertinência e actualidade. Constantemente, ouvimos falar de desenvolvimento sustentável, da necessidade de preservar a diversidade biológica, de conservar a natureza, de valorizar a diversidade cultural e, sobretudo, desde que a demografia na Europa tem tomado o rumo de

---

[1] Presidente da República Portuguesa (1996-2006), Alto Representante das Nações Unidas para a Aliança das Civilizações (2007-2013).

um pronunciado envelhecimento das populações e a crise persistente do emprego, das finanças públicas e a questão da sustentabilidade do Estado Social nos bateram à porta, não paramos de ouvir falar da solidariedade entre gerações – ou da sua falta –, da solidariedade e da coesão entre grupos sociais – ou da sua ausência e, em qualquer caso, insuficiência – ou, ainda, do aterrador aumento das desigualdades no seio e entre as nossas sociedades.

O que têm de comum todas estas questões? De facto, de uma forma ou de outra, subjacente a todas encontramos a *vexata quaestio* da justiça entre gerações, sejam elas simultâneas ou sucessivas, declinadas no pretérito ou na perspectiva do futuro, na variedade das formas que reveste a relação geracional intra, inter ou transgeracional, quer tratando-se da natureza e do cosmos ou do chamado pacto ecológico, quer tratando-se de interrogações da bioética em que estão em causa os direitos da vida e da morte, ou ainda do conjunto das questões em torno do pacto social, desde o problema do sistema de pensões e da sustentabilidade do estado social aos temas da dívida pública.

Neste estudo do filósofo belga Axel Gosseries, agora traduzido para português, encontramos um esboço de "uma arquitectura geral de uma teoria da justiça entre as gerações", em que as fundações são preenchidas com "conceitos fundamentais da teorias morais e com as condições de possibilidade das nossas reivindicações morais" articuladas em torno de três questões-chave, a saber: 1) "faz sentido defender a ideia de obrigações em relação aos membros das gerações futuras?"; 2) "que lugar poderão os defuntos ocupar no contexto de uma teoria da justiça entre as gerações?"; 3) sendo uma "geração um conjunto de indivíduos", não estará "a ideia de justiça entre gerações ela própria condenada uma vez que se adopta uma premissa segunda a qual só podemos ser responsáveis pelas nossas próprias acções ou inacções?".

As fundações do edifício bem assentes, através do que ele chama um exercício de "equilíbrio reflectido", Axel Gosseries lança-se em seguida a definir o conteúdo da sua teoria da justiça entre gerações, em que o pensamento de J. Rawls desempenha um papel central. Noções como a de justiça comutativa, ou teoria distributiva, da "reciprocidade indirecta" ou, ainda, da "teoria liberal igualitária" são escalpelizadas e vistas pela lente da justiça intergeracional. Esta é parte central deste estudo filosófico, de que ocupa os capítulos 3 e 4, cuja leitura, para não filósofos, é por vezes,

PREFÁCIO NÃO FILOSÓFICO A UMA OBRA FILOSÓFICA

bastante árida e, de qualquer forma, de grande exigência. Curiosamente, chegados ao capítulo seguinte – o quinto – voltamos à realidade, por assim dizer, sendo aí analisados dois casos práticos, o da conservação da biodiversidade e das reformas que naturalmente interessa a todo e qualquer leitor interessado em compreender as grande questões de sociedade do nosso tempo.

Claro que a interrogação que está permanentemente presente ao longo da leitura deste ensaio filosófico por um não filósofo é "e então?", "qual a melhor solução?", "qual a resposta justa?", independentemente de se tratar da questão das liberdades fundamentais, da protecção de espécies raras, da poupança, da clonagem humana, do recurso a "bebés-medicamentos", da protecção do canto lírico e da ópera enquanto expressão da diversidade cultural, do crescimento económico em geral, do desenvolvimento sustentável, do uso dos recursos naturais ou da reforma das pensões...

De facto, do meu ponto de vista muito pessoal, o que importa é, tal como Amartya Sen claramente aponta na sua obra da maior importância, *A Ideia de Justiça*, não tanto o atermo-nos na elaboração do que seria um mundo justo, mas sobretudo, encontrar razões para tornarmos o mundo menos injusto, ou seja, remediar da melhor forma as injustiças... isto significa que o que conta é promover a razão pública nas várias escolhas sociais que são feitas, por forma a "fazer avançar a justiça e comparar propostas alternativas para construir uma sociedade mais justa" (p. 96, *The Idea of Justice*).

Neste sentido, a leitura deste livro ao problematizar até a um quase limite crítico da razão humana questões muito concretas que afectam a nossa vida – individual e colectiva – é muito estimulante e consegue dar ao leitor a perspectiva da complexidade e, digamos, da irredutibilidade última das mesmas a respostas únicas e fechadas, como aliás Axel Gosseries reconhece no parágrafo que encerra o seu ensaio.

Não obstante, e não sendo filósofo, tenho a ousadia de insistir na necessidade de prosseguir na busca da conexão entre justiça e democracia, na certeza de que não podemos desistir de construir uma sociedade menos injusta do triplo ponto de vista intra, inter e trans-geracional...

III

Para a Maria.

AGRADECIMENTOS

Este livro representa o ponto de chegada de uma investigação iniciada em 1996. Resulta de um trabalho colectivo, para o qual dezenas de colegas contribuíram de uma maneira ou de outra. É-me impossível nomeá-los a todos, mas queria agradecer em particular a R. Arneson, W. Beckerman, P.-M. Boulanger, D. Birnbacher, L. de Briey, L. Chauvel, P. Coppens, D. de la Croix, P. Destrée, M. Fleurbaey, N. Frogneux, R. Goodin, P. Gosseries, A. Marciano, T. Mulgan, J. Myles, C. Nadeau, A. Patten, P. Pettit, H. Pourtois, A. Przeworski, D. Robichaud, R. Solow, H. Steiner, B. Strauss, C. Tappolet, P. Vallentyne, Y. Vanderborght, C. Vandeschrick, L. Van Liedekerke, P. Van Parijs, V. Vansteenberghe, D. Weinstock, A. Williams e E. Zaccaï.

Queria também agradecer ao Fonds National de la Recherche Scientifique (Bélgica) que me tem permitido, desde 1996, consagrar-me plenamente à pesquisa, graças ao apoio financeiro e à liberdade que me proporcionou. O meu porto de abrigo, a Cátedra Hoover de Ética Económica e Social (Lovaina) representou um ambiente de trabalho extremamente estimulante e agradável. Deixo aqui aos seus membros e aos numerosos visitantes que nos honraram com a sua presença, a expressão da minha gratidão. Penso, em particular, em C. Arnsperger, T. Davio, H. Pourtois, Y. Vanderborght e P. Van Parijs. Agradeço também aos outros centros de investigação que me acolheram ao longo destes anos, quer se trate do Oxford Centre for the Environment, Ethics and Society (1997), da Research School in Social Sciences da Universidade Nacional Australiana (1998) ou, mais recentemente, do Centre de Recherche en Éthique da Universidade de Montréal (2003).

Também não poderia deixar de mencionar duas pessoas que marcaram este trabalho. Dieter Birnbacher está na origem do meu interesse pela justiça entre as gerações. Quanto a Philippe Van Parijs, seguiu pacientemente este trabalho, encorajando-me sempre a ir para além do que eu pensava ser capaz de fazer. Para mim, como para muitos outros, a sua maneira de filosofar constitui um modelo. E a sua maneira de conceber as relações profissionais é-o ainda mais.

Agradeço também a toda a equipa das edições Aubier. A Monique Labrune e Dominique Méda, que acreditaram imediatamente neste projecto. A Maxime Catroux que, com uma preciosa eficiência, contribuiu com os seus numerosos comentários para tornar esta obra mais coerente e mais legível.

Agradeço ainda à Joana Cabral e à Alexandra Abranches, que levaram a cabo a difícil tradução deste livro; à Ana Rita Ferreira, à Ana Maria Simões ao Paulo Trigo Pereira e ao Luís Teles Morais, do Instituto de Políticas Públicas Thomas Jefferson-Correia da Serra; e à equipa das Edições Almedina.

Já que vamos falar de gerações neste livro, não poderia deixar de fechar estes breves agradecimentos com uma palavra para a minha família. Penso em particular no meu avô materno, Étienne Verougstraete. Sem a sua teimosia em defender uma das ideias em que acreditava, eu não teria certamente nascido, o que tem uma ligação com o conteúdo desta obra, como perceberá o leitor logo no primeiro capítulo. Quanto aos meus pais e à minha irmã, o apoio deles foi constante. É um privilégio raro crescer numa família feliz. Por fim, Maria, a minha mulher, e Alicia, a nossa menina, mostraram uma paciência maravilhosa, especialmente durante as últimas semanas desta maratona, necessárias para o concluir deste trabalho. Elas teriam, certamente, preferido que eu fosse palhaço ou trompetista. Mas, por enquanto, parecem ter abandonado a ideia de me afastarem do mundo dos conceitos.

Introdução

Será moralmente aceitável transmitir às gerações vindouras resíduos radioactivos ou uma biodiversidade em vias de desaparecimento? Poderão as pessoas futuras ser titulares de direitos apesar de não existirem? Será justo rever em baixa o valor das pensões para as quais os reformados descontaram durante toda a vida ou transferir às gerações futuras uma dívida pública considerável? Cada uma destas perguntas tem a ver com áreas diferentes da nossa existência. No entanto, estão ligadas por um fio vermelho, o fio da justiça entre as gerações. Profundamente actuais, estas interrogações recebem muitas vezes como única resposta a penúria relativa das nossas teorias normativas. Conceitos como os de «direito adquirido» em matéria de pensões ou de «desenvolvimento sustentável» não poderão servir de argumentos se não forem capazes de assentar em sólidas bases teóricas, vindas da filosofia moral e política. A nossa tarefa será, assim, desvendar estas luzes filosóficas e articulá-las, em detalhe, com uma série de questões práticas. É nossa convicção que a economia pública ou a biologia das populações não chegam para orientar os cidadãos e os seus representantes nas escolhas que lhes dizem respeito no domínio intergeracional. A filosofia também tem um papel a desempenhar, desde que tenha a modéstia de ouvir as outras disciplinas, a exigência de articular claramente os seus pressupostos e a coragem de enfrentar a prática.

Voltaremos aos múltiplos factores susceptíveis de explicar as razões pelas quais se colocam hoje – com mais premência do que antes – todas estas questões relativas às obrigações de uma geração para com outra. Estes factores, de diversos tipos, vão desde a descoberta da amplitude do efeito de estufa, passando pela ineficiência do Estado em assegurar abonos decentes

PENSAR A JUSTIÇA ENTRE AS GERAÇÕES

aos portadores de deficiências congénitas, ou pelas incertezas que persistem em relação aos subsolos mais aptos para receber os nossos resíduos radioactivos, até à crise do sistema das pensões. Dito de outro modo, seria prematuro querer explorar neste momento as ligações entre eles ou os aspectos que os distinguem. E a verdade é que esta tarefa pontuará todo o nosso percurso.

Antes de introduzirmos o conteúdo deste livro e o método nele adoptado, formulemos uma observação sob a forma de uma advertência. É muitas vezes cómodo invocar as gerações futuras para justificar ou reforçar a legitimidade de posições difíceis de legitimar de outra forma aos olhos dos nossos contemporâneos. Hitler assim apelava em 1933 a «elevar os melhores no interesse da posteridade[1]», no contexto da sua doutrina do Estado racista. O presidente americano George W. Bush, anunciou alguns meses antes da guerra do Iraque que tínhamos de tratar do problema das promessas não cumpridas do presidente iraquiano Saddam Hussein, porque «o devíamos às gerações futuras[2]»; da mesma forma, o preâmbulo da Carta das Nações Unidas (1945) sublinha a resolução das nações em «preservar as gerações vindouras do flagelo da guerra».

É claro que muitas das escolhas políticas actuais sobre as quais temos de nos pronunciar terão um impacto sobre as gerações futuras, nomeadamente – como veremos – sobre a própria identidade das pessoas vindouras. No entanto, em muitos casos, não será a essas pessoas futuras que essas escolhas irão dizer respeito em primeiro lugar. De resto, a invocação dos seus direitos e interesses raramente se expõe a uma refutação ulterior da sua parte, e a referência a gerações futuras investe muitas vezes o locutor de uma nobreza de alma que seria inoportuno negar-lhe. Que tenha sido possível, e ainda o seja, defender as causas mais nobres, mas também as

---

[1] A. Hitler, *Mon Combat*, Paris: Nouvelles Éditions Latines, 1934, p. 401.

[2] «President Bush, Prime Minister Blair Discuss Keeping the Peace» (7 de Setembro de 2002, Camp David), (www.whitehouse.gov/news/releases/2002/09/). Para um texto rico em argumentos «pró-guerra» e «anti-guerra» invocando o interesse das outras gerações: Tucídides, *História da Guerra do Peloponeso*, e nomeadamente I-144 onde Péricles afirma: «Temos por todos os meios de defender-nos contra os nossos inimigos e esforçar-nos para transmitir esta herança aos nossos descendentes sem que ela diminua», mas também I-81 onde Arquímodo, rei de Esparta, adverte: «Há uma esperança que não nos pode iludir, é a de que a guerra acabe depressa se devastarmos o seu território. Temo, antes, que a leguemos aos nossos filhos, de tal modo é inverosímil que os atenienses, com o seu orgulho, se tornem escravos das suas terras e, como se não a conhecessem bem, se apavorem com a guerra.» (traduções a partir da edição francesa: Paris, Les Belles Lettres, 1968).

INTRODUÇÃO

piores atrocidades, em nome das gerações futuras deveria reforçar a nossa vigilância. O argumento das gerações futuras não pode tornar-se naquele coelho tirado por magia do chapéu de um qualquer tribuno manhoso. Levar as gerações futuras a sério é, pelo contrário, mostrar tanto o que a justiça exige a respeito delas quanto o que não somos capazes hoje de justificar em nome delas.

I. Percurso assinalado em território intergeracional

Obrigações impossíveis?

O percurso proposto nesta obra comporta três momentos. Num primeiro tempo, abordaremos questões relacionadas com os conceitos fundamentais das nossas teorias morais, e com as condições de possibilidade das nossas reivindicações morais. São três as perguntas-chave que se colocam a este respeito.

A primeira pergunta consiste em saber se faz sentido defender a ideia de obrigações em relação aos membros das gerações futuras. Esta pergunta coloca-se com uma particular acuidade em relação a gerações que nunca serão nossas contemporâneas. Falar-se-á, neste caso, de gerações *não imbricadas* ou de ausência de sobreposição intergeracional. A dificuldade da resposta a esta questão nutre-se em duas fontes. A primeira reside no facto de uma pessoa futura *não existir*. Como é que alguém que não existe pode justificar a existência de obrigações actuais? Contudo, existe uma segunda dificuldade que é, ao mesmo tempo, mais inesperada e mais séria. Reside no chamado problema da «não-identidade», ao qual consagramos o primeiro capítulo desta obra. Para ser breve, se é verdade que a maioria dos nossos actos afecta tanto a qualidade da existência das pessoas futuras como a sua própria *identidade* – ou seja: será essa pessoa uma pessoa diferente daquela que poderia vir a existir? –, não será também verdade que, seja o que for que façamos , as pessoas futuras não poderão objectar, porque se tivéssemos agido de outra forma elas simplesmente não teriam nascido? O desafio é radical e tentaremos determinar se ameaça ou não a própria ideia de obrigações em relação às pessoas futuras.

Segunda pergunta-chave: que lugar poderão os defuntos ocupar no contexto de uma teoria da justiça entre as gerações? Será que esta só tem

PENSAR A JUSTIÇA ENTRE AS GERAÇÕES

a ver com os nossos contemporâneos e descendentes, e exclui os nossos antepassados? Ou, pelo contrário, será que deveríamos levar em conta os *desiderata* dos defuntos quando determinamos o que convém transmitir à geração seguinte? Dependendo da posição adoptada em relação ao estatuto metafísico e moral dos mortos, abrir-se-ão perspectivas muito diferentes. Se os mortos forem desprovidos de direitos (no sentido moral do termo), quererá isto dizer que a teoria intergeracional pode ignorar o passado? Se, pelo contrário, temos de respeitar os desejos dos mortos, como fazê-lo na prática, e de que maneira evitar o obstáculo de uma tirania dos defuntos? Mais ainda, como fazer coexistir numa sociedade multicultural estas duas concepções do estatuto dos mortos e as consequências que acarretam quanto ao estabelecimento de uma teoria da justiça entre as gerações? Estas questões serão tratadas no segundo capítulo desta obra.

Por fim – terceiro ponto-chave –, uma geração é um conjunto de indivíduos. A ideia de justiça entre gerações não estará ela própria condenada uma vez que se adopta uma premissa segundo a qual só podemos ser responsáveis pelas nossas próprias acções ou inacções? Implicará esta premissa que não poderemos ser considerados, sob qualquer hipótese, moralmente responsáveis por uma acção à qual não podíamos fisicamente opor-nos por causa da nossa não-existência na altura dos factos, por exemplo? Estas considerações ganham sentido quando tentamos determinar em que medida uma pessoa pode ser considerada responsável pelos actos da sua geração, ou até pelos actos de uma geração anterior. O senso comum parece excluir que eu possa ser considerado moralmente responsável por actos realizados por uma geração anterior, aos quais eu não teria podido de forma alguma opor-me. Mas não faria sentido, por exemplo, defender a ideia de que eu poderia ser considerado responsável pelas consequências dos actos de outrem, na medida em que estes pressuporiam uma *inacção represensível* da minha parte? Esta questão da responsabilidade colectiva não será tratada sistematicamente no presente livro, por falta de espaço. Contudo, aludir-se-á a ela, em particular no último capítulo.

Teorias da justiça entre as gerações

Da resposta às três perguntas centrais acima expostas depende a possibilidade e a arquitectura geral de uma teoria da justiça entre as gerações.

Consagraremos os capítulos 3 e 4 a definir o conteúdo dessa teoria. Começaremos a análise por um exame aprofundado de uma visão popular da justiça entre gerações, que podemos qualificar como teoria da reciprocidade indirecta (cap. 3). Trata-se, na realidade, de uma extensão da justiça *comutativa* – a justiça que liga parceiros a um contrato. Procuraremos desvendar ao mesmo tempo a lógica dessa abordagem e as eventuais fraquezas que lhe poderíamos opor. Compararemos esta teoria com duas outras que lhe são próximas, a chamada teoria «do provérbio índio» e outra que se baseia numa reinterpretação das obras de John Locke.

O capítulo 4 deste livro é o capítulo central. Explora as diferenças que separam a teoria *distributiva* dita «liberal igualitária» e a teoria de senso comum da «reciprocidade indirecta». Nesta parte do texto, John Rawls será a nossa fonte. Na área que nos ocupa, como em muitas outras, alguns parágrafos da sua *Teoria da justiça* bastarão para delimitar uma teoria liberal igualitária aplicada à justiça intergeracional e para apontar as principais dificuldades que essa teoria terá de enfrentar. Mostraremos que a teoria liberal igualitária pode conduzir-nos a resultados bastante inesperados, parcialmente diferentes, aliás, daqueles que o próprio Rawls enunciou, mas também dos resultados a que conduz o modelo comutativo de reciprocidade indirecta. Levar-nos-á, assim, se certas condições forem cumpridas, a renunciar ao crescimento económico por razões de justiça.

Num terceiro momento, mostraremos – no capítulo 5 – as implicações práticas destes desenvolvimentos teóricos, com base em duas problemáticas. Em primeiro lugar, a conservação da biodiversidade, um caso típico em que a invocação do interesse das gerações futuras está omnipresente. Será assim tão indiscutível que as nossas obrigações para com o futuro exijam que todo o conjunto das espécies selvagens seja preservado de uma geração à outra? O outro caso prático é o dos sistemas de pensões. É singularmente diferente do primeiro já que tem a ver com problemas não ambientais e com gerações sobrepostas. Mostraremos, no entanto, que pode ser tratado através da mesma teoria liberal igualitária. A partir da diversidade dos possíveis regimes de pensões – pensemos nas distinções «capitalização/ repartição» ou «privado/público» –, desenharemos um caminho, tentando manter a atenção sobre o que, no debate acerca das pensões, levanta dificuldades propriamente intergeracionais.

No fim deste percurso, que vai das condições de possibilidade de uma teoria da justiça intergeracional às suas aplicações, gostaríamos de mostrar

PENSAR A JUSTIÇA ENTRE AS GERAÇÕES

que esta teoria pode ser ao mesmo tempo meta-eticamente plausível, teoricamente sólida e pertinente para a prática.

II. A hipótese do suicídio da humanidade

A filosofia já teve de debater a questão intergeracional. O leitor atento lembrar-se-á, desde o arranque deste capítulo introdutório, de *O Princípio da Responsabilidade*[3], de Hans Jonas, muitas vezes considerado como a obra de referência em matéria de ética do futuro. Apesar da importância deste verdadeiro *best-seller* filosófico, não lhe daremos aqui um lugar central. Permita-se-nos dar disso uma breve explicação.

Três razões essenciais justificam esta relativa ausência de Jonas. A primeira tem a ver com uma divergência na maneira como concebemos a justificação de uma posição normativa em filosofia política e moral. Jonas parte do postulado metafísico segundo o qual os valores têm realidade, do mesmo modo que muitos de nós pressupomos – mais ou menos conscientemente – a realidade de um mundo físico independente da percepção, e que pode ser-nos mostrada pelas ciências da natureza. Este postulado metafísico está, em Jonas, ligado a uma renúncia ao corte, muitas vezes defendido, entre o «ser» e o «dever ser». Este autor quer, assim, justificar certas propostas que pertencem ao registo do «dever ser» pela sua ancoragem no ser[4], ao mesmo tempo que ele próprio reconhece a fragilidade potencial de uma tal fundação[5]. Ora, como teremos ocasião de ver, este *fundacionalismo* não nos parece necessário. E, sobretudo, põe problemas não tanto por causa da ontologia que mobiliza (a ideia segundo a qual os valores teriam uma existência independente) mas porque o autor não nos fornece uma epistemologia satisfatória, que defina as condições de validade de um acesso a esses valores, supondo que existiriam como factos independentes. Voltaremos a este assunto.

Para além disso, a nossa perplexidade alimenta-se de uma segunda fonte: o princípio substancial ao qual efectivamente a busca de Jonas conduz. Eis uma das suas formulações: «Age de modo que [...] os efeitos da tua acção

---

[3] Hans Jonas, *O Princípio de responsabilidade – Ensaio de uma ética para a civilização tecnológica*. As citações em português foram traduzidas da edição francesa: Paris, Cerf, 1990; reedição Champs-Flammarion.

[4] *Ibid.*, p. 70.

[5] *Ibid.*, p. 72.

INTRODUÇÃO

sejam compatíveis com a permanência de uma vida autenticamente humana na terra.[6]» Ou seja, «o direito individual ao suicídio pode ser discutido, mas o direito ao suicídio da humanidade não pode[7]». Existiria, assim, um imperativo categórico que nos incitaria a zelar pela «sobrevivência indefinida[8]» da humanidade. Isto implica, nomeadamente, que, em algumas condições, uma obrigação de procriação poderia impor-se a alguns de nós. No entanto, a justificação dada por Jonas para um imperativo destes não é satisfatória. A sobrevivência da espécie humana seria necessária, não por via de uma obrigação em relação a pessoas futuras, mas por via de uma obrigação para com «a ideia do homem, que é tal que exige a presença das suas encarnações no mundo[9]»; desta forma, o imperativo de Jonas justifica-se com o facto de a existência humana ser a condição de possibilidade do facto de existir responsabilidade na terra[10]. Contudo, como poderia alguém ser responsável *em relação a uma ideia*, sem que a ausência desta, por hipótese, prejudique alguém? E como não ver que justificar uma responsabilidade pela necessidade de *salvaguardar a possibilidade de existência de uma tal responsabilidade* é uma petição de princípio? Defender a obrigação de continuar a aventura humana subordinando o seu sentido à preservação da ideia de humanidade ou à possibilidade de encarnar uma moralidade torna-se, assim, dificilmente defensável.

Interroguemo-nos por um momento sobre esta suposta necessidade de assegurar a sobrevivência indefinida da humanidade. Muitos de nós consideram, provavelmente, que uma tal perspectiva é desejável. Contudo, não estará cada um de nós motivados para procurar um sentido para a sua existência, levando em conta não só a sua mortalidade individual, mas também a possibilidade de que a mortalidade diga respeito também ao género humano inteiro? Os biólogos da evolução lembram-nos, de facto, que as espécies – *Homo sapiens* é uma delas – são, em princípio, mortais. E os astrofísicos profetizam a transformação do Sol em «gigante vermelho» dentro de cerca de cinco mil milhões de anos[11]. Claro que se trata de um horizonte bastante longínquo. E a possibilidade de uma vida sem Sol não

[6] *Ibid.*, p. 30. Ver também cap. 1, nota 44.

[7] *Ibid.*, p. 62.

[8] *Ibid.*, p. 31.

[9] *Ibid.*, p. 69 (o sublinhado é nosso).

[10] *Ibid.*, p. 142.

[11] Ver, por exemplo: http://www.obs-nice.fr/vigouroux/chp1/chp111.html

PENSAR A JUSTIÇA ENTRE AS GERAÇÕES

pode ser totalmente excluída. Resta que o fim da vida humana por causa de processos naturais sobre os quais ela não teria necessariamente controlo é uma possibilidade séria, que seria prematuro afastar quando tentamos procurar um sentido para as nossas existências.

De um ponto de vista mais fundamental, porque é que, desde logo, um instante da minha existência deve ser necessariamente concebido como o instrumento de um momento ulterior? Porque deveria a vida de uma pessoa procurar grande parte do seu sentido na existência dos seus sucessores? E porque é que o fim da aventura de algumas gerações, resultado – por hipótese – da escolha unânime dos seus membros, condenaria a existência das gerações actuais e anteriores ao absurdo? Não se poderia ver neste modo de atribuição de sentido às nossas existências individuais uma constante fuga para a frente? Se aceitarmos esta objecção, a hipótese de um suicídio ou de uma morte natural da humanidade – que poderia resultar do simples facto de não se reproduzir – não deveria condenar a aventura humana ao absurdo. Jonas reconhece que «a ideia de que a humanidade possa deixar de existir não contém nenhuma auto-contradição»[12]. Acrescentemos que, mesmo que essa cessação de existência resultasse de uma escolha, esta última não teria necessariamente que ser qualificada como absurda. É certo que esse suicídio geracional acarretaria com ele uma perda de horizonte para o conjunto das gerações precedentes. Mas se for aí que temos de colocar o debate, teremos no mínimo o dever de fornecer uma teoria moral sólida sobre o que os mortos podem legitimamente esperar dos vivos. Jonas não nos propõe essa teoria. Voltaremos a este assunto no capítulo 2.

Sublinhemos, por fim, a terceira razão para a relativa ausência da teoria de Jonas neste livro. Por um lado, o seu imperativo de sobrevivência não poderia, sozinho, *ser suficiente* para constituir uma teoria sólida da justiça entre as gerações. E as indicações fornecidas no seu *Princípio de Responsabilidade*, por exemplo, sobre a maneira de tratar a incerteza, estão longe de preencher essa falta. Por outro lado, é importante sublinhar que o imperativo de Jonas não é de modo algum uma condição *necessária* para a própria possibilidade de uma teoria da justiça entre as gerações. Uma pessoa que não tivesse nada a dizer contra um suicídio voluntário e unânime da humanidade poderia perfeitamente defender ao mesmo tempo a ideia

---

[12] Hans Jonas, *op. cit.*, p.30.

de que, *se* a humanidade decidisse pelo contrário continuar a procriar, teria então de respeitar obrigações para com a geração que engendraria e algumas das seguintes. Em suma, durar não se impõe necessariamente; mas, se decidirmos durar, temos de o fazer de maneira justa.

III. Construtivismo moral e coerentismo negativo

Optamos aqui por uma concepção da filosofia moral e política deliberadamente construtivista: é possível construir e defender teorias substanciais da justiça com argumentos propriamente filosóficos. Isto significa, em primeiro lugar, que não nos satisfazemos somente com a exegese. Trabalhar os textos dos grandes autores de modo rigoroso é essencial. Contudo, ficar por aí far-nos-ia correr um duplo risco: o de nos abrigarmos por trás das palavras de um filósofo ilustre para fazer delas argumentos de autoridade, e o de aproveitarmos esse trabalho para escapar à exigência de falar em nosso próprio nome, o que constitui a condição de possibilidade de um verdadeiro debate.

Para além disso, é aos nossos olhos o papel do trabalho filosófico intervir no debate público, não só para nos esclarecer sobre as implicações dos nossos actos e os pressupostos do nossos discursos, mas também para oferecer à discussão configurações de propostas e argumentos susceptíveis de abrir o campo dos possíveis e de constituir posições aceitáveis. Qual seria o sentido de nos preocuparmos com filósofos de teoria normativa, se for somente para mostrar, com uma assiduidade algo patológica, que essa teoria é *sempre e já* marcada pela ideologia, ou que se encontra aquém do que a justiça – para sempre inacessível – exigiria?

Por fim, não nos satisfaz o refúgio em *procedimentos* justos. Sob o pretexto de que as nossas sociedades se teriam tornado demasiado divididas no plano das concepções morais e que qualquer proposta substancial seria irremediável e exclusivamente ideológica, a filosofia moral e política deveria, segundo alguns, recolher-se e consagrar-se a uma única tarefa: definir as condições de um debate justo sobre estas questões, ou seja, determinar regras de discussão que têm de ser respeitadas, interesses que têm de ser representados... É inegável que estas dimensões processuais são importantes. No entanto, considerar que uma posição moral é justa simplesmente porque é fruto de um debate feito em condições justas parece demasiado rápido. Abandonar assim o debate político a si próprio é ter uma ideia pouco ambiciosa dos recursos da filosofia, e pouco exigente do que a justiça espera do filósofo.

Porquê abandonar o fundacionalismo?

A presente obra assenta num método que se poderia qualificar de *coerentista*. O que significa isto? Confrontemos um com o outro dois modos de justificação de um sistema de normas ou de valores, o primeiro fundacionalista e o outro coerentista[13]. Na sua forma mais comum, o *fundacionalista* – a não confundir com o fundamentalista – estima que, antes de nos envolvermos numa questão aplicada, importa primeiro definir as bases sobre as quais assentar o conjunto do edifício normativo contemplado. Assim, é preciso, segundo esta perspectiva, isolar um conjunto limitado de elementos que formem um subconjunto fundacional. É sobre esse subconjunto que a integralidade do edifício de normas ou de valores deveria repousar.

De que natureza poderiam ser estes elementos fundacionais? Pensemos, por exemplo, numa antropologia filosófica fundamental. De uma definição do tipo «o homem é essencialmente assim» tirar-se-ia um conjunto de propostas do tipo «o homem tem então de comportar-se assim». Contudo, o passo assim dado do ser ao dever ser (valores) ou ao dever fazer (normas) é, evidentemente, extremamente problemático[14]. Como convencer, neste contexto, aqueles que consideram que, por detrás desta antropologia filosófica fundamental, supostamente *descritiva*, dominam já as propostas normativas (ou axiológicas) aguardando justificação?

Para além disso, podemos interrogar-nos sobre o modelo da regra mobilizada por este fundacionalismo. Será defensável considerar a possibilidade de derivar de alguns axiomas o conjunto de todos os nossos juízos nas situações mais diversas? Isto sugeriria que estes poucos postulados normativos que estariam na base deste conjunto fundacional conteriam já – como numa caixa mágica de conteúdo infinito – o conjunto das respostas para a multidão de desafios morais que a existência nos apresenta a todo

---

[13] Sobre esta problemática: C. Tappolet, *Émotions et valeurs*, Paris, PUF, 2000, cap. 3 e 4.

[14] Sobre estas questões, nomeadamente sobre a lei de Hume: R. Ogien, «Normes et valeurs», in M. Canto-Sperber (dir.), *Dictionnaire d'éthique et de philosophie morale*, Paris, PUF, 1996, p. 1052- -1064 (em particular, p. 1057 *sq.*).

INTRODUÇÃO

o instante. Para aqueles – entre os quais nos incluímos – que consideram, pelo contrário, de modo aparentemente paradoxal que a aplicação de uma regra define o seu conteúdo, esta abordagem fundacionalista, mesmo partindo de postulados desde já normativos, não é satisfatória[15].

Qual é, então, a posição dos coerentistas? Propõem um método que não assenta inteiramente sobre um subconjunto de elementos cuja justificação seja, ela própria, problemática, um método operacional que nos deve permitir responder efectivamente *in fine* aos desafios da prática, sem adiar eternamente a nossa tomada de posição com a invocação da importância de nos assegurarmos antes de tudo de uma fundação sólida. Se a necessidade de oferecer respostas em tempo real (ou ligeiramente diferido) provém directamente da exigência de justiça, a sua possibilidade é-nos fornecida pelo quadro coerentista.

O equilíbrio reflectido

O exemplo paradigmático de uma abordagem coerentista no domínio moral é fornecido pelo método do *equilíbrio reflectido* de John Rawls. É de uma simplicidade quase desconcertante. Trata-se de partir das nossas *intuições morais* (ou juízos particulares) sobre a questão particular que nos é apresentada («é favorável ao uso do véu islâmico na escola?»). Por intuições morais, entendemos aqui – de modo minimalista – as ideias que temos acerca de uma determinada questão normativa quando somos interrogados de surpresa. Estas intuições morais são, no entanto, claramente influenciadas por factores diversos como o nosso contexto educativo e o nosso humor do momento. Não há, pois, razões para lhes conferir um crédito ilimitado. Cabe-nos contudo – num segundo momento – dar conta do conteúdo destas intuições com uma referência a *princípios gerais* («o feminismo deve sobrepor-se ao princípio da laicidade»). Uma vez tal (conjunto de)

---

[15] O fundacionalismo conhece, como é evidente, outras variantes, inclusive formas intuicionistas, que têm de se confrontar com dificuldades sobre as quais seria demasiado moroso estendermo-nos aqui (cf. Tappolet, *op. cit.*, nomeadamente cap. 5 *sq.*). Não pretendemos fornecer aqui nenhum argumento decisivo contra *todas* as formas de fundacionalismo, nem excluir a possibilidade de que versões mais sofisticadas do fundacionalismo e do coerentismo possam revelar-se indiferenciáveis. O que nos importa é que as principais fraquezas da versão *standard* do fundacionalismo sejam identificadas e que a distinção entre as duas famílias epistemológicas seja esclarecida.

principio(s) definido, cabe-nos então – num terceiro momento – aplicá-lo de novo a outras questões ou situações mais ou menos próximas («será necessário impor uma farda unissexo no liceu?»), progredindo por variações e analogias, e recorrendo, quando necessário, a situações hipotéticas. Estas últimas contribuem, como se fossem experiências de laboratório, simplificando situações reais ou imaginando situações impossíveis na prática, para identificar as variáveis que determinam efectivamente os nossos juízos normativos sobre um determinado problema. Visando a coerência – ou seja, a ausência de contradições – do conjunto formado pelos nossos princípios gerais e pelos nossos juízos particulares, poderemos, então, ser levados a modificar ou abandonar ora certos princípios, ora certos juízos particulares, e a retomar – até ao equilíbrio – o vaivém assim descrito. O objectivo é, de facto, atingir *in fine* um equilíbrio reflectido, sempre susceptível de ser revisto, claro. Como indica Rawls, «trata-se de um equilíbrio porque os nossos princípios e os nossos juízos acabam por coincidir; e é reflectido porque sabemos a que princípios os nossos juízos se conformam e de que premissas estes princípios derivam[16]».

Como ilustração, consideremos brevemente o caso de uma pessoa indigente que pede esmola na rua na esperança de receber dos transeuntes alguma moeda. Um pouco depois de um transeunte se ter cruzado com o indigente, alguém vai ter com ele e pergunta-lhe por que razão não colocou uma moeda no copo de plástico do sem-abrigo. Bem vistas as coisas, aquela moedinha não lhe faria muita diferença. E pode, pelo contrário, representar muito para o indigente. O transeunte poderia responder num primeiro momento que não se sente obrigado moralmente para com ele. Que princípios poderiam explicar este juízo? Entre a multidão de princípios gerais possíveis, citemos:

–   «só tenho obrigação moral para com alguém com quem me tenha voluntariamente comprometido»;
–   «só tenho um dever de justiça para com as pessoas em relação às quais tenha a certeza de que não podem ser consideradas responsáveis pela sua situação miserável»;

---

[16] John Rawls, *Uma Teoria da justiça*. As citações em português foram traduzidas da edição francesa: Seuil, Cerf, 1987, p.47.

INTRODUÇÃO

- «a minha obrigação para com os mais desfavorecidos limita-se ao que seria necessário se todos os outros membros da sociedade contribuíssem por sua vez – e de maneira igual – para o cumprimento desse dever de justiça»;
- «é papel das instituições, e não dos particulares, encarregar-se dessas pessoas»;
- «devo sempre esforçar-me por dar à pessoa que mais necessita».

Imaginemos que o transeunte identifica o terceiro princípio como a justificação mais plausível do seu comportamento. Uma parte do seu salário bruto contribuirá, inegavelmente, através do imposto sobre o rendimento, para financiar políticas sociais e, para além disso, ele já entregou metade do seu salário líquido à Unicef. Estima, portanto, que já deu o suficiente aos desfavorecidos neste mês corrente.

Cabe-nos, então, aplicar o terceiro princípio acima mencionado a um caso análogo. Imaginemos um dia quente de Verão. Dois bons nadadores estão deitados ao sol à beira de um lago, a alguma distância um do outro, cada um mergulhado na sua respectiva leitura. Não se conhecem e não se vê outro adulto nas redondezas. A alguns metros deles, duas crianças brincam e decidem, de repente, ir para a água. Infelizmente, não sabem nadar, o que os dois adultos não demoram a perceber. Cada um destes adultos tem, inegavelmente, uma obrigação moral – e legal, aliás, em vários Estados – de assistência a pessoas em situação de risco. Um deles, contudo, não demonstra reacção, mergulhado num romance cativante. O outro atira-se para a água sem hesitações, mas, depois de percorrer metade da distância, uma pergunta surge-lhe na cabeça: «tenciono salvar estas duas crianças; contudo, seria imoral salvar só uma?». Assim, não será verdade que o terceiro princípio escolhido implica que a justiça não impõe nada para além do que me caberia se as exigências de justiça fossem respeitadas por cada um de nós? O facto de o outro adulto, absorvido na sua leitura, não cumprir as suas obrigações não deveria, portanto, aumentar a importância das minhas. Logo, mesmo que eu tenha a intenção de trazer sãs e salvas para terra estas duas crianças, a própria justiça só exigiria que eu trouxesse uma delas[17].

---

[17] Sobre o argumento do afogamento: P. Singer, «Famine, Affluence and Morality», *Philosophy and Public Affairs*, vol. 1, 1972, p. 229-243.

É claro que há, provavelmente, muitas diferenças entre o caso destas duas crianças ameaçadas de morte e o do sem abrigo cuja situação «não passaria de» miserável. Contudo, não deixaríamos de achar chocante a aplicação do terceiro princípio identificado acima ao caso do afogamento. Se for o caso, talvez devamos recorrer a um outro princípio para justificar o facto de não darmos uma moeda ao sem-abrigo. A não ser que, pelo contrário, o nosso embaraço face ao caso do afogamento nos leve a reconsiderar a nossa posição no caso do sem abrigo... e a voltar no dia seguinte para lhe dar uma moeda. Dos vaivéns entre princípios e juízos particulares – dos quais só apresentámos aqui a fase inicial – dependerá o tipo de equilíbrio obtido *in fine*.

Um coerentismo particular

Sublinhemos agora algumas características do método acima descrito. Em primeiro lugar, nenhum elemento do conjunto constituído pelos princípios gerais e pelos juízos particulares beneficia de um estatuto privilegiado. Isto resulta do facto de não haver ancoragem exterior ao próprio sistema axiológico (numa antropologia, por exemplo) e de não haver primazia do geral sobre o particular. Não havendo nenhum ponto fixo, um juízo particular, se for muito firme, pode levar ao abandono de um princípio geral, e vice-versa. Para além disto, é importante vermos que o processo de busca de um equilíbrio reflectido procura tanto *determinar* as nossas intuições sobre uma série de questões às quais ainda não dedicámos uma reflexão aprofundada, como *modificar* estas intuições na hipótese de não se atingir um todo coerente. Este método, aliás, só é incompatível com o fundacionalismo na sua versão radical. Um coerentismo *moderado* considera que, se a coerência não é necessariamente uma condição suficiente para a justificação de um sistema de propostas normativas, ela é certamente uma condição *necessária*. Não exclui que o fundacionalista possa convergir para as mesmas posições substanciais obtidas através do equilíbrio por um coerentista. Mas este último considera, certamente, que a obrigação da coerência também pesará sobre o trabalho da fundação.

Este coerentismo moderado será, aliás, muitas vezes também um coerentismo *negativo*. Como escreve Christine Tappolet, «o coerentismo clássico exige que o sujeito tenha razões para ter uma crença justificada. O coerentismo negativo, pelo contrário, nega que uma crença justificada

INTRODUÇÃO

tenha de se basear em razões[18]». O que interessa ao coerentismo negativo é chegar, após um trabalho que seja o mais aprofundado possível, a posições que *não apareçam como injustificadas* (até prova em contrário), o que não chega para dizer que são *justificadas*[19]. A coerência é, assim, vista como uma obrigação (entre outras), não como um fundamento suficiente para uma justificação. A ausência de um obstáculo não equivale, de facto, à presença de um sustentáculo. Podemos relacionar isto com uma ideia comum entre os coerentistas, a ideia que consiste em acreditar que o facto de multiplicarmos as variações e analogias, de verificarmos um princípio através de um número crescente de casos de aplicações, *reforçaria* o grau de justificação desse princípio. Para um coerentista negativo, isto só é meio verdadeiro. Não o é na medida em que, como escreve ainda Tappolet, «a relação justificadora *não cria* justificação, mas transfere simplesmente justificação de uma crença à outra[20]». Ora, se as intuições morais através das quais verificamos um princípio não são, elas próprias, justificadas (no sentido de fundamentadas), o facto de multiplicarmos os casos de aplicação não aumentará em nada o grau de justificação do princípio em jogo. A ideia segundo a qual, ao aumentar a diversidade e o número de conexões dentro de um sistema, um grau de justificação se tornaria maior é, portanto, ilusória. Apoiar-se sobre um pé ou sobre os dois não muda nada se o chão sobre o qual me encontro pode desabar a qualquer momento. Da mesma maneira, multiplicar zero por seis em vez de dois não permitirá um maior afastamento do zero. Mas existe, apesar de tudo, um sentido no qual, mesmo para um coerentista negativo, a multiplicação das ligações num sistema cria um certo reforço, não por aumentar a validade do sistema defendido, mas simplesmente por reduzir os *riscos de invalidade* desse sistema. O coerentista moderado e negativo demonstra, assim, uma modéstia que tenta conciliar a necessidade de adoptar a todo o momento uma posição sobre um determinado tema e a exigência de voltar permanentemente a examinar as posições a que se chegou pelo trabalho num certo momento.

Acrescentemos uma última palavra sobre a maneira como o coerentismo aborda os conflitos entre sistemas incompatíveis. Objecta-se muitas vezes

---

[18] C. Tappolet, *op. cit.*, p.90.

[19] Compare-se com a posição de Rawls, *op. cit.*, p.47: «[...] neste momento, fizemos os possíveis para tornar coerentes e *justificadas* as nossas convicções sobre a justiça social» (o sublinhado é nosso).

[20] C. Tappolet, *op. cit.*, p.96 (o sublinhado é nosso).

PENSAR A JUSTIÇA ENTRE AS GERAÇÕES

que o coerentismo é incapaz de lidar com um conflito entre dois sistemas axiológicos ou normativos que fossem, ambos, igualmente coerentes.
Efectivamente, se dois sistemas são perfeitamente coerentes e conduzem
a implicações mutuamente incompatíveis, o coerentista encontrar-se-á
sem recursos. Pensemos nos debates sobre o direito ao suicídio ou sobre
o estatuto moral do embrião, em que muitas vezes se chega a posições
incompatíveis que a argumentação não consegue resolver. O coerentista
responderá, no entanto, que muitas são as divergências que uma reflexão
mais profunda permitiria resolver, através de uma crítica interna de uma
das duas posições apresentadas. E acrescentará que essas divergências
radicais estão do mesmo modo presentes no fundacionalismo, mesmo que
neste caso a controvérsia tenha a ver com o conteúdo ou com o estatuto
privilegiado das propostas identificadas como fundacionais. É claro que
uma fundamentação sólida fornece um ponto de partida incontestável. Mas
saber o que pode constituir um fundamento (e se essa esse fundamento
é possível) ocasiona a mesma dificuldade com a qual os coerentistas irão
confrontar-se mais tarde.

IV. *Coortes* e classes de idade

Resta-nos elucidar duas questões suplementares com o objectivo de cir-
cunscrever o campo de investigação deste livro. O que entendemos por
«geração»? E que diferença existe entre problemas *inter* e *trans*geracionais?
Examinemos primeiro a noção de geração. Esta pode entender-se como
coorte ou como «classe de idade». A noção de *coorte*, usada pelos demógrafos,
faz referência a um conjunto de indivíduos que viveram um mesmo tipo de
evento (o nascimento, o casamento, a entrada no mercado do trabalho...)
durante um determinado período – por convenção, durante o mesmo ano
civil. Assim, a «*coorte* de casamento 1988» reúne o conjunto das pessoas que
casaram durante o ano civil 1988. Aqui, interessar-nos-emos somente pelas
coortes de nascimento. Entenderemos esta noção num sentido muito pobre,
sem pressupor, por exemplo, a existência de uma consciência geracional
mais ou menos acentuada (ex: «geração 68»)[21]. Para além disso, supomos
aqui que todos os membros desta *coorte* nascem e morrem ao mesmo tempo.

---

[21] Ver L. Chauvel, *Le Destin des générations. Structure sociale et cohortes en France au XXème siècle*,
Paris, PUF, 1998, p.9 *sq.*

INTRODUÇÃO

No mundo real, a composição da *coorte* evolui, evidentemente, com o tempo, e, em função da mortalidade, o seu tamanho está sempre a diminuir – pelo menos, se considerarmos a população mundial.

A noção de «*coorte* de nascimento» tem de ser posta em relação com a de «classe de idade». Uma classe de idade corresponde simplesmente a um conjunto de indivíduos que partilham a mesma distância temporal com um mesmo evento partilhado (o nascimento, o casamento...), mas não necessariamente na mesma altura temporal. Ao contrário da *coorte*, trata--se de uma classe *teórica* de pessoas, no sentido em que elas podem muito bem nunca ter sido contemporâneas. Gandhi, com 25 anos, é membro da mesma classe de idade que Venus Williams com 25 anos, mesmo que nunca se encontrem.

Qual é para nós o interesse destas duas noções? Elas permitem-nos fazer dois tipos de divisões de uma população no tempo e dão-nos, assim, a possi-bilidade de isolar dois tipos de questões de justiça. Pensemos, em primeiro lugar, em duas *coortes* de nascimento, uma nascida em 1960 e a outra em 1990. A preocupação de justiça que se põe aqui consiste em interessar--se pelo que, *no fim da sua existência*, a *coorte* de 1960 tiver, efectivamente, de transmitir à *coorte* 1990. Poderíamos assim, sem muitas dificuldades, colocar esta questão até com gerações efémeras, que só vivessem dois ou três dias. Quanto às classes de idade, interessam-nos aqui – ao contrário dos demógrafos – somente as que coexistem efectivamente durante um determinado período. Consideremos no ano de 1990 e imaginemos que nos encontramos frente a duas classes de idade apenas, uma composta durante esse ano civil por pessoas de 45 anos e a outra por pessoas de 15 anos. Interessa-nos neste caso determinar o que, *nesse ano de 1990*, cada uma dessas duas classes de idade tem o direito de esperar da outra. Notemos, contudo, que o que uma *coorte* deve a outra não pode ser determinado inde-pendentemente das circunstâncias particulares atravessadas por cada uma das *coortes* em jogo. Da mesma maneira, o que uma classe de idade deve a outra numa determinada altura não pode ser definido sem ter em conta o que as pessoas que a compõem transferiram ou transferirão aos membros de outras classes de idade no futuro. Dito isto, numa primeira abordagem podemos afirmar que a justiça entre *coortes* de nascimento – aquela que nos vai ocupar nesta obra – dá atenção às transferências (agregadas) entre vidas completas (que, em numerosos casos, nem sequer se sobreporão), enquan-to a justiça entre classes de idade preocupa-se com a questão de saber se existem também obrigações particulares para cumprir em determinadas alturas ou durante estádios definidos das nossas existências.

Esta divisão não está, com certeza, completamente desligada das ferramentas complexas dos demógrafos, que distinguem diferentes tipos de análises e de efeitos[22]. Muito brevemente, os efeitos de período (e os de *coorte* que retomam as marcas deixadas numa pessoa pelos efeitos do período anterior) estão ligados à nossa localização no tempo histórico (contexto económico, cultural...), enquanto os efeitos de idade estão mais ligados à passagem do tempo na nossa vida individual (maturação biológica, intelectual...). Se um determinado fenómeno se reproduz de uma *coorte* para a outra, mais ou menos na mesma idade, e de um período para o outro somente para as pessoas da mesma idade (ex: aquisição da visão pelo recém-nascido), pode-se então falar de efeito de idade. Pelo contrário, se o conjunto dos membros de uma *coorte* sofre, em idades diferentes, um mesmo fenómeno, que nenhuma *coorte* anterior tivesse sofrido (ex: a infecção por uma doença nova), tratar-se-á, provavelmente, de um efeito de *coorte* (e/ou de período).

É provável que esta distinção entre diferentes tipos de efeitos postule causalidades subjacentes de uma ordem diferente, mesmo que as noções de causalidade exógena (no caso dos efeitos de período e de *coorte*) e endógena (no caso de efeitos de idade) possam constituir somente uma abordagem muito imperfeita do que está em jogo. Se tomarmos o exemplo do divórcio, podemos também perguntar-nos se a taxa de divórcio era mais elevada nas pessoas nascidas no século XIX do que nas que nasceram no século XX (supondo o efeito de *coorte*), se aumenta em tempo de guerra ou de condições meteorológicas instáveis (supondo o efeito de período) ou se aumentará na medida em que as pessoas em questão tenham casado jovens, ou na medida em que nos afastamos da data do casamento (supondo o efeito de idade). Como mostra este exemplo, a distância temporal em relação à data do casamento não conduz necessariamente a causas estritamente endógenas. A extensão da duração de vida conjugal aumenta também as hipóteses de exposição a eventos *exteriores* susceptíveis de fragilizar ou fortalecer este

---

[22] Sobre esta problemática: C. Vandeschrik, *Analyse démographique*, Bruxelas, Bruylant, 1995, p. 25 *sq.*; J. Hobcraft, J. Menken e S. Preston, «Age, Period, and Cohort Effects in Demography: A Review», *Population Index*, vol. 48, 1982, p.4-46.

INTRODUÇÃO

laço conjugal. Importa, assim, não antecipar os tipos de causas identificáveis a partir do que os demógrafos tentam isolar como efeitos.

Os problemas de esgotamento dos recursos não renováveis – as nossas reservas de petróleo – ou de enterramento dos resíduos nucleares fortemente radioactivos pertencem claramente ao domínio da justiça entre *coortes*. Mas que se passa no caso da discriminação pela idade em matéria de emprego, dos seguros de vida ou dos seguros automóveis? Nos dois últimos casos estão, claramente, em jogo efeitos de idade ou de antiguidade, e a passagem do tempo aumenta ou reduz o risco de que se quer evitar as consequências. No entanto, a discriminação pela idade coloca também problemas de justiça entre *coortes*, por exemplo, quando se instala uma reforma, implicando que uma *coorte* seja afectada de maneira diferente em relação à seguinte pela sucessão da medida após a sua modificação ou supressão. Pensemos também na instauração seguida de supressão de uma idade de reforma obrigatória. A *coorte* que chega à idade da reforma no momento da supressão da reforma obrigatória está, certamente, em vantagem – se considerarmos o acesso ao emprego como algo de positivo –, já que, quando jovem, pôde beneficiar de uma raridade de emprego menos acentuada graças à existência da reforma obrigatória e, uma vez chegada a uma certa idade, pode renunciar aos constrangimentos que tornaram possíveis esses benefícios de que gozou na juventude. Por outras palavras, essa *coorte* de transição terá podido comer o bolo sem ter de abdicar dele numa fase ulterior. E a situação é a mesma para a *coorte* que beneficia de uma «refeição gratuita» aquando da instauração de um regime de reformas por repartição – voltaremos a este assunto. Da mesma maneira, no caso de partidos políticos que se consagram à defesa dos reformados – por exemplo, o partido popular dos reformados do Limousin, em França[23] –, é muitas vezes difícil determinar se os seus programas visam a defesa de interesses particulares de uma única *coorte* – a que chegou hoje à idade da reforma – ou se querem atrair a atenção para o destino reservado a uma

---

[23] Para um exemplo francês: B. Grosjean, «À Limoges, les retraités font de la résistance», *Libération*, 12 de Maio de 1997, p. 12. Para um estudo sobre um partido deste tipo na Holanda, l'Algemeen Ouderen Verbond: V. van Stipdonk & J. van Holsteyn, «Wat ouderen verbond. Verklaringen van het onstaan en success van een nieuwe partij», *Jaarboek Documentatiecentrum Nederlands Politieke Partijen*, 1995, p. 127-148 (http://www.ub.rug.nl/eldoc/dnpp/1995/); J.-P. Viriot-Duranval, *Le Pouvoir gris : sociologie des groupes de pression de retraités*, Paris, PUF, 2003.

determinada classe de idade, a dos reformados, independentemente da *coorte* à qual pertence.

É difícil isolar para cada problema prático as dimensões de justiça entre *coortes* e entre classes de idade. Mas isto também aponta para a necessidade de identificar o campo próprio da questão da *justiça* (ou da equidade) entre classes de idade. Qual é a particularidade da idade como base de discriminação, quando a comparamos com a cor de pele ou com o género? Como estes, a nossa idade cronológica é uma variável sobre a qual não temos controlo. No entanto, ao contrário das duas outras variáveis, a maior parte de nós passará pelas várias idades da vida. Se isto estiver correcto, então existe uma série de condições – como a permanência da discriminação e a constância do seu impacto, ou uma relativa igualdade de hipóteses de atingir uma certa idade – que, quando cumpridas, fazem com que, no fim da nossa vida, nenhum de nós tenha sido lesado pelo recurso à discriminação pela idade. Por outras palavras, se nos colocarmos no fim da vida de cada um, e se cada um de nós sofrer numa certa altura, mas também beneficiar noutra (anterior ou posterior), dos efeitos de uma discriminação assente na idade (ou na antiguidade), esta discriminação revelar-se-á... não discriminatória quando reconhecida como pertinente a vida completa das pessoas.

A discriminação pela idade coloca, portanto, desafios particulares às teorias da justiça[24]. E é amplamente praticada no contexto da alocação de bens tão variados como o direito de voto, o acesso aos benefícios do emprego (aqui incluídos os privilégios de antiguidade), o reembolso dos cuidados de saúde (pensemos na despistagem do cancro da mama), ou a possibilidade de ter uma carta de condução. No entanto, a presente obra só tratará ocasionalmente da problemática da justiça entre classes de idade, seja na sua dimensão distributiva, seja – lá chegaremos dentro de instantes – na de miscigenação social, mesmo que esta levante questões complexas para a teoria e, ao mesmo tempo, essenciais para o debate público. Ficaremos pela justiça entre *coortes*, o que – como verificaremos – constitui já por si um campo considerável.

---

[24] Sobre estas questões: N. Daniels, *Am I My Parents' Keeper? An Essay on Justice between the Old and the Young*, Nova Iorque, Oxford University Press, 1988; A. Gosseries, «Intergenerational Justice» in H. LaFollette (ed.), *Oxford Handbook of Practical Ethics*, Oxford, Oxford University Press, 2003, sec. 4.

INTRODUÇÃO

V. Justiça *inter* ou *trans*geracional?

Os dois sentidos de «inter»

O termo «intergeracional» é muitas vezes usado para designar iniciativas que pretendem lutar contra a segregação das idades. O aumento da esperança de vida média, a transformação do papel da família ligada ao maior acesso das mulheres ao trabalho remunerado, juntamente com outros factores, tornam assim cada vez mais urgente o desenvolvimento de novas formas de *miscigenação das idades*. O objectivo de miscigenação social pode responder a múltiplas preocupações (redução da exclusão, fim de estereótipos, efeitos esperados em termos de solidariedade financeira, etc.). É certo que a ausência de miscigenação não é sempre problemática. Pensemos na segregação homens-mulheres nas casas de banho públicas[25] ou – em certos horários – nas piscinas públicas[26]. No entanto, a segregação das idades pode tornar-se particularmente preocupante na medida em que, ao fazer coexistir as diferentes classes de idade em espaços separados, condena um grande número dos mais idosos entre nós a um fim de vida de excluídos, que ameaça retroactivamente o valor da nossa vida por inteiro, ao mesmo tempo que estimula nas outras classes de idade uma visão muito parcial – por vezes qualificada de discriminação baseada na idade – da dimensão temporal da sua própria existência.

Iniciativas variadas são então lançadas para romper este isolamento e reconstituir ligações intergeracionais. Pensemos na instalação de uma creche dentro de um lar de idosos, na construção de habitações sociais especialmente preparadas para acolher jovens e menos jovens, no recurso a seniores recentemente reformados para apadrinhar futuros trabalhadores acabados de sair da escola, no enquadramento de mulheres políticas principiantes por mulheres políticas confirmadas, nas aulas dadas por jovens alunos de liceu a seniores ou no relacionamento entre famílias sem avós com avós ditos «de coração»[27]. Na realidade, esta política anti-segregacionista procura, sem dúvida, criar relações entre sensibilidades e

---

[25] No entanto, até neste caso a segregação pode não ser tão anódina como poderia parecer. Ver E. Goffman, *L'Arrangement des sexes*, Paris, La Dispute, 2002 [1977] (trad. H. Maury), p. 79-80.

[26] C. Simon, «Pisaines pour dames», *Le Monde*, 24 de Setembro de 2003, p. 16.

[27] Para um apanhado dessas iniciativas: J. Dore, J. Gagnon & P. Gauvin, *Guide de l'intergénération. Complices en action !*, Montréal, FADOQ, 1995; O. Taramarcaz & A. Leitchi, *GénérAction. Cycle*

visões do mundo que são tanto frutos de efeitos de idade como de efeitos de *coortes*. Se uma criança tem muito para aprender com a sua avó, será provavelmente porque a idade desta lhe permitiu viver *mais* eventos do que os seus netos (o que é um efeito de idade), mais do que pelo facto de a *natureza* dos eventos que a marcaram – como a invenção do frigorífico ou a segunda guerra mundial – ser provavelmente muito diferente da natureza dos que os seus netos viveram (o que tem mais a ver com efeitos de *coorte*).

Mais ainda – e sobretudo –, isto mostra-nos que o prefixo «inter» pode ser compreendido de duas maneiras, e somente a segunda será tratada aprofundadamente nesta obra. No primeiro sentido, preocupamo-nos com a não segregação, o que remete para um problema de presença espacial. No segundo sentido – aquele que nos interessa aqui –, concentramo-nos sobre o que é e tem de ser transferido de uma geração à outra, para além da simples transferência afectiva ou da troca de visões do mundo.

A justiça *trans*geracional

A justiça *trans*geracional remete para problemas, certamente essenciais e difíceis, mas bastante diferentes das questões *inter*geracionais. Não poderemos, por falta de espaço, tratá-los aqui em detalhe. Entre os problemas de justiça transgeracional típicos, mencionemos o das desigualdades intra-geracionais reproduzidas de uma geração para a outra, por via da instituição da herança, e o das reivindicações dos descendentes das vítimas da escravatura para com os descendentes dos seus donos. Para tornar a distinção completamente clara, uma questão de justiça *inter*geracional pode colocar-se a partir do momento em que temos duas gerações, mesmo que haja somente um indivíduo por geração. Pelo contrário, para que haja um problema de justiça *trans*geracional, é preciso que cada *coorte* seja composta, pelo mínimo, por dois indivíduos – ou, com mais frequência, duas comunidades.

Imaginemos então que Paulo sénior foi o escravo de João sénior. Alguns anos após o falecimento dos dois homens, os seus respectivos filhos – Paulo júnior e João júnior – encontram-se, por acaso, numa rua da Nova-Orleães e conversam sobre os problemas de justiça que lhes dizem respeito. Será

---

de vie – relations interpersonnelles – lien social, Zurique, Fondation suisse pro juventute/Pro Senectute Suíça, 2000.

que Paulo sénior transmitiu a Paulo júnior tudo o que devia na perspectiva da justiça *inter*geracional? João júnior pode também colocar-se a mesma pergunta em relação ao seu próprio pai. E podem perguntar-se juntos se a geração dos seus pais transmitiu devidamente à deles o que lhe devia. Tudo isto tem a ver com a justiça *inter*geracional e, sob essa perspectiva, não se trata de dívida eventual de João júnior para com Paulo júnior. Este acaba, contudo, por levantar a questão que o preocupa desde o início da conversa. João júnior não lhe deverá uma compensação pelas injustiças cometidas por João sénior contra Paulo sénior? Aqui está uma questão de justiça *trans*geracional. Tem menos a ver com a obrigação de transferência de uma geração no seu conjunto para com outra, do que com a possibilidade de transferência de dívidas contraídas entre (comunidades de) contemporâneos de uma geração para a seguinte. Por outras palavras, trata-se de saber sob que condições as injustiças intrageracionais podem gerar dívidas transmissíveis a certos membros da geração seguinte.

Este tipo de reivindicações confronta-se, nomeadamente, com a objecção segundo a qual uma pessoa não deveria, em princípio, ser considerada responsável por injustiças cometidas pelos seus antepassados, em relação às quais não podia fazer nada porque, na maioria dos casos, ainda não era nascida. A nosso ver, esta objecção extremamente séria não implica, no entanto, que nenhuma reivindicação de reparação para os descendentes de judeus espoliados durante a Segunda Guerra Mundial ou para os de cidadãos africanos cujo país foi colonizado durante décadas seja aceitável; mas exige, com certeza, uma abordagem alternativa da reparação das injustiças históricas, sobre a qual seria demasiado moroso estendermo-nos aqui[28].

Abordaremos aqui, portanto, problemas de equidade *inter*geracional , mais do que de justiça *trans*geracional. Mais precisamente, trataremos somente de uma parte da justiça *inter*geracional, aquela que, por um lado, vê no prefixo «inter» uma referência a problemas de *transferências* mais do que de *miscelâneas* – mesmo que estes dois aspectos estejam, evidentemente, ligados – e, por outro lado, entende o termo «geração» no sentido de «*coorte*» mais do que de «classe de idade» – mesmo que, mais uma vez,

---

[28] Para uma abordagem possível, baseada na noção de *free-riding* transgeracional e aplicada às reivindicações ligadas às emissões de gases de efeito de estufa dos nossos antepassados: A. Gosseries, «Émissions historiques et *free-riding*», *Archives de philosophie du droit*, vol. 47, 2003, p. 191-220.

as ligações sejam múltiplas. O cenário está montado, entremos agora no cerne do assunto.

Capítulo primeiro
Nicolas, Lionel, e as gerações futuras

Qualquer pessoa, seja qual for a sua idade, a cor da sua pele ou o seu nível de qualificação, merece, a um nível fundamental, um respeito igual por parte de qualquer um de nós. Por conseguinte, o facto de algumas das nossas acções serem susceptíveis de lesar outrem não deveria deixar-nos indiferentes. Isto não significa que qualquer dano a outrem possa, ou deva, necessariamente ser evitado. Mas quando antecipa que da sua acção se segue um dano a outrem, o agente tem de verificar se esse dano pode ou deve ser evitado. Não estaremos perante uma situação semelhante quando as acções de alguns dos nossos contemporâneos, ou de todos nós, podem ter um impacto negativo sobre o estado dos recursos de que poderiam dispor no futuro os filhos dos nossos filhos? Mesmo que estejamos inclinados a responder pela afirmativa, a resposta a esta pergunta não é evidente. E aqui está uma das maiores surpresas que encontramos nas questões de justiça intergeracional: um impacto negativo sobre o destino das pessoas futuras não constitui necessariamente um dano para estas pessoas.

Para percebermos a dificuldade central quanto a esta questão, tomemos como ponto de partida duas histórias verídicas e recentes, dolorosas do ponto de vista humano, e muito desconcertantes do ponto de vista conceptual. A primeira história é a de Nicolas. A irmã do futuro Nicolas contrai rubéola quando ele está ainda na barriga da mãe e contamina-o. Sabendo-se grávida e consciente de que a sua filha contraiu rubéola, a mãe de Nicolas contacta o seu médico de família no intuito de determinar se também ela contraiu a rubéola. Uma vez que esta doença sujeita o feto ao

PENSAR A JUSTIÇA ENTRE AS GERAÇÕES

risco de sequelas graves, ela manifesta ao mesmo tempo o seu desejo – partilhado pelo marido – de proceder a uma interrupção da gravidez caso o teste seja positivo. O médico e o laboratório médico dão um diagnóstico negativo. Oito meses depois, Nicolas nasce. É, contudo, portador da síndrome de Gregg, que é uma condição extremamente debilitante, provocada por uma infecção *in utero* devida à rubéola. O diagnóstico fornecido pelo médico, com a ajuda do laboratório médico, era, portanto, falso, o que o faz incorrer em responsabilidade por erro, omissão e/ou negligência.

Vejamos agora a segunda história, a do Lionel. Enquanto está, também ele, na barriga da mãe, esta pede que sejam efectuados exames médicos para rastrear uma eventual trissomia 21. Os resultados são inquietantes e justificariam uma consulta especializada. No entanto, o ginecologista dos pais do Lionel esquece-se de comunicar estes resultados à sua paciente, impedindo-a *de facto* de recorrer a uma amniocentese e, eventualmente, a uma interrupção voluntária da gravidez. O Lionel nasce alguns meses depois, com trissomia 21.

A primeira história é a mais conhecida, porque deu origem à resolução «Perruche»[1], mas é a segunda[2] que melhor ilustra o argumento desenvolvido neste capítulo. As duas histórias tiveram um fim semelhante. Tanto os pais de Nicolas como os de Lionel, tendo de se confrontar com a deficiência dos filhos e com o custo financeiro suplementar que ela representava, decidiram recorrer à justiça. Se o Estado não lhes conceder, sob a forma de um subsídio para assistência a um filho com deficiência, o que deveria conceder-lhes, não será legítimo que os pais de Nicolas e de Lionel vão buscar o dinheiro necessário a outro lado – aos bolsos dos médicos responsáveis, por exemplo – e isto com o objectivo de assegurarem aos filhos a possibilidade de sofrer o menos possível em consequência da sua deficiência? Havendo um erro, não será, aparentemente, mais do que legítimo este recurso ao direito da responsabilidade? Os dois casos foram levados ao Supremo Tribunal de Justiça francês[3], que admitiu em ambos os casos ter o erro do médico provocado não só um prejuízo para os pais,

---

[1] Resolução nº 457, Cass. Fr., 17 de Novembro de 2000, *Bull.*, Ass. plen., nº9, p. 15 (doravante «Resolução Perruche»). Ver por exemplo: O. Cayla et Y. Thomas, *Du droit de ne pas naître*, Paris, Gallimard, 2002; M. Iacub, *Penser les droits de la naissance*, Paris, PUF, 2002.

[2] Resolução nº 486, Cass. Fr., 28 de Novembro de 2001, disponível em www.courdecassation.fr (doravante «Resolução Lionel»).

[3] *Cour de cassation.*

34

mas também um prejuízo para os próprios Nicolas e Lionel. O debate em torno deste último ponto não tardou a explodir, dando lugar a análises contraditórias, expressas por técnicos de ecografia, seguradoras de saúde, associações representando deficientes, professores de direito, especialistas em bioética ou militantes antiaborto. É sobre esta questão do prejuízo *para a criança* que nos concentraremos, com o único objectivo de perceber a dificuldade fundamental deste tipo de casos e oferecer soluções.

Qual é o papel do sofrimento destas duas famílias e de um debate que, aparentemente, é mais jurídico, numa obra filosófica sobre a justiça entre as gerações? Mostraremos que a dificuldade conceptual central que atravessa estes dois casos, em especial o de Lionel, afecta também, na verdade, muitas das nossas acções susceptíveis de causar «dano» às gerações futuras. Por outras palavras, se o Supremo Tribunal de Justiça francês se tiver enganado ao reconhecer a possibilidade de um dano à criança em casos como os de Nicolas e Lionel, poderíamos, então, enfrentar muitas dificuldades ao exigir, por exemplo, que um governo adopte uma determinada política de transportes públicos ou de produção energética em nome de uma preocupação em relação às gerações futuras. Se existirem obstáculos teóricos importantes à resposta dada pelo Tribunal de Cassação nestas duas resoluções, esses obstáculos poderão ameaçar a própria possibilidade de obrigações para com as gerações futuras, o que – temos de admitir – teria implicações importantes sobre o escopo do presente livro.

O caminho escolhido neste capítulo é o seguinte. Começaremos por identificar os traços específicos dos casos de tipo «vida injusta, expressão que se adoptou para designar situações como as de Nicolas e de Lionel. Identificaremos a dificuldade filosófica que consideramos central nestes casos de «vida injusta», e, em especial, no caso de Lionel (secção I). Indicaremos de seguida como deveríamos tentar responder a estes casos, tanto do ponto de vista prático como teórico (secção II). Veremos que os casos de «vida injusta» têm uma ligação directa com a problemática das nossas obrigações para com as gerações futuras. E tentaremos determinar se não existirão, no caso das gerações futuras, soluções adicionais para além das propostas para os casos de vida injusta (secção III). Por fim, examinaremos as consequências destes desenvolvimentos no que diz respeito à possibilidade de defender a ideia de direitos das pessoas futuras (secção IV).

PENSAR A JUSTIÇA ENTRE AS GERAÇÕES

I. Será que qualquer deficiência é um dano?

Os casos do tipo «vida injusta» não são uma invenção recente, nem uma especificidade francesa. Apareceram nos Estados Unidos no fim dos anos 60, onde foram rapidamente designados pelo termo *wrongful life*[4]. Note-se que usamos a expressão como um termo técnico. Utilizá-la não pressupõe de modo algum que aceitemos a ideia segundo a qual o prejuízo para a criança seria constituído pela própria vida ou pelo próprio nascimento mais do que pela sua deficiência, distinção que fez correr muita (demasiada) tinta depois da decisão do Supremo Tribunal de Justiça no caso Perruche[5]. A nosso ver, os dois são indissociáveis[6]. No intuito de identificarmos as situações que geram este tipo de casos, importa distinguir as quatro condições necessárias que estes devem reunir. A necessidade de uma quádrupla conjunção – juntamente com outros factores – explica a sua relativa raridade.

Quatro condições

Primeira característica: é preciso uma criança que seja vítima de uma deficiência desde o seu nascimento, ou – nos casos mais claros – que essa deficiência tenha sido inevitável desde o momento da concepção. Esta situação distingue-se, portanto, da hipótese em que os pais invocariam como prejuízo próprio (em oposição a um prejuízo para a criança) o simples facto de terem dado à luz uma criança não desejada, ainda que livre de qualquer deficiência. Neste último caso, os pais culpariam o médico por

---

[4] Ver E. Collins, «An Overview and Analysis: Prenatal Torts, Preconception Torts, Wrongful Life, Wrongful Death, and Wrongful Birth: Time for a New Framework», *Journal of Family Law*, vol. 22, 1984, p. 677-711.

[5] Ver Cayla e Thomas, *op. cit.*, p. 40. O argumento que segue não postula nem que dar a vida não poderia nunca constituir um prejuízo, nem que a deficiência seria sempre dissociável da existência da pessoa deficiente.

[6] Não adoptamos portanto, de modo algum, o raciocínio justamente criticado por Cayla e Thomas, que consiste em afirmar: «admitimos que houve erro médico; porém, a consequência do erro não é a deficiência, mas somente o *nascimento* da criança; ora, em nenhum caso o *nascimento* poderia ser só por si um *prejuízo* para o interessado» (*op. cit.*, p. 34). Por um lado, consideraremos mais adiante que dar a vida pode, em casos muito limitados, dar origem a um prejuízo. Por outro lado, se rejeitamos a utilização da noção de prejuízo é porque consideramos que, em casos como o de Nicolas Perruche, *a deficiência em si* não constitui um prejuízo, e isto precisamente porque é consubstancial à existência de Nicolas.

36

uma operação de esterilização que não conduziu, de facto, à esterilização projectada (*concepção indevida*), ou por um aborto que teria falhado (*gravidez indevida*)[7]. Podemos imaginar também – e o tema não está desprovido de uma certa actualidade – o caso de um «azar» depois de um processo de selecção dos sexos (criança de sexo não desejado – *selecção indevida*). É claro que a questão de saber como definir uma deficiência merece debate. Contudo, em todos os casos acima mencionados que não têm a ver com a «vida injusta», os pais não invocam de modo algum a existência de uma deficiência na pessoa da criança. Trata-se unicamente de um dano causado aos pais.

Segunda característica: a deficiência da criança no nascimento tem de ser o resultado, antes de tudo, de um *facto da natureza*. Pode tratar-se de um problema existente aquando da concepção (como no caso da trissomia de Lionel) ou que tenha surgido durante a gravidez (como no caso da infecção pela rubéola que afectou Nicolas). Em todo o caso, a partir do momento em que a deficiência é, principalmente, o resultado de um *facto provocado pelo homem* e que tenha acontecido *depois da concepção*, as dificuldades que este tipo de casos coloca ao direito da responsabilidade estão em parte resolvidas (ou deslocadas). É o caso de uma amniocentese que provocasse um dano ao feto (perda de um olho), do uso de um medicamento ou droga com efeitos teratogénicos durante a gravidez, ou de um acidente de automóvel que causasse danos tanto na mãe presente no veículo acidentado, como na criança que ela carrega (traumatismo craniano). Em todos os casos em que um facto provocado pelo homem está na origem da deficiência, não nos encontramos numa situação de «vida injusta». Trata-se, antes, de um dano clássico, causado tanto aos pais quanto à criança.

Terceira característica: os pais, se tivessem conhecimento do risco ou da existência da deficiência, decidiriam não conceber o filho ou – se a criança já está concebida – praticar uma interrupção da gravidez. Importa, assim, distinguir dois tipos de casos, os casos *pré-concepcionais*, por um lado (ex: quando se trata de avaliar, antes da concepção, a existência de um risco genético), e os casos *pós-concepcionais*, por outro lado. A questão do aborto só se coloca na segunda hipótese. Nos casos de informação pós-concepcional em falta, uma acção como a que seria permissível em casos

---

[7] Ver Collins, *op. cit.*; G. Genicot, «Le dommage constitué par la naissance d'un enfant handicapé», *Revue générale de droit civil*, 2002, p. 79-98, nº 8 s.

de «vida injusta» só é aceitável se, no momento em que os pais deveriam ter recebido a informação sobre a criança, ainda estavam em condições legais para proceder a um aborto. Isto pressupõe, portanto, uma legalização ou uma despenalização, mesmo que parcial, do aborto. Do ponto de vista moral, a questão coloca-se nos mesmos termos. Qualquer teoria que considere o aborto como sendo imoral, em qualquer altura em que seja feito, não pode aceitar o argumento da vida injusta numa situação pós-concepcional.

Pelo contrário, se nos encontrarmos perante um caso de diagnóstico *pré-concepcional* errado, que seja moralmente (ou juridicamente) aceitável uma acção do tipo «vida injusta» não está de modo algum dependente de uma acção de aborto. Ora, estes casos estritamente pré-concepcionais existem. Não basta, no entanto, ter bons argumentos contra o aborto para rejeitar necessariamente as acções de vida injusta. Pensemos num caso famoso em que um médico, consultado por pais que receavam conceber uma criança deficiente, deu uma informação tranquilizadora mas falsa a estes pais. Estes decidem então conceber uma criança, mas, no nascimento, esta revela-se portadora da doença de Tay-Sachs, que já tinha afectado o primeiro filho do casal. Assim, mesmo que o caso Perruche pertença às hipóteses pós-concepcionais, podemos dissociar as questões de filosofia moral ligadas à vida injusta das que estão ligadas ao aborto.

Quarta característica: um terceiro – um técnico de ecografia ou um laboratório de análises, por exemplo, que cometeu um *erro de diagnóstico ou de informação*. Sublinhemos que o erro deste terceiro *não afecta directamente* a criança de um modo físico, como o faria o erro cometido nos casos do acidente automóvel ou da amniocentese defeituosa mencionados acima. Este erro afecta-a *indirectamente*, influenciando as escolhas dos pais quanto a conceber ou não uma criança (no caso de um diagnóstico pré--concepcional) ou de ficar ou não com o feto (no caso de um diagnóstico pré-natal). Por um erro (indevido) de informação pertinente, os pais vêem--se impedidos de exercer efectivamente a prerrogativa de que dispõem.

Uma vez identificados estes quatro elementos, recordemos a resolução do Tribunal de Cassação proferida no caso de Lionel:

> «Considerando que a resolução define que o médico não tinha comunicado à paciente os resultados de uma dosagem de beta HCG que lhe tinha

proposto nas dezasseis semanas de amenorreia, enquanto estes resultados, confirmados por exames ecográficos que revelavam a discordância entre um diâmetro biparietal importante e um fémur muito curto, eram inquietantes e justificavam uma consulta especializada em genética e em ecografia; que dadas estas constatações, e sendo que não foi contestado pelo Sr. Y [o médico ginecologista] que as condições médicas para uma interrupção da gravidez por motivo terapêutico estariam reunidas, o tribunal de apelação concluiu que o erro assim cometido, que fez perder à Sra. X... a possibilidade de recorrer a uma amniocentese e à dita interrupção da gravidez, esteve em relação directa com o prejuízo resultante para a criança pela sua deficiência.»[8]

Assim, não são negadas nem o erro, nem a deficiência, nem a possibilidade de a mãe recorrer legalmente a um aborto em caso de diagnóstico positivo. Para além disso – e isto constitui, a nosso ver, o cerne do problema –, a *deficiência* da criança não é somente reconhecida como constituindo um dano *para os pais*, mas também *para a própria criança* («... prejuízo resultante para a criança da sua deficiência...»). Por fim, o erro de diagnóstico ou de informação é reconhecido como estando numa relação de causalidade com o dano causado à criança, no sentido do direito da responsabilidade. Esta posição do tribunal está, a nosso ver, errada, tanto do ponto de vista do direito como do ponto de vista da teoria moral. Iremos agora explicar porquê, centrando-nos no caso de Lionel e fazendo por vezes comparações com o caso de Nicolas. Mostraremos também que era possível responder *de outra maneira* ao sofrimento da família de Lionel e da família de Nicolas, de modo a que a posição de princípio aqui defendida não possa ser simplesmente rejeitada invocando a sua pretendida falta de pragmatismo.

O que é um dano?

Não se trata de negar que o Lionel sofre de uma deficiência, nem de contestar a apreciação segundo a qual o erro médico fazia o médico efectivamente incorrer em responsabilidade por erro ou omissão, nem de questionar a

---

[8] Resolução Lionel, *op. cit.* Quanto à resolução Perruche: «Considerando [...] que, a partir do momento em que os erros cometidos pelo médico e pelo laboratório na execução dos contratos feitos com a Sra. X a impediram de exercer a sua opção de interromper a gravidez no intuito de evitar o nascimento de uma criança sofrendo de uma deficiência, esta poderá pedir a reparação do prejuízo resultante desta deficiência e causado erros em causa.»

PENSAR A JUSTIÇA ENTRE AS GERAÇÕES

relação de causalidade entre este erro e a existência da criança. Também não é necessário duvidar da afirmação dos pais, segundo a qual, na posse da informação correcta, teriam decidido proceder a uma interrupção voluntária da gravidez. O que nos importa perceber é que a deficiência de Lionel não constitui um *dano*. Notemos que qualquer dano não constitui necessariamente um prejuízo. Entendemos por *prejuízo* um dano moral ou legalmente inaceitável. Assim, se admitirmos a possibilidade de uma competição justa, o candidato vitorioso para um emprego causa necessariamente um dano ao seu concorrente, pelo simples facto de que, ao concorrer e ao obter o emprego, priva dele o outro candidato. Mas se essa competição for justa, a existência desse dano não é inaceitável. Pelo contrário, não pode existir prejuízo se não houver dano. Ora, é disso que se trata aqui, o que implica que, para os efeitos da presente demonstração, não importa muito que nos exprimamos em termos de prejuízo ou de dano.

No intuito de percebermos por que razão a deficiência de Lionel não constitui um dano (e, *a fortiori*, um prejuízo), imaginemos um acidente de automóvel. Para que a vítima tenha sofrido um dano, a sua situação após o acidente tem de ser *pior* do que *teria sido* sem esse acidente. O estado *anterior* torna-se, assim, significativo se nos permitir prever qual teria sido o estado *contrafactual* da pessoa, que constitui o verdadeiro elemento da comparação. Da mesma forma, para que Lionel tenha sofrido um dano, temos de nos perguntar se a sua situação actual é pior do que aquela que *teria sido* se o erro médico não tivesse tido lugar. Há duas hipóteses que podem colocar-se.

Ou os pais teriam decidido ficar com a criança, mesmo sabendo que era portadora de uma deficiência e, neste caso, o erro do médico não muda nada na situação da criança. Ou os pais teriam decidido fazer um aborto se tivessem sabido da deficiência da criança e, neste caso, Lionel não teria nascido. O erro médico é aqui, portanto, uma condição necessária para a existência *daquela* criança. Não se trata, evidentemente, de afirmar que, sem esse erro, os pais teriam renunciado para todo o sempre a ter um filho; mas torna-se evidente que o aborto teria acabado ou tornado impossível (dependendo da concepção adoptada quanto ao estatuto do feto) a existência *daquela* criança. E a situação é a mesma nos casos de diagnósticos pré-concepcionais, já que, mesmo que um diagnóstico positivo possa levar os pais a seguir um tratamento em vez de renunciar à procriação, significará de qualquer maneira que, se houver criança, será necessariamente *outra* diferente daquela que teria nascido em caso de diagnóstico negativo.

Posto isto, ao contrário do caso do acidente de viação, é-nos impossível aqui comparar dois *estados* da *mesma* pessoa. De facto, deste ponto de vista, a única coisa que podemos aqui comparar com o estado de trissomia do Lionel não é um estado não-trissómico que poderia ter sido o *seu* – pois isto não teria sido possível – mas a sua não-existência. Ora, a não-existência não pode ser o *estado* de uma pessoa[9]. Isto não significa que uma pessoa não possa preferir a morte (e, logo, a não-existência) à sua existência actual; também não implica que seja impossível para outem determinar se uma pessoa existente incapaz de se exprimir preferiria ou não a não-existência à sua existência actual e, portanto, se faria sentido (preferencialista) afirmar que seria melhor para ela morrer. Isto quer dizer que, a não ser que a sua existência actual seja má em termos absolutos – voltaremos a este assunto –, uma pessoa não pode afirmar ter sofrido um dano se o seu estado actual está ligado de modo *necessário* à sua existência, e isto desde a sua própria concepção.

Podemos interpretar esta proposição de duas maneiras. Ou o conceito de dano *não se pode aplicar*, porque a não-existência – única alternativa possível «para essa pessoa» – não é um *estado* de uma pessoa; ou o conceito de dano é aplicável – a não-existência tem um valor zero para essa pessoa, mesmo não sendo *stricto sensu* o estado de uma pessoa – mas não seria *nunca satisfeito*, a não ser no caso em que a existência da criança fosse «má» em termos absolutos. Podemos certamente definir uma existência «má» como pior do que a não-existência dessa pessoa, mas parece-nos mais pertinente definir a «existência má» de um modo menos *ad hoc* – voltaremos a isto – e ficar pela posição segundo a qual o conceito *standard* de dano *não seria aplicável* em casos como o do Lionel. De qualquer maneira, o elemento essencial reside aqui no facto de que, seja qual for a interpretação escolhida, sempre que a sua existência não seja pior para ela do que a sua não-existência, nem má em termos absolutos, não podemos afirmar que a deficiência de uma pessoa como Lionel constitua para ela um dano.

---

[9] *Contra*: M. Roberts, *Child versus Childmaker. Future Persons and Present Duties in Ethics and the Law*, Lanham, Rowman and Littlefield, 1998, 235 p. Este autor instala comparações que pressupõem que a não-existência de uma pessoa seja um estado dessa pessoa.

A diferença entre Nicolas e Lionel

Para especificar com mais pormenor esta tese, comparemos três casos, dos quais só os dois últimos pertencem ao domínio da «vida injusta». *Primo*, no caso de uma amniocentese defeituosa que provoque um dano ao feto, mas não a morte, poderemos afirmar que esta futura criança poderia ter sido diferente, sem contudo ser outra pessoa. Não o foi por causa de um erro humano. *Secundo*, Nicolas, também ele, teria podido ser diferente se a mãe não tivesse contraído a rubéola, sem contudo ter sido outra pessoa. Mas, contrariamente ao primeiro caso, é devido a um evento natural que nasceu com deficiência. *Tertio*, Lionel (ou a criança que sofra da doença de Tay-Sachs) é vítima de uma deficiência presente desde a concepção. Esta deficiência pode ser imputada principalmente a uma causa natural, como no caso de Nicolas; mas o que importa antes de tudo é que Lionel, ao contrário das duas crianças anteriores, não poderia ter nascido diferente. Esta deficiência, presente potencialmente desde a concepção, é uma parte integrante dele próprio.

Entre as várias distinções possíveis que atravessam estes três casos, importa identificar quais são, do nosso ponto de vista, as mais significativas. Em primeiro lugar, é irrelevante que se trate de um erro de diagnóstico *pré- ou pós-concepcional*. Podemos imaginar tanto hipóteses de erro de diagnóstico pré-concepcional (ex.: um diagnóstico errado sobre uma possível imunidade da mãe) como casos de diagnóstico pós-concepcional (o de Nicolas) em que o argumento da ausência de dano não funciona. Assim, tanto o caso da criança Tay-Sachs (diagnóstico pré-concepcional) como o de Lionel (diagnóstico pós-concepcional) confirmam que o argumento de ausência de dano pode aplicar-se nos dois casos.

Em seguida, é irrelevante – no que respeita ao presente argumento – que as causas do dano, se este existir, sejam principalmente uma *acção humana* ou um *evento natural*. A afirmação sustentada aqui é que não existe dano no caso de Lionel. Veremos depois que, quando o dano resulta principalmente de um evento natural, a solução prática pode coincidir com aquela que proporemos para o caso de Lionel. Mas o argumento teórico desenvolvido aqui é independente da natureza da causalidade que se aplica. Mesmo que a inelutabilidade da deficiência desde a concepção seja imputável a uma causa humana, o conceito de dano não poderia, todavia, aplicar-se.

Temos, porém, de distinguir a deficiência inelutável daquela para a qual existiria um tratamento médico. Imaginemos que um tratamento esteja disponível, tanto para a trissomia de Lionel como para a síndrome de Gregg de Nicolas; e suponhamos que este tratamento deva ser aplicado *in utero* num estádio suficientemente precoce do desenvolvimento do feto para permitir aniquilar por completo a deficiência prevista. Por outras palavras, existiria uma maneira de impedir a aparição da deficiência sem impedir o nascimento da criança. Neste caso, o erro médico presente nos casos de Lionel e de Nicolas impediria os pais de recorrer não só a um aborto, mas também a um tratamento *in utero*. A existência de um dano no caso de Nicolas, mas também no de Lionel, seria inegável, pois qualquer um deles teria podido nascer diferente. E, em ambos os casos, a parte humana responsável pela existência desse dano seria bem mais significativa.

A natureza inelutável da deficiência é, portanto, uma condição *necessária* para a ausência de dano. No entanto, não é uma condição *suficiente*. É preciso que essa deficiência inelutável tenha estado presente desde a concepção, o que se verifica no caso de Lionel, mas não de Nicolas. Em relação a Nicolas, a sua situação actual não é pior do que teria sido se o erro médico não tivesse sido cometido, mas é certamente pior do que teria sido se o evento natural (a infecção pela rubéola) não tivesse tido lugar. No caso de Lionel, pelo contrário, existe uma relação que podemos qualificar de essencial (de consubstancial) entre aquela pessoa específica e a deficiência que sofreu. Não se trata somente do facto de que a única maneira de escapar a essa deficiência teria sido a morte (o que é o caso tanto de Nicolas como de Lionel); é, mais fundamentalmente, o facto de que essa criança nunca poderia ter nascido diferente (o que é o caso de Lionel, mas não de Nicolas). Pelo menos, será esse o caso se aceitarmos considerar que o ponto de partida da identidade «numérica» de uma pessoa é a sua concepção.

Esta distinção entre o caso de Nicolas e o de Lionel é essencial quanto à natureza do diagnóstico teórico, mesmo que as vias práticas sugeridas em ambos os casos coincidam em grande parte. No caso de Nicolas, o recurso ao direito da responsabilidade civil confronta-se, primeiro, com a natureza da causalidade que se aplica. No caso de Lionel, pelo contrário, este recurso confronta-se, mais fundamentalmente, com a própria ausência de dano. É claro que não há nada de absurdo na aplicação de um conceito de dano aos efeitos de uma causa natural; mas, mesmo alargado deste modo, o conceito de dano não se aplicaria ao caso de Lionel. Aplicar-se-ia, pelo contrário, ao caso de Nicolas; mas, como veremos, não permitiria imputar uma responsabilidade ao médico que cometeu o erro, nem que seja por uma parte do dano. Recorrer ao direito da responsabilidade para tratar um dano feito à criança revela-se problemático em ambos os casos, mesmo que o seja por razões muito diferentes.

A contribuição do erro médico

Antes de responder a dois tipos de objecções importantes à tese segundo a qual a deficiência do Lionel não constitui para ele um dano, voltemos alguns instantes ao problema da causalidade que afecta os dois casos e que merece, por isso, alguma atenção da nossa parte. Poder-se-á dizer que o erro dos respectivos médicos não contribuiu em nada para a deficiência do Nicolas e do Lionel? O problema resulta de uma aparente tensão entre as duas proposições seguintes: por um lado, ao contribuir para o não--aborto dos dois fetos, os médicos contribuíram para a própria existência das crianças, existência sem a qual não teria havido deficiência; por outro lado, a ausência de erro destes médicos não teria de modo algum possibilitado o facto de estas crianças nascerem sem deficiência. Como interpretar conjuntamente estas duas proposições?

Podemos, com certeza, afirmar que o erro do médico *não* é uma condição *suficiente* para a existência da deficiência. Será, portanto, injustificado responsabilizá-lo por *todo* o peso da indemnização da deficiência. Isto não exclui que o erro do médico tenha sido uma condição *necessária* para a existência da deficiência, o que sustenta a afirmação segundo a qual o médico contribuiu efectivamente para a existência da deficiência. A esse propósito, não será correcto afirmar que a ausência de erro não teria permitido evitar a existência da deficiência; tê-lo-ia permitido, mesmo que fosse a custo da ausência de existência da criança. Podemos, portanto, afirmar que, tendo em conta a configuração dos actos e dos eventos (em particular a afirmação clara no caso dos pais de Nicolas segundo a qual, em caso de diagnóstico positivo, teriam optado pelo recurso a uma interrupção voluntária da gravidez), o erro do médico *contribuiu* de facto para a existência da *deficiência*, por ser uma condição necessária para a existência da criança.

Vimos, no entanto, que uma deficiência não constitui necessariamente um dano. Isto verifica-se no caso de Lionel, mas também – de um modo menos radical, é certo, mas igualmente interessante – no caso de Nicolas. A existência de um dano só pode, de facto, ser estabelecida – como vimos – se for possível comparar o estado actual de uma determinada pessoa com um estado contra-factual que poderia ter sido seu. Esta condição é cumprida no caso de Nicolas, no que respeita à infecção pela rubéola. Esta provocou efectivamente um estado pior do que aquele que Nicolas poderia ter conhecido se a sua mãe não tivesse sido infectada pela rubéola. Contudo – e isto é crucial –, será que podemos dizer que o erro do médico acrescenta um dano *suplementar* ao dano – inevitável, a não ser pela solução do aborto – causado pela rubéola? A resposta é negativa. O estado do Nicolas não é pior depois do erro médico do que o único estado alternativo que poderia ter sido o seu na ausência desse erro, ou seja, um estado em que, de qualquer maneira, teria tido de sofrer os efeitos de uma síndrome de Gregg. É com este argumento que podemos mostrar que *nem sempre é correcto* afirmar que:

> se uma acção (x) contribui para a existência de uma deficiência (y) e se essa deficiência (y) constitui um dano (z) para a vítima, então essa acção (x) contribui também necessariamente para este dano (z).

Encontramo-nos, portanto, frente a uma posição segundo a qual, no caso de Lionel, não podemos usar o conceito *standard* de dano, mesmo alargado de forma a incluir danos provocados por causas naturais. No caso de Nicolas, pelo contrário, este conceito pode ser aplicado, mas isto não justifica que se impute um dano ao *erro do médico*. Este é, com certeza, uma das causas da *deficiência* de Nicolas, mas a deficiência pressupõe a existência de Nicolas, para a qual o erro do médico contribuiu de forma inegável – excluindo efectivamente a opção do aborto. No entanto, o erro não contribui para a deficiência *na medida em que esta constitui um dano para a criança*. Se a deficiência de Lionel não constitui para ele um dano, a deficiência de Nicolas, se constituir para ele um dano, *só* o é na medida em que resulta de uma infecção pela rubéola. Isto não implica – como no caso de Lionel – que a deficiência de Nicolas não possa de alguma maneira ser considerada como um dano. Significa somente que, na medida em que a deficiência de Nicolas constitui para ele um dano, este não foi de modo algum causado pelo erro do médico, mas resulta unicamente de um evento natural. Parcialmente responsável pela existência e, logo, pela *deficiência* de Nicolas, o médico não é, portanto, de modo algum responsável por um *dano* causado a Nicolas. Alguns quererão ver nesta posição – aparentemente estranha – uma simples manipulação de palavras sem consequência. Contudo, trata-se simplesmente de levar a sério o conceito *standard* de dano. Os casos de Lionel e de Nicolas apresentam problemas distintos, mas em ambos recusamos a posição adoptada pelo Tribunal de Cassação.

II. Reinventar o conceito de «dano»?

A posição segundo a qual a deficiência do Lionel não constitui para ele um dano pode suscitar mal-estar, e isso por duas razões possíveis. Alguns vêem nisto uma falta escandalosa de humanidade e de pragmatismo. A rejeição do recurso ao direito da responsabilidade civil nestes casos não conduzirá simplesmente a concluir pela improcedência da queixa, perante o desespero de Lionel e dos seus pais? Foi considerado – no caso de Nicolas – que esta rejeição da posição do Supremo Tribunal de Justiça conduzia a «lembrar à criança a irreversibilidade da sua natureza deficiente, para lhe negar o direito de se queixar dela, e forçá-la a uma obrigação de consentimento silencioso em relação à desgraça de que sofre[10]». Como poderia a teoria moral justificar uma tal abordagem? Outros vêem na posição aqui defendida uma cruel falta de imaginação. Porquê ficar por um conceito *standard* de dano? A teoria moral (e jurídica) não existirá para demonstrar alguma inventividade? A posição que defendemos estará assim condenada à inumanidade e será ela simplesmente o fruto de uma falta de imaginação? De modo nenhum.

A exigência de igual solicitude

Os magistrados do Supremo Tribunal de Justiça francês ficaram certamente tocados pelo sofrimento de Nicolas, de Lionel e dos seus pais, incapazes de assegurar financeiramente uma vida digna aos filhos. Do ponto de vista de uma teoria ética, o objectivo que deveria visar uma solução a um problema destes pode ser caracterizado da maneira seguinte: cada pessoa tem direito a uma *igual solicitude*, querendo isto dizer que tem de ser reconhecida pela sociedade na qual vive como igual a qualquer outra pessoa, a um nível

---

[10] Cayla e Thomas, *op. cit.*, p. 13. Ver também p. 30: «esta qualificação de prejuízo acerca da deficiência da criança equivale simplesmente a pôr em causa *o próprio reconhecimento da sua pessoa* e *os cuidados devidos à sua dignidade humana*».

de igualdade fundamental[11]. Esta noção de igual solicitude não implica que devamos todos ganhar o mesmo salário, nem que seria preferível que fôssemos todos idênticos. Implica, porém, que qualquer pessoa vítima de uma deficiência do qual não pode ser considerada responsável (o que é o caso de Lionel e de Nicolas) tem o direito de esperar que, na sua sociedade, esteja prevista uma compensação – nomeadamente financeira – para não ficar desfavorecida em relação aos outros membros da sociedade por causa de um facto independente da sua vontade. Não se trata aqui de negar a dificuldade que pode existir na prática em determinar se uma pessoa não contribuiu em nada para a deficiência de que é vítima (pensemos no fumador minado por um cancro ou no fanático de alpinismo vítima de uma queda), ou em determinar a amplitude da desvantagem vivida pela pessoa deficiente[12]. E a nossa solução deve responder ao sofrimento das pessoas deficientes e dos seus familiares de forma a não fazer pesar unicamente sobre eles o peso de circunstâncias que não escolheram.

Nicolas e Lionel não são em nada responsáveis pela deficiência de que sofrem. Em teoria, esta poderia ser imputada ao erro de um terceiro («facto de origem humana»), ou resultar de causas naturais («facto natural»), ou ainda derivar de uma associação dos dois. Existem, então, três maneiras de a sociedade responder a uma deficiência desta ordem. A primeira – a do Tribunal de Cassação – considera que a deficiência constitui um dano *para esta criança*. Apresenta, contudo, duas dificuldades. Por um lado, pressupõe o recurso a uma hipótese de causalidade dificilmente defensável no caso de Nicolas e a utilização abusiva do conceito de dano no caso de Lionel. Por outro lado, esta solução é incompleta e não pode, por conseguinte, servir de solução principal. Assim, se a invocação de um dano para a criança constituir a única via disponível para responder ao sofrimento de crianças vítimas de deficiências de nascença, isto significa que, em todos os casos em que um erro não pode ser demonstrado – ou seja, a grande maioria deles –, essas pessoas encontrar-se-iam sem recurso. A solução que poderia parecer a mais humana está, portanto, longe de constituir uma estratégia satisfatória. Existem, todavia, pelo menos duas soluções práticas alternativas, a primeira designada como «de solidariedade» e a segunda «de dano estendido aos pais».

---

[11] Ver R. Dworkin, *Sovereign Virtue: The Theory and Practice of Equality*, Cambridge-Londres, Harvard University Press, 2000.
[12] *Ibid.*, cap. 2.

A solução de solidariedade

Comecemos pela solução dita «de solidariedade», que julgamos ser a mais satisfatória. Uma deficiência de nascença de origem natural não pode ser comparada ao dano resultante de um acidente de viação no qual estaria em jogo um erro de condução. Deve antes tratar-se como uma catástrofe natural. A que conduziria a estratégia adoptada pelos pais de Nicolas e de Lionel se a aplicássemos a um terramoto, por exemplo? Visaria indemnizar as vítimas do sismo baseando-se unicamente na existência de danos eventuais causados por socorristas que cometam erros (ou sismólogos negligentes), mais do que compensar principalmente estes danos por meio de fundos levantados pela colectividade no seu conjunto.

Aplicada ao sismo, esta estratégia, claro, não é conceptualmente problemática, já que aplica o conceito *standard* de dano – ao contrário do caso de Lionel. É, no entanto – como na maioria dos casos de deficiência de nascença –, manifestamente insuficiente – e portanto injusta num primeiro sentido – porque deixa sem recursos todas as vítimas do sismo que não beneficiaram da ajuda de um socorrista ou em relação às quais os socorristas não cometeram erros. Esta solução também é injusta num segundo sentido: o facto de os pais estarem na primeira linha, e de serem causal e moralmente responsáveis pela existência de uma criança, não deveria justificar que tenham de suportar sozinhos o peso do encargo de uma deficiência que em nada escolheram. Ora, a procura de um erro e a imputação do conjunto da causalidade de um dano a um erro de outros actores de primeira linha (o médico, o socorrista) não procederá da mesma lógica? Porquê ir procurar esses erros e essa causalidade a estes em vez do conjunto da sociedade? Isto vale claramente para o socorrista, mesmo que possamos imaginar que ele possa contribuir, se houver erro, para uma parte do dano sofrido pelas vítimas; mas vale ainda mais para os médicos que cometam erros nos casos de Nicolas e de Lionel, já que, em nenhum destes dois casos, a ausência de erro poderia ter reduzido a importância da deficiência de que sofrem estas duas crianças, o que mostra pelo menos que o erro deles não é uma condição suficiente para a existência da deficiência e, em nenhum dos dois casos, como mostrámos, este será uma causa de dano.

A estratégia do «socorrista que comete erros» está portanto não só conceptualmente indisponível no caso do Lionel, mas é também insuficiente para as vítimas «não socorridas» ou «bem socorridas», e injusta para com os próprios socorristas. A opção mais justa para responder a situações como as de Nicolas ou de Lionel será, portanto, a atribuição de subsídios para deficientes financiados pelo conjunto da colectividade. No caso do Lionel, uma razão suplementar e fundamental motiva a escolha desta solução: a sua deficiência não constitui para ele um dano – mesmo que possa constituir um para os seus pais. Sublinhemos também que, segundo a nossa interpretação da igual solicitude, o facto de a deficiência de uma criança ser o resultado de um facto natural, de um erro presumido ou provado de um terceiro, indesculpável ou não, médico ou não, não deveria afectar em nada o *montante* da indemnização de que beneficiará – a partir do momento em que este erro não resulte da acção da própria vítima. E esta interpretação implica a necessidade de um regime integrado de subsídios para deficientes.

Um conceito alargado de dano para os pais

O poder judicial não estava evidentemente capacitado para estabelecer, sozinho, uma solução de solidariedade deste tipo. No entanto, uma segunda solução alternativa estava, apesar de tudo, disponível: a solução segundo a qual a deficiência da criança constitui um dano para os seus pais (*nascimento prejudicial*). Este dano para os pais é duplo. É, por um lado, um *dano moral* na medida em que o erro do médico impediu os pais de exercer efectivamente a sua prerrogativa de recorrer a um aborto; por outro lado, é um *dano material*, que consiste nas despesas adicionais que acarreta o encargo de uma criança deficiente. A principal preocupação do Tribunal de Cassação foi que os pais de Nicolas e de Lionel fossem capazes de assumir este encargo. No entanto, não é a noção de dano para a criança, mas a de dano para os pais, que o Conselho de Estado francês mobilizou num caso análogo, com o objectivo de dar resposta à mesma preocupação[13]. Se estimarmos que os subsídios para deficientes tal como existem em França não permitem suportar as necessidades de crianças como Nicolas ou Lionel, será de facto preferível dar uma resposta que passe por uma interpretação *alargada* da noção de dano para os pais, em vez de passar por

---

[13] Centre hospitalier régional de Nice c./époux Quarez, CE (fr.), 14 de Fevereiro de 1997, J. C. P., 1997, II, 22828 (nota Moreau).

PENSAR A JUSTIÇA ENTRE AS GERAÇÕES

uma indemnização da criança em seu nome próprio[14]. Em que medida será esta interpretação alargada? É alargada à ideia de que qualquer «bom pai de família» ou qualquer «boa mãe de família» tem o direito de levar em conta, na sua decisão de procriar (ou de renunciar a um aborto nos prazos autorizados), a questão de saber se a criança por nascer corre o risco de poder ou não levar uma existência autónoma antes mas também *depois do falecimento dos seus pais*. E supondo até que a lei não estenda a obrigação de encargo dos pais após a maioridade do seu filho – e, *a fortiori*, após o falecimento dos pais –, estes teriam perfeitamente o direito de ver nisso uma obrigação moral da sua própria iniciativa. Se o médico ou qualquer outra pessoa tornar estes pais incapazes, através de um erro, de estar em condições de satisfazer uma tal obrigação moral de encargo, isto deveria ser levado em conta na avaliação do dano para os pais.

Assim, sem recorrer à ideia – problemática – segundo a qual a deficiência de Lionel constituiria para ele um dano ou que a de Nicolas constituiria para ele um dano causado em parte por um erro médico, a segunda alternativa contemplada permite, recorrendo a uma noção alargada de dano para os pais, assegurar o encargo das despesas suplementares provocadas pela deficiência de Nicolas, e isto mesmo em caso de falta de subsídios adequados para deficientes. Esta solução pode ser imediatamente posta em prática quando o sistema de subsídios é defeituoso. Não depende, portanto, da existência de uma vontade política real de aumentar os subsídios para deficientes. A outra vantagem desta solução – que partilha, desta vez, com a solução ideal – é que se sustenta sobre um conceito *standard* de dano, neste caso o dano sofrido pelos pais. Contudo, esta solução continua a ser um recurso inferior à solução de solidariedade, por causa das duas injustiças, descritas acima, que partilha com a solução do tribunal: uma injustiça entre pais vítimas, que vem da sua incompletude, e uma injustiça para com os actores de primeira linha, a quem se imputaria o conjunto do fardo da compensação do dano para os pais – de que seriam, neste caso, com certeza, mas não inteiramente, responsáveis.

---

[14] Neste sentido: Genicot, *op. cit.*, p. 85. O procedimento judicial do Tribunal de Cassação nos dois casos comentados não a impedia, ao que tudo indica, de escolher esta via.

O problema filosófico da não-identidade

Assim, o facto de recusarmos reconhecer a existência de um dano para a criança no caso de Lionel e de recusarmos reconhecer uma qualquer responsabilidade do médico nesse dano para a criança no caso de Nicolas não nos obriga de modo algum à indiferença e não acarreta de forma alguma a ausência de uma solução prática. Existem duas alternativas. A solução do dano para os pais tem a vantagem de ser conceptualmente aceitável. Porém, não deixa de ser duplamente injusta. A abordagem em termos de solidariedade é, portanto, a melhor solução.

Alguns contestarão, contudo, a inadequação conceptual de um recurso à noção de «dano para a criança» no caso do Lionel. Importa, assim, examinar mais de perto as propostas que sugerem abandonar ou alterar a noção de dano, com o intuito de alargar o seu campo de aplicação a casos como o do Lionel. Na realidade, o que os juristas qualificam como casos ditos de «vida injusta» constitui a ilustração paradigmática do que os filósofos designam como o «problema da não-identidade». Leibniz já tinha percebido essa dificuldade: aos que se perguntam por que razão Deus não nos deu mais força para resistir à tentação, respondia Leibniz que, se assim fosse, outras criaturas teriam sido engendradas em vez de nós[15]. O filósofo britânico Derek Parfit voltou a actualizar este problema filosófico, dando origem a uma abundante literatura[16].

Lembremos a dificuldade: quando um possível dano é também a condição de possibilidade da existência da sua vítima, o conceito de dano torna-se inoperante pois é impossível comparar dois estados da mesma pessoa (um estado actual e um outro contra-factual). Será possível escapar a este problema conceptual fundamental? Não basta para isso denunciar o recurso ao único conceito *standard* de dano como forma de positivismo

[15] G. W. Leibniz, *Essais de Théodicée : sur la bonté de Dieu, la liberté de l'homme et l'origine du mal*, Paris, GF-Flammarion, 1999 [1710]; cf. *Discours de métaphysique suivi de Monadologie*, Paris, Gallimard, 1995, sect. 30.

[16] D. Parfit, *Reasons and Persons*, Oxford, Clarendon Press, 1984, cap. 16. Ver também: T. Schwartz, «Obligations to Posterit», in R. Sikora & B. Barry (eds.), Obligations to Future Generations, Filadélfia, Temple University Press, 1978, p. 3-13; R. Adams, «Existence, Self-Interest, and the Problem of Evil», *Noûs*, vol. 13, 1979; G. Kavka, «The Paradox of Future Individuals», *Philosophy and Public Affairs*, vol. 11 (2), 1982, p. 93-112; D. Heyd, *Genethics. Moral Issues in the Creation of People*, Berkeley, University of California Press, 1992, p. 276; J. Woodward, «The Non-Identity Problem», *Ethics*, vol. 96 (4), 1986, p. 804-831; Roberts, *op. cit.*

ou como sinal de uma falta flagrante de imaginação. É claro que o carácter *standard* de um conceito não constitui um argumento suficiente para não irmos mais longe. É preciso propor uma ou várias abordagens alternativas plausíveis. Estarão estas alternativas disponíveis?

A primeira opção consistiria em rejeitar pura e simplesmente o recurso a um conceito de dano nos casos chamados de «não-identidade». Para uma teoria moral que se articula em torno de uma preocupação central com o destino das pessoas[17], é com as *consequências* das nossas acções sobre as pessoas que nos devemos preocupar. Não se iludam, até as teorias ditas «não-consequencialistas» se preocupam – embora não exclusivamente – com as consequências das nossas acções sobre as pessoas. A condenação que um não-consequencialista faz de um assassinato não pode ser completamente independente de uma consideração das consequências da acção homicida sobre a sua vítima. Não basta, assim, afirmarmo-nos como não-consequencialistas para podermos renunciar facilmente ao recurso a um conceito de dano[18]. O conceito *standard* de dano definido acima traduz, portanto, a preocupação com as *pessoas* (mais do que com as pedras, a vida, as espécies, as comunidades ou os estados de prazer) e com as *consequências* das nossas acções sobre essas pessoas. Nem todas as nossas teorias, no entanto, respeitam esta exigência. Assim, um igualitarista estrito que – em nome da igualdade – exigisse que furássemos os olhos dos que não são cegos, numa sociedade onde existissem alguns cegos e que não dispusesse de qualquer tratamento contra a cegueira ou de alguma maneira de melhorar o destino dos cegos, violaria efectivamente a exigência implícita no conceito *standard* de dano. A equalização por baixo far-se-ia neste caso em detrimento de muitos e em benefício de ninguém. Seria por isso julgada como absurda pela maioria de nós, e justamente. Renunciar *em todos os contextos* ao conceito *standard* de dano equivale, portanto, a ter de aceitar propostas como a equalização por baixo que mencionámos.

[17] Como veremos no capítulo 5, um não-antropocentrista alarga esta preocupação a outros seres vivos.

[18] Sobre a distinção «consequencialismo / não-consequencialismo»: P. Pettit, «Non-consequentialism and Universalisability», *Philosophical Quarterly*, vol. 50, 2000, p. 175-190.

Um conceito de dano independente da identidade?

Será, no entanto, impossível usar um conceito de dano nos casos de não-identidade, tornando esse conceito «independente da identidade»? Poderemos preocupar-nos principalmente l com as consequências dos nossos actos sobre as pessoas, sem termos de ficar por pessoas determinadas, pelo menos nos casos de não-identidade em que são pessoas diferentes que se encontram em cada uma das alternativas? Em poucas palavras, esta abordagem «independente da identidade» consiste em comparar a situação da criança actual com a de uma outra criança que os pais teriam tido se tivessem esperado antes de conceber esta, ou se tivessem decidido pôr fim à existência desta entre a sua concepção e o seu nascimento. Se os pais de Lionel tivessem tido conhecimento do diagnóstico certo e tivessem decidido pôr fim à existência de Lionel quando era um feto, poderiam ter tido outro filho mais tarde (chamemos-lhe Mário) que, muito provavelmente, teria sido normal. Para determinar se Lionel sofreu um dano por causa da sua deficiência, temos então de comparar a sua situação com a de Mário. Se for pior do que a deste último, então ele sofreu efectivamente um dano.

O uso do conceito *standard* de dano tem inegavelmente um custo. No caso de Lionel, torna-nos incapazes de considerar a sua deficiência como um dano. De maneira mais geral, faz com que, em princípio, nos tornemos indiferentes em relação a duas opções, sempre que cada uma destas duas opções engendrar também a existência de pessoas diferentes. Permitirá um conceito «independente da identidade» contornar este obstáculo? Sim, mas somente num número limitado de casos: os casos em que os pais teriam decidido ter um outro filho em vez daquele que supostamente sofreu um dano. Ora, nada nos permite pensar que será sempre este o caso. Assim, se o conceito *standard* de dano for mudo num contexto de não-identidade, o conceito de dano independente da identidade é-o também em todos os casos que impliquem um número diferente de pessoas nas diferentes alternativas e, em particular, a ausência da criança na situação contra-factual. Para além disso, este conceito alternativo assenta num alargamento que nos leva para territórios muito estranhos à nossa gramática moral quotidiana. Afirmar que sofri um dano porque outra pessoa que não eu poderia ter tido uma existência melhor do que a minha será certamente contra-intuitivo para a maioria de nós.

PENSAR A JUSTIÇA ENTRE AS GERAÇÕES

Por fim, esta posição comporta o risco de nos forçar a impor obrigações morais a pais potenciais que poderão ser consideradas exageradas. Imaginemos duas pessoas que dão à luz uma criança adorável, feliz, perfeitamente normal e destinada a uma vida magnífica. Sabem, contudo, que, se tivessem tomado uma pílula especial e esperado mais um mês, teriam podido dar à luz uma criança ainda mais feliz ou, de um ponto de vista mais geral, com mais vantagens em termos de características físicas. Em ambos os casos, no entanto, os pais estariam aptos a dar ao filho o mesmo tempo e carinho, bem como condições de educação e um acesso a actividades culturais idênticos. Muitas vezes ouve-se dizer que dar à luz um filho quando se é ainda muito novo implica o risco de comprometer, não as qualidades físicas do recém--nascido, mas o acesso a outros bens (carinho, tempo, ambiente familiar sossegado...). Pelo contrário, se dar à luz um filho quando nos aproximamos dos quarenta anos, ou depois dos quarenta fizer acrescer certos riscos médicos (trissomia, nomeadamente), o acesso a um ambiente familiar e cultural ideal é muitas vezes mais facilmente assegurado. Mas existirá uma idade ideal de procriação *do ponto de vista da criança por nascer*, sabendo que, mudando de momento, muda-se também... de criança? Assim, o risco de um conceito de dano «independente da identidade» é que ele dá a entender que cada um de nós causaria um dano aos filhos pelo simples facto de os engendrar. Poderíamos tentar negá-lo argumentando que se, no nosso exemplo, o facto de não ter esperado constitui efectivamente um dano para o nosso filho actual, não constitui contudo um prejuízo, ou seja um dano que teríamos o dever moral de evitar. No entanto, num caso desses, esta estratégia tornar-se-ia inútil pois a noção de dano só nos interessa aqui como condição de possibilidade da existência de um prejuízo. Como no caso da concorrência justa acima descrito, a acção dos pais não teria nada de repreensível e o alargamento da noção de dano proposto não justificaria obrigações suplementares, quer para os pais, quer para os médicos, por exemplo.

O patamar de dignidade

Examinemos uma última opção, desta vez para a defender[19]. Existe, então, um alargamento do conceito de dano que, a nosso ver, tem de ser defendido,

---

[19] Deixamos de lado três opções. *Primo*, a opção da reincarnação. *Secundo*, a opção probabilista, que examinamos mais abaixo. *Tertio*, o recurso a uma comparação com uma pessoa falecida

NICOLAS, LIONEL, E AS GERAÇÕES FUTURAS

mesmo que seja claramente incompleto e só tenha um impacto limitado na prática. Pensemos nas hipóteses em que a vida do recém-nascido se situa irremediavelmente abaixo de um *patamar de dignidade*, por exemplo, se for unicamente constituída por sofrimentos atrozes[20]. Nestes casos, faz algum sentido afirmar que a vida da criança não é *pior* para ela do que se ela não existisse, mas que é simplesmente indigna do seu titular. Segundo esta abordagem, o estabelecimento de um dano (e de um prejuízo) exige, não uma comparação entre dois estados da criança (e menos ainda entre o seu estado actual e o valor da sua não-existência), mas entre o estado actual da criança e *um patamar de dignidade*[21]. Quando uma pessoa se encontra abaixo deste patamar, a acção que consiste em concebê-lo e/ou (aceitar) dá-la à luz causará efectivamente um dano à criança, mesmo que a ausência deste dano significasse também a ausência da existência *daquela* criança. Esta perspectiva precisa, sem dúvida, de um aprofundamento na interpretação da noção de dano, para além do conceito *standard* definido acima. Implica também – passando do conceito de dano ao de prejuízo – que pais plenamente informados de que o seu filho não irá escapar a uma vida «indigna» poderiam ter a obrigação moral, ou até legal, de praticar um

(ou com uma pessoa possível). Algumas palavras sobre esta. O presente argumento postula que os mortos não existem. Se existirem, poderia então fazer sentido comparar o estado actual deficiente de uma pessoa com o seu estado contra-factual enquanto *pessoa morta*. O conceito *standard* de dano poderia neste caso ser utilizado (comparação entre dois estados de uma mesma pessoa). Podemos sem dúvida admitir que, numa sociedade multicultural como a nossa, coexistam diferentes concepções relativas ao estatuto dos mortos. Isto suscita, aliás, questões do maior interesse, como veremos no capítulo 2. Contudo, seja como for, deveríamos também nesta linha de pensamento ser capazes de defender a ideia segundo a qual o feto, do qual autorizámos o aborto, já era uma pessoa, o que parece bastante mais problemático. Muitas vezes, é só por considerar que o feto até uma certa idade *não* é uma pessoa que conseguimos justificar a aceitabilidade moral (e jurídica) de um aborto. Por isso, pelo menos no tipo de casos que examinamos aqui, uma comparação com um estado alternativo *enquanto pessoa falecida* parece-nos comprometida. Aceitar uma comparação com o estado contra-factual de um ser que nunca foi uma pessoa equivale, assim, a compará-lo com o de um ser que nunca existiu.

[20] Pensemos, por exemplo, em crianças sofrendo da doença de Tay-Sachs. Ver L. Shepperd, «Protecting Parent's Freedom to Have Children with Genetic Differences», *University of Illinois Law Review*, 1995, p. 784, nota 119.

[21] Cf. D. De Béchillon, O. Cayla e Y. Thomas, «L'arrêt Perruche, le droit et la part de l'arbitraire», *Le Monde*, 21 de Dezembro de 2000, p. 18 (criticando o recurso a uma noção de «condições de existência desumanas», por um lado, pela dificuldade em identificar um patamar pertinente e, por outro lado, pelo problema de representação nos casos em que a criança é incapaz de se pronunciar em seu próprio nome).

aborto. Este alargamento, efectuado com prudência, é, todavia, concebível e desejável. Sublinhemos também que, uma vez que tenha nascido, se o dano da criança consistir em encontrar-se irremediavelmente abaixo de um patamar de dignidade, a única maneira de reparar esse dano passará por considerar a eutanásia.

O recurso a uma noção de dignidade, necessariamente destinada a manter-se vaga, não está desprovido de dificuldades. Sublinhemos, no entanto, que os nossos sistemas jurídicos e morais estão construídos em torno de conceitos irremediavelmente vagos, que só se definem através das suas aplicações. Que um princípio geral do direito, uma disposição constitucional, ou um postulado meta-ético qualquer sejam relativamente imprecisos não implica de modo algum que tenhamos de renunciar a utilizá-los. Haverá casos – limitados, a nosso ver – que consideraremos que pertencem ao domínio de uma vida «indigna». E haverá outros mais difíceis de situar. Contudo, os numerosos pedidos de eutanásia ilustram amplamente que a ideia de uma vida cujas condições se tornaram incompatíveis com um sentido e uma dignidade para o seu titular pode ser aceitável.

O que significa aqui a noção de «dignidade»? Por um lado, poderá ter como objectivo restringir a liberdade de acção dos indivíduos em nome de uma determinada ideia (normativa) da natureza humana. Segundo esta óptica, poderíamos até considerar como indigno o facto de querer deixar – desta vez de um modo radical – de ser humano, seja pelo suicídio (assistido ou não), seja por formular o desejo de nunca ter existido. Segundo os defensores desta proposição, o reconhecimento de um direito de saída seria incompatível com uma certa visão da «natureza» humana[22].

Mas a acepção da noção de dignidade utilizada aqui é bastante diferente: não focamos casos em que o comportamento de um indivíduo seria indigno daquele que é esperado dos membros da espécie humana; falamos de condições físicas e psíquicas de existência que são indignas para a pessoa que tem de as suportar. Não se trata, portanto, de comportamento indigno mas de condições de vida, ligadas aos recursos internos ou externos da pessoa, indignas para esta, e isto mesmo na ausência de qualquer comportamento errado que supostamente estivesse na sua origem. Trata-se, assim, de uma vida indigna do seu titular, mais do que de um comportamento cuja adopção seja indigna da sua pertença a um determinado grupo.

---

[22] Por exemplo: Genicot, *op. cit.*, nº 34.

Para além disso, esta noção de patamar de dignidade não é sinónima de um patamar de *normalidade*[23]. Em poucas palavras, o patamar de dignidade remete para a ideia de uma vida «má» em termos absolutos, enquanto o patamar de normalidade remete somente para a ideia de uma vida que seja «menos conseguida» do que a da maioria de nós[24]. Não pomos em causa, obviamente, a pertinência de uma referência a uma noção de criança «normal» para avaliar a existência e a dimensão do dano para os *pais*; o que contestamos é a pertinência de um afastamento em relação ao conceito *standard* de dano para além dos casos limitados de «vida indigna». A referência a uma criança «normal» para avaliar o dano *para os pais* remete para uma «criança estatística», que faz todo o sentido quando se trata de comparar a situação actual dos pais com aquela que teria provavelmente sido a sua na ausência do acto pretensamente prejudicial. A referência a uma criança «normal» para avaliar o dano *para a criança* é, pelo contrário, uma referência ao que ela deveria ter sido (mesmo sabendo que nunca *poderia* tê-lo sido). A ideia de normalidade tem, portanto, um impacto diferente em cada um destes dois casos. Ora, no segundo caso, temos de rejeitar esta noção porque ela pressupõe que deixar nascer uma pessoa cuja vida poderia ter sido perfeitamente feliz, mesmo que não fosse totalmente conseguida segundo as expectativas da sua sociedade, poderia ser para ela prejudicial, pelo simples facto de as pessoas presentes antes dela, ou as ideias que construíram da normalidade, estabelecem que ela se encontra um pouco abaixo desse patamar.

A nosso ver, a trissomia de Lionel não torna a sua vida indigna do seu titular. Da mesma maneira, os pais de Nicolas nunca fizeram tal afirmação. Ora, a partir do momento em que se aceita a ideia de que uma pessoa não pode ter sido prejudicada se a sua vida não é nem *pior* do que poderia ter tido, nem indigna do seu titular, Lionel e Nicolas não podem ser considerados como tendo sido *prejudicados*. Isto não implica que os seus pais não possam ter sido prejudicados, nem – e este é um elemento essencial – que Lionel ou Nicolas não possam ver a sua deficiência plenamente reconhecida.

---

[23] Se quiséssemos formular a nossa posição em termos de direitos subjectivos, tratar-se-ia nem de um direito (do feto) a não *nascer* deficiente, nem de um direito (da criança) a não ter nascido *deficiente*, mas de um direito (da criança) a não *ter nascido* em condições que sabíamos ou deveríamos saber que eram *irremediavelmente incompatíveis com a dignidade humana*.

[24] Sobre a ideia de normalidade: G. Cangilhem, *Le Normal et le Pathologique*, Paris, PUF, 2003 [1966].

PENSAR A JUSTIÇA ENTRE AS GERAÇÕES

Noutros termos, não há contradição entre afirmar ao mesmo tempo que não *foram prejudicados* e que são *desfavorecidos*. Eis o elemento perturbador deste tipo de casos. É claro que existe *deficiência*, pois a criança foi privada pelo destino de certas capacidades; é claro que houve também *erro* do médico. Mas, no caso de Lionel, sendo que *aquela* criança não poderia ter nascido sem ser afectada por essa deficiência, esta não pode constituir um *dano*. Consequência prática: a solução para as dificuldades de Lionel não deverá ser procurada no reconhecimento de um dano próprio. A posição aqui defendida é, portanto, *mista*, pois associa, por um lado, uma rejeição de princípio da possibilidade de utilizar um conceito *standard* de dano no caso de Lionel, ao mesmo tempo que aceita, por outro lado, a possibilidade de desenvolver um conceito não *standard* de dano nos casos limitados em que a vida da criança apresentaria características que a situariam necessária e irremediavelmente abaixo de um patamar de dignidade. Antes de examinarmos as implicações desta posição para uma teoria geral da justiça entre as gerações, vejamos em detalhe o que a nossa posição não implica. Importa, assim, sublinhar que as razões para uma pessoa se opor à resolução Perruche são múltiplas. O nosso argumento, porém, não implica de modo algum que sejam todas justificadas, longe disso.

Esclarecimentos

Assim, a tese defendida aqui não pressupõe de modo algum a ideia segundo a qual a avaliação de uma vida humana pertenceria, necessariamente, e em todos os casos, somente à pessoa em causa. É claro que, de modo geral, a pessoa em causa é quem está melhor colocada para avaliar a sua própria existência. No entanto, a confiança nas decisões radicais da pessoa principalmente em causa, e especialmente quando não são fruto de um desejo repetido por várias vezes ao longo do tempo, não é sempre total, como indica o modo como a sociedade enquadra o exercício de um eventual «direito de morrer». Assim, tentar-se-á muitas vezes dissuadir um candidato ao suicídio. Por outro lado, nos casos em que a pessoa em causa não é capaz de se exprimir, aceita-se perfeitamente que sejam tomadas decisões tendo em vista o que se julga ser melhor para ela[25]. Acrescentemos, por fim, outra dificuldade. Será que a apreciação da dignidade dessa existência

[25] Ver Genicot, *op. cit.*, nº 31.

para o seu titular deve necessariamente ser deixada a ele só, quando este é plenamente capaz de se exprimir e o fez repetidamente? Pensamos que não, pela razão seguinte: imaginemos uma criança cuja existência seria julgada como extremamente feliz pelo conjunto da sociedade que a rodeia; e, contudo, esta criança, ao chegar à adolescência, julgaria que a sua existência não valeria de todo a pena ser vivida (sendo, portanto, indigna dele). Admitirmos que ela tire as consequências em termos de suicídio é uma coisa; mas será que teríamos de aceitar a afirmação correlativa que estipula que os seus pais (ou um médico que não tivesse cometido erros) lhe teriam causado um dano ao contribuir para a sua existência? Pensamos que não.

Sublinhemos, também, que o argumento desenvolvido aqui é incompatível com a ideia de «valor sagrado de qualquer vida», porque aceitamos que haja vidas que não valem a pena ser vividas e que, por respeito pelos principais interessados, pode até ser necessário pôr-lhes fim. Não há, portanto, nenhum dever de viver a todo o custo[26]. Da mesma maneira, o nosso argumento supõe a rejeição da posição dos radicais anti-aborto, pois consideramos que, em certos casos – mesmo que limitados –, pode até ser um *dever* dos pais para com o feto e/ou o filho vindouro praticar um aborto[27]. Notemos, contudo, que um aborto por este motivo de incompatibilidade irreversível com uma dignidade mínima entraria claramente em conflito com a ideia do carácter sagrado de qualquer vida, mas não seria, ao contrário, incompatível com o facto de considerarmos um feto como uma pessoa. De facto, na hipótese enunciada em que se poderia esperar, segundo tudo indica, que a criança por nascer estaria irremediavelmente num estado incompatível com o alcance de um patamar de dignidade, poder-se-ia pôr fim à vida do feto em nome do próprio respeito da sua dignidade futura, o que pode perfeitamente ser concebido por alguém que considere que os fetos são pessoas.

A posição adoptada aqui também não pressupõe que tenhamos de considerar que «há uma contradição intrínseca no facto de permitirmos a *alegação* de um prejuízo, que consistiria no facto de termos tido acesso à vida, [e que seria] impossível admitir que uma pessoa utilize a sua qualidade

---

[26] *Contra*: Cayla e Thomas, *op. cit.*, p. 62 («tudo indica que estaríamos aqui no cerne da posição antiperruchista: fundamentalmente, a que é determinada por uma filosofia do direito que faz do dever de viver um princípio sem o qual o direito não seria pensável»).

[27] Cf. Cayla e Thomas, *ibid.*, p. 35 (a rejeição da resolução Perruche proviria, segundo estes autores, de uma «escolha política e ideológica nitidamente "pro life"»).

PENSAR A JUSTIÇA ENTRE AS GERAÇÕES

de *sujeito de direito* para reclamar judicialmente o direito de não ter acedido a esse estatuto»[28]. Pedir à justiça o reconhecimento de um direito a morrer não tem nada de contraditório. Neste caso, o requerente utiliza o seu estatuto de sujeito de direito para solicitar que seja realizada uma acção que ponha automaticamente fim ao seu estatuto de sujeito de direito (a não ser que postulemos que os nossos sistemas jurídicos reconheçam aos mortos, enquanto tais, direitos subjectivos). É claro que afirmar que «eu não existo» constituiria uma contradição pragmática (uma contradição entre o enunciado e a sua enunciação). Mas não tem nada a ver, pelo contrário, com a afirmação «gostaria hoje de deixar de existir amanhã», nem com a afirmação que consistiria em desejar, por exemplo, não viver para além dos 120 anos[29].

Recorre-se também muitas vezes ao argumento que considera que o reconhecimento de deficiências como danos é degradante para os deficientes no seu conjunto. Num certo sentido, é um argumento que deveria então aplicar-se ao reconhecimento do próprio estatuto de deficiente (e à outorga de subsídio, a que dá direito), o que revela os seus limites[30]. Mas, num outro sentido, se considerarmos que o conceito de dano pode ser utilizado, no tipo de hipóteses de que tratamos, somente nos casos em que a vida da criança apresenta condições incompatíveis com uma dignidade mínima, então o uso desta noção de dano significará, por definição, que a vida das pessoas em causa está extremamente degradada. Porém, se assim for efectivamente, negá-lo não irá melhorar de modo nenhum a situação das pessoas em causa. Temos, no entanto, de reconhecer que não é nesse sentido que o Supremo Tribunal de Justiça francês utilizou a noção de «dano».

Por fim, o argumento segundo o qual aceitar uma acção de uma criança contra um médico equivaleria também a ter de aceitá-la, em certos casos, contra os seus próprios pais, não me parece decisivo. A questão é delicada[31]. A esse propósito, cita-se com frequência o caso assombroso de uma criança que processou a mãe, porque durante a gravidez ela tomara tetraciclina de forma negligente e isso causara a descoloração dos dentes

---

[28] *Ibid.*, nº 32; ver também M.-A. Hermitte (1997), citado em Cayla e Thomas, *op. cit.*, p. 63.

[29] Sobre estas questões: Cayla e Thomas, *op. cit.*, p. 64 *sq.*

[30] Neste sentido: H. Teff, «The Action for "Wrongful Life" in England and The United States», *International and Comparative Law Quarterly*, vol. 34, 1985, p. 438.

[31] Para uma outra análise interessante do direito americano: Shepherd, *op. cit.*, em particular p. 793 *sq.* (defesa de uma noção de direito à afeição).

do filho. A jurisdição do Michigan acolheu favoravelmente o recurso da criança[32]. Se nos afastarmos deste caso, temos de constatar que as relações familiares são constrangidas por toda uma série de obrigações jurídicas, cuja violação autoriza um filho a agir contra os seus pais. É este o caso quando existe violência sexual no seio da família. É claro que tais acções são extremamente destrutivas da célula familiar; mas proibi-las seria do mesmo modo inaceitável do ponto de vista dos direitos fundamentais das vítimas de violência familiar. A mesma coisa pode eventualmente valer para negligências graves, como o consumo de drogas duras durante a gravidez, sem tentativa de desintoxicação. Sublinhemos contudo que, uma vez limitado o uso do conceito de dano aos casos em que a vida da pessoa se encontra abaixo de um patamar de dignidade, os riscos de destruição da família ficariam singularmente limitados nos casos do tipo «vida injusta».

III. E se os nossos filhos e netos fossem todos Lionéis?

A dificuldade colocada pelo caso de Lionel é inesperada e radical: a sua deficiência não é, ao fim e ao cabo, um dano para ele. Para enfrentar este tipo de desafios, é possível adoptar uma estratégia dupla que – como acabámos de mostrar – recorre, por um lado, a um alargamento limitado da noção de dano (quando uma pessoa se encontra abaixo de um patamar de dignidade, o que não é o caso de Lionel) e, por outro lado, à aplicação de uma estratégia de solidariedade (na medida em que a deficiência da criança é fruto das circunstâncias, não importa que essa deficiência o faça estar abaixo de um patamar de dignidade ou não). Assim, se uns pais decidirem, com pleno conhecimento de causa, conceber (ou renunciar a abortar em tempo útil) um feto que tem todas as hipóteses de levar uma vida nitidamente situada abaixo de um patamar de dignidade, poderão ser considerados como tendo causado um dano (e prejuízo) a essa criança. Pelo contrário, se derem à luz, com conhecimento de causa, uma criança deficiente, cuja vida pode, apesar de tudo, ser totalmente digna do seu titular, ou sem sabê-lo (seja ou não por falha na informação) uma criança cuja condição é incompatível com uma dignidade mínima, caberá à sociedade no seu conjunto intervir para cobrir as despesas necessárias.

---

[32] Ver *Grodin v. Grodin*, 301 N.W. 2d 869 (Mich. Ct. App. 1980).

A extensão do problema

Na realidade, a dificuldade levantada pelo caso de Lionel não afecta somente os actos que têm uma relação directa com a concepção de um filho. Diz potencialmente respeito à maior parte das nossas acções. Tomemos como ponto de partida a história de Gilles. Já há muito tempo que o seu pai escolheu ir para o trabalho de carro, e não de bicicleta. Isto permite-lhe regressar a casa mais cedo ao fim do dia. Uma tal escolha é, todavia, pouco recomendável no plano ecológico, e o pai automobilista tem plenamente consciência disso. Também Gilles, chegado à adolescência, se dá conta disso e coloca ao pai a questão: «Não achas que devias já há muito tempo ter renunciado a ir para o teu trabalho de carro?» O pai, depois de pensar alguns instantes, responde, seguro de si: «Se tivesse optado pela bicicleta, não terias certamente nascido. É claro que te lego um meio ambiente mais poluído do que teria sido se tivesse andado de bicicleta; mas, mesmo que isto te cause algumas contrariedades, não te impedirá de modo algum de viver uma vida com qualidade suficiente.[33]»

Quando se efectuam escolhas individuais ou colectivas, estas modificam a disposição temporal do nosso quotidiano. Regressar mais cedo a casa modifica a sequência dos eventos subsequentes, inclusive o momento das relações sexuais e de uma eventual fecundação. Com uma tal diferença horária, é a própria identidade do espermatozóide que teria fecundado o óvulo da mãe que seria, quase de certeza, diferente. Este facto, anódino e aparentemente sem pertinência alguma, tem consequências potencialmente devastadoras para todo um empreendimento que vise a construção de uma teoria da justiça entre as gerações. De facto, se ficarmos pela dupla solução adoptada acima no caso de Lionel, não causaríamos danos às gerações futuras desde que não sejam por nós constrangidas a uma vida indigna. As nossas obrigações para com elas seriam, portanto, singularmente reduzidas. Ter-se-á notado que a relação que as acções do pai de Gilles têm com a identidade deste é mais *indirecta* do que aquela que se prende com a negligência do médico no caso do Lionel. Isto suscita duas observações. Por um lado, é incontestável que algumas das nossas acções

---

[33] Para obtermos uma analogia estrita entre os casos de Lionel e de Gilles, basta substituir o ginecologista negligente por um conselheiro perito em mobilidade pouco preocupado com o ambiente.

que são consideradas erradas e susceptíveis de causar um dano às gerações futuras *não* são afectadas pelo problema da não-identidade. Imaginemos uma fábrica de comida para bebés localizada na Suíça; o conteúdo dos frascos que produz tem um prazo de validade muito longo. Durante a colocação em frasco, um dos empregados comete um erro por estar desatento e um destes frascos passa a conter um pequeno fragmento de vidro. Estamos em Janeiro de 2003. Em Julho de 2003, Milena, uma jovem mulher checa, fica muito contente por saber que está grávida e que o nascimento do bebé está previsto para Fevereiro de 2004. O Outono instala-se e, feliz com a ideia da chegada iminente de um filho maravilhoso, Milena faz algumas compras adiantadas num supermercado de Praga. Compra alguns alimentos para bebés e, sem saber, leva o frasco de comida que contém o fragmento de vidro. A criança nasce, Milena acaba por abrir o frasco duvidoso e dá-lhe o conteúdo. A criança magoa-se levemente na boca. A jovem mãe, em pânico, contacta a empresa suíça, que descobre o erro cometido pelo empregado por falta de atenção. Poderia este defender-se afirmando: «Se eu não tivesse cometido este erro, o seu filho não teria nascido»? A resposta é, evidentemente, negativa.

As nossas acções não são todas afectadas pelo problema da não-identidade, mas uma proporção importante delas é. Todas as escolhas individuais ou colectivas que tenham um impacto significativo sobre a organização temporal das nossas vidas ou sobre a taxa de fecundidade de uma população terão também um impacto sobre a identidade das pessoas futuras. Se, para além disso, essas escolhas tiverem um impacto sobre o bem--estar das pessoas futuras, ficam sujeitas ao problema de não-identidade. Entre as escolhas individuais, mencionemos a decisão de não prosseguir estudos superiores ou a de se instalar no campo, longe do seu lugar de trabalho; e entre as escolhas colectivas, pensemos em investimentos visando a construção de autoestradas, ou na redução da frequência dos cortes de electricidade, na não-promoção do teletrabalho ou dos transportes públicos, no desenvolvimento de políticas de planeamento familiar e de educação para a parentalidade, no envio de um vasto contingente de militares para uma guerra no estrangeiro ou, mais simplesmente, na instalação de uma política de serviço militar de longa duração. A relação entre os actos em questão e a identidade das pessoas futuras é, como é evidente, de natureza probabilística; mas esta probabilidade de um impacto na identidade dos que serão concebidos[34] é tão forte, que não podemos pôr o problema de lado sem mais nem menos.

A estratégia da recuperação

Existe, portanto, uma série de actos que não dizem respeito à procriação, nomeadamente na área das políticas de educação, dos transportes, da energia ou do ambiente, que pertencem sem dúvida ao campo da não-identidade. O caso de Lionel tem, por isso, uma pertinência bem mais alargada do que a que teria se o restringíssemos aos casos estritamente médicos. Significará isto que a maior parte das nossas políticas de ambiente não podem justificar-se, mesmo que parcialmente, em nome de uma preocupação com as gerações futuras, porque, seja o que for que façamos, não poderemos afirmar nunca que não teremos causado dano a estas pessoas futuras? A resposta é negativa. Porquê?

Em primeiro lugar, tratando-se de um contexto de não-identidade, excluímos o recurso a um conceito *standard* de dano. Quanto ao conceito alternativo de dano baseado num patamar de dignidade, é pouco provável que seja de alguma utilidade: sabemos assim, por exemplo, que as poluições geradas pelos dois pais automobilistas têm um impacto que, apesar de significativo, não é susceptível de gerar uma existência que não seja digna do seu titular. O conceito é, portanto, aplicável, mas sem consequências na maioria dos casos. Existe, porém, uma estratégia específica para este tipo de casos «não pró-criativos» que qualificaremos de «estratégia de recuperação». De que é que se trata?

Voltemos à história de Gilles interpelando o seu pai automobilista. Este bem pode responder que, pelo menos, em relação aos anos de automobilismo anteriores à concepção do filho, este não pode censurá-lo. Sem essa escolha, Gilles muito provavelmente não teria nascido. Poderíamos com certeza pôr em causa esta afirmação ao dizer que só o trajecto do dia da concepção é que influenciou a identidade de Gilles, e não todos os trajectos efectuados anteriormente – mas isso iludiria o facto de que não se investe num carro para conduzi-lo num só dia. Podemos então considerar que é essa decisão de comprar um carro, com os dias de estrada anteriores à

---

[34] Limitamo-nos aqui à reprodução sexuada e não assistida. Sobre a clonagem, ver Roberts, *op. cit.*

concepção de Gilles, que é, ao mesmo tempo, uma fonte de desvantagem que este tem de suportar (um nível de poluição mais elevado do que existiria na ausência deste carro) e a fonte da sua própria existência. Isto vale ainda mais para decisões colectivas de investimento que implicam uma certa inércia. Admitamos, no entanto, que os anos de condução automóvel a contar da data de aquisição do último carro do seu pai até à concepção de Gilles não têm, realmente, qualquer carácter prejudicial para este. Será que isto deixa Gilles sem argumentos?

De modo algum. Como veremos, se tivermos obrigações para com os membros da geração seguinte e se a satisfação destas obrigações deve ser avaliada no fim da vida de cada pessoa, a existência de uma sobreposição das gerações abre a porta para a estratégia da recuperação. Imaginemos que, mantendo-se tudo o mais constante, somos capazes de justificar, para cada geração, a obrigação de transferir à seguinte um ambiente de qualidade equivalente à daquele que ela própria herdou. Quando, no final da existência do pai de Gilles, o respeito por essa obrigação for avaliado, isto deixar-lhe-ia uma total liberdade para organizar o seu nível de poluição ao longo da sua vida; mas significa também que ele não poderá gabar-se de um nível de poluição «pré-concepcional» elevado para justificar a apresentação, no fim da vida, de um balanço negativo – que este nível de poluição elevado anterior à concepção de Gilles seja uma condição necessária para a sua existência não pode ser usado como desculpa. Assim, este nível inicial de poluição não torna de maneira alguma inevitável o facto de o pai de Gilles concluir a sua existência com um balanço deficitário; nada impede um trabalho de recuperação após a concepção do filho; e esta recuperação ulterior não afectará em nada a identidade (numérica) de Gilles.

Duas ideias fundamentam esta exigência moral de recuperação imposta ao pai de Gilles. *Primo*, contrariamente ao caso de Lionel, o nível de poluição que o Gilles herdará permanece, ao fim ao cabo, *reversível* após a sua concepção. O seu pai, em vez de simplesmente compensar o seu filho em numerário (como se poderia fazer para tornar menos dolorosa a vida de uma pessoa que sofra de uma deficiência física incurável), pode dedicar-se a efectuar uma recuperação em género, reduzindo as suas emissões de poluentes logo após a concepção do seu filho. É óbvio que tudo isto se prende com o facto de que o caso de Lionel tem a ver com recursos *internos* (a presença ou não de uma doença genética previsível), enquanto o de Gilles diz respeito a recursos *externos* (o grau mais ou menos poluído do ambiente).

Secundo, a diferença em relação ao caso de Lionel não se prende somente com o facto de ser possível uma recuperação em género em vez de uma compensação em dinheiro. Consiste também no facto de que, ao contrário da trissomia de Lionel que tem principalmente a sua causa numa *circunstância* natural, a poluição sofrida por Gilles é, antes de tudo, o resultado de uma *escolha* do seu pai (mesmo que as leis da química e da física também dêem aqui a sua contribuição). Assim, sendo que o nível de poluição excessivo que Gilles tem de suportar resulta mais de um factor humano do que de um factor natural, e que esse factor humano é o resultado de uma escolha deliberada e individual, não será necessário recorrer à estratégia de solidariedade defendida no caso de Lionel. Mesmo que o nível de poluição resultante dos trajectos pré-concepcionais do pai de Gilles fosse irreversível, e que só uma compensação em dinheiro fosse possível, caberia ao pai de Gilles, e somente a ele, encarregar-se dela.

Assim, o exemplo da escolha de mobilidade do pai de Gilles ilustra o facto de que o desafio da não-identidade toca em áreas muito mais extensas do que os casos de Nicolas e de Lionel poderiam sugerir, mas indica simultaneamente que, nestes casos «não médicos», a solução de recuperação pode suscitar soluções diferentes daquelas que foram encontradas para os casos de Nicolas e de Lionel. Notemos, no entanto, uma dificuldade prática que os leitores acostumados às políticas de subsídios familiares terão talvez antecipado. Uma criança é sempre, numa certa medida, dependente dos seus pais. Mesmo quando as crianças atingem a maioridade, a prática frequente da herança faz com que, se esperarmos esforços por parte dos pais, estes possam ter repercussões negativas nos seus filhos. Dito de outro modo, ao fazer com que os pais paguem, corremos o risco de fazer pagar os filhos em nome dos quais a política em questão se justificava. Ora, no presente caso, é em nome dos direitos do próprio Gilles que se poderia compelir o pai a adoptar um comportamento de recuperação. Se o pai, por exemplo, compensar, a sua renúncia ao automóvel mergulhando no mundo do jogo, dilapidando assim todo o capital familiar, ou se o facto de renunciar ao carro o tornar infeliz ao ponto de o fazer renunciar totalmente às suas responsabilidades familiares, é provável que a situação de Gilles seja ainda mais prejudicada. É, portanto, importante assegurar que a adopção de uma estratégia de recuperação numa dimensão da existência não provoque uma dilapidação da «herança» (no sentido lato) de Gilles, dilapidação essa que seria maior ainda por causa de uma degradação noutra dimensão.

Sublinhemos também que a estratégia de recuperação sugerida é susceptível de extensões interessantes. É o caso quando já não nos confrontamos com actos (ou *abstenções* faltosas), mas com *intenções pré-concepcionais* que se revelam, por um lado, ser uma condição necessária para a existência de um determinado ser, mas cuja perpetuação depois do nascimento deste ser, por outro lado, gera ao mesmo tempo uma grande desvantagem para este. Como observa Robert Nozick, líder dos filósofos libertários do século passado, os consumidores de carne justificam por vezes a sua posição invocando o facto de que, se não as criássemos para as comer, muitas vacas nem sequer existiriam. O argumento funciona da maneira seguinte[35]: é porque temos a intenção de as comer depois de terem nascido que criamos vacas; sem esta intenção, muitas vacas não existiriam; isto justificaria, portanto, segundo alguns, que, uma vez nascidas, possamos matar essas vacas para as comer. Aplicado aos homens, este argumento daria, por exemplo, o resultado seguinte: imaginemos pais esclavagistas[36]; querem um filho pondo como condição torna<á-lo escravo (ou fazer dele uma criança-soldado para a defesa de uma causa que seja, para eles, essencial); esta intenção pré-concepcional é, claro, uma condição necessária para a existência da criança; no entanto, não chega para justificar o acto depois de a criança ser concebida e ter nascido.

Uma maneira de dar conta desta refutação da justificação de actos repreensíveis com a existência de intenções pré-concepcionais consiste em afirmar que, se uma determinada intenção pré-concepcional pode ser uma condição necessária para a existência de uma pessoa (ou de um animal para comê-lo, ou de um embrião para extrair dele células estaminais), a situação muda quando se trata da passagem à acção pós-concepcional. Se pode existir uma necessidade em relação a certos actos, abstenções ou intenções pré-concepcionais, esta já não existe a partir do momento em que estes actos, abstenções ou intenções se situam depois do momento da concepção, porque estes já não fazem parte do contexto da não-identidade. Assim, àqueles que estimarem que é melhor para um ser existir como vaca de estábulo ou como criança-soldado do que não existir, responder-se-á que

---

[35] R. Nozick, *Anarchy, State, and Utopia*, Oxford/Cambridge, Blackwell, 1974, p. 38.
[36] Ver Kavka, *op. cit.*, p. 100 *sq.*

mais vale se, uma vez nascidas, estas vacas não forem reduzidas a alimento, nem estas crianças a carne para canhão. E ainda que, se não tivessem sido concebidas, não teriam certamente sofrido por causa disso. Todos os actos e intenções pré-concepcionais que pertencem ao domínio da não-identidade estão isentos de censura moral (a partir do momento em que não engendram a existência de pessoas cuja vida se situaria abaixo de um patamar de dignidade), mas a situação muda quando se trata da continuação destes actos ou intenções após a concepção do ser em questão.

IV. Podem as pessoas futuras ter direitos para connosco?

O problema colocado pelo caso de Lionel tem ramificações que se estendem muito para além do seu quadro médico. É claro que nem todas as acções realizadas antes da concepção de uma pessoa futura, mesmo que tenham um impacto no destino dessa pessoa, têm simultaneamente o estatuto de condição necessária para a sua existência. O caso dos alimentos para bebés é disso testemunha. Temos, contudo, de constatar que o número de actos pré-concepcionais (de naturezas diversas) contemplados é significativo. O exemplo do pai automobilista constitui, é claro, um caso em que a relação entre determinado acto e a existência da criança, «vítima» posteriormente de outras consequências deste acto, não é uma relação de necessidade absoluta. Encontramo-nos, no entanto, perante probabilidades tão elevadas de não-existência da criança em caso de acções alternativas que podemos tratar estes casos de quase-necessidade como sendo também abrangidos pelo cutelo da não-identidade. Ao mesmo tempo, a natureza destes casos não médicos é tal que autoriza a prática de uma estratégia de recuperação tal como a definimos acima e que se substitui então à estratégia de solidariedade que defendemos em casos como o de Lionel. Pelo menos, é o que se passa quando avaliamos escolhas individuais como as do pai automobilista de Gilles. O caso das escolhas colectivas é mais delicado e voltaremos a ele no último capítulo desta obra.

Examinemos agora o impacto destas considerações na possibilidade de atribuir direitos às pessoas futuras. A ideia de direitos subjectivos é tão fundamental para a teoria jurídica como para a teoria moral. A maior parte das vezes, quando afirmamos que somos titulares de obrigações para com outrem, estimamos que estas obrigações têm como seu correlato certos direitos pertencentes a essa outra pessoa. Estes direitos outorgam uma protecção particular, seja em relação a uma esfera escolhida (o que supõe a aptidão para efectuar estas escolhas, uma aptidão que, por exemplo, os recém-nascidos não têm), seja mais simplesmente em relação a interesses (por exemplo, o direito de ver a nossa integridade física respeitada). As ideias de obrigações e de direitos correlativos não bastam, como é evidente, para determinar qual deles, a obrigação ou o direito, é (histórica ou filosoficamente) prioritário em relação ao outro. De qualquer maneira, se afirmarmos que os membros da geração presente têm obrigações para com os da geração futura, não será necessário ao mesmo tempo exprimir essas obrigações sob a forma de direitos que essas pessoas futuras têm em relação a nós? Talvez. Isto supõe, em todo o caso, que possamos responder a duas objecções muito sérias. *Primo*, como é que uma pessoa que (ainda) não existe pode ser titular de direitos? *Secundo*, supondo que as pessoas futuras possam ter direitos, o conteúdo destes direitos não será reduzido a muito pouco por causa do contexto de não-identidade no qual se inscrevem muitas vezes as interacções entre gerações? Respondamos a cada uma destas duas objecções.

Não-existência e direitos condicionais

Para tratar da primeira objecção, partamos da proposição seguinte: «As gerações futuras têm direito a um ambiente de qualidade.» Muitos de nós estão provavelmente dispostos a concordar com esta afirmação. Ela pressupõe, no entanto, que pessoas que não existem possam ser titulares de direitos. Ora, porque é que alguém que não existe teria direitos? Está até nas nossas mãos não fazer surgir novas gerações. Porquê, então, atribuir-lhes hoje direitos, já que elas podem nunca chegar a existir? A nosso ver, a maneira mais plausível de responder a esta pergunta consiste em mobilizar uma noção de *direitos condicionais* (ou futuros)[37]. Esta abordagem postula que existirá pelo menos um certo número de pessoas no futuro. Rejeita, pelo contrário, a proposição segundo a qual haveria um sentido segundo o qual as pessoas futuras existiriam já hoje em dia, uma tese ao mesmo

---

[37] Neste sentido: R. Elliot, «The Rights of Future People», *Journal of Applied Philosophy*, vol. 6 (2), 1989, p. 159-169. Para posições diferentes: N. Fotion & J. Heller (eds.), *Contingent Future Persons. On the Ethics of Deciding Who Will Live, or Not, in the Future*, Dordrecht, Kluwer, 1997.

tempo pouco plausível e inútil. Bastam-nos, de facto, os *direitos futuros* para justificar as *obrigações presentes*.

Retomemos o exemplo da alimentação para bebés, e consideremos primeiro a hipótese segundo a qual todos os clientes actuais ou potenciais existem já como pessoas no momento do acondicionamento do produto. Quando um produtor vigia a qualidade dos seus produtos e vê nisso uma obrigação tanto jurídica como moral, uma maneira de nos darmos conta de que ele assume essa obrigação será pela sua preocupação em relação ao que acontece aos seus clientes. Alguns deles podem inclusive ser seus conhecidos; mas a maioria deles são anónimos (e permanecerão anónimos). Quanto àqueles que ainda não compraram os seus produtos, a sua identidade é não só desconhecida mas também indefinida no momento do acondicionamento. O que o produtor, todavia, sabe é que, segundo todas as probabilidades, terá pelo menos alguns clientes. Poderemos considerar que, entre eles, os que comprarão o produto pela primeira vez alguns meses mais tarde são *clientes potenciais* e, por isso, possuem já direitos de consumidores em relação ao produtor. Mas ninguém precisa desta construção; basta afirmar que, quando comprarem o produto e *se tornarem* assim clientes, estas pessoas *tornar-se-ão* titulares de direitos de consumidores para com o produtor. O facto de, no momento do acondicionamento, estas pessoas *ainda não* serem clientes e, como tal, não disporem de direitos de consumidores não impede de modo algum o produtor de ter, *a partir deste momento*, obrigações.

Interrompamos agora a hipótese da existência do conjunto das pessoas em causa e voltemos ao caso inicial do produtor suíço e da sua cliente checa. No momento do acondicionamento, o filho desta ainda não nasceu, e nem sequer foi concebido. Recorrer ao conceito de consumidor potencial para designar esta criança futura é, portanto, prematuro. Basta considerarmos que as obrigações do produtor de alimentos para bebés no momento do acondicionamento são correlativas a direitos futuros, ou seja a direitos que ainda não existem, por falta de titulares. Estes direitos futuros são *condicionais*, o que significa que não só o seu *exercício* mas também a sua *existência* estão condicionados à existência do seu titular. Do mesmo modo que uma pessoa só tem direitos como consumidor a partir do momento em que consome, entendemos que uma pessoa só pode ser titular de direitos a partir do momento em que existe. Para além disso, no exemplo em que todos os futuros clientes existem já como pessoas, a inexistência destes direitos de consumidores no momento do acondicionamento, assim como a natureza desconhecida e indefinida nessa altura dos futuros clientes, não impede de ver nos seus direitos *futuros* um correlato adequado às obrigações *actuais* do produtor. A situação é a mesma no caso da mulher checa e do seu filho ainda não concebido. Nestes dois exemplos, podemos adoptar o raciocínio seguinte: se pudermos razoavelmente esperar que exista no futuro pelo menos um certo número de titulares de direitos (futuros) e se soubermos que a violação actual das minhas obrigações conduzirá necessária ou potencialmente a uma violação *futura* destes direitos *futuros*, a direcção temporal da causalidade permite renunciar à exigência segundo a qual uma obrigação actual deveria necessariamente ter por correlato um direito actual.

Notemos uma consequência teórica estranha, mas aceitável depois de pensarmos sobre ela, desta posição[38]. É possível que o facto de tomar em consideração a violação futura de um direito torne impossível a própria existência desse direito. Seria o caso se estivéssemos prontos para reconhecer o direito de uma criança a não nascer em condições que façam com que tenha necessariamente uma existência indigna. Este direito só existiria se a pessoa em causa, seja quem for, viesse a existir. E podemos dizer que, numa circunstância em que se possa esperar que uma determinada acção conduza à concepção e ao nascimento de uma criança com estas características, é em referência a este mesmo direito condicional que se irá renunciar a levar a cabo essa acção. Contudo, deste modo tornaremos ao mesmo tempo impossível a existência do direito futuro que tinha servido como referência para justificar a obrigação presente. Esta consequência é, ao que parece, inevitável.

Não-identidade, recuperação e obrigações em relação às pessoas futuras

As situações que acabámos de tratar caracterizam-se por uma sobreposição das gerações. O que acontece à tese «obrigações presentes / direitos futuros» na ausência desta sobreposição? Conhecemos sociedades em que três ou quatro gerações se sobrepõem, mas é, apesar de tudo, pouco provável para a maioria de nós que sejamos contemporâneos, mesmo que só durante alguns anos, dos nossos bisnetos e para além deles. Logo, na

---

[38] Ver Elliot, *op. cit.*, p. 166.

PENSAR A JUSTIÇA ENTRE AS GERAÇÕES

prática a sobreposição só existe, com algumas gerações. Contudo, a evocação de uma preocupação para com os membros das gerações futuras (e a referência aos seus direitos) estende-se muitas vezes para além destas duas ou três gerações de descendentes. Se a nossa tese sobre os direitos futuros só tivesse sentido no contexto estreito da sobreposição geracional, teria então um interesse prático limitado, pelo menos em certas áreas, como a do ambiente. Será que uma preocupação com o lixo nuclear de longa duração, ou com as consequências a longo prazo do aquecimento climático, poderia ser justificada com base nos direitos (futuros) das gerações futuras longínquas?

Para responder a esta pergunta, importa separar novamente dois contextos. Em primeiro lugar, coloquemo-nos *fora do contexto de não-identidade*, por exemplo, no caso do produtor suíço e da jovem mãe checa. Imaginemos por um instante que esse produtor seja independente e que morra a seguir ao acondicionamento do produto e ao seu envio para as grandes superfícies de Praga e outros lugares, mas também antes da concepção do filho de Milena. Postulámos que ele tinha violado a sua obrigação; mas, a partir do momento em que a criança exista e for, portanto, susceptível de ser titular de direitos, será impossível para Milena exercer em seu nome o direito do seu filho contra o produtor em falta porque este já terá falecido[39]. Se a ineficiência do exercício destes direitos coloca neste caso um problema prático inegável, é essencial sublinhar que esta impossibilidade de *exercício* para além do espaço da sobreposição não põe em causa (fora do contexto de não-identidade) a possibilidade de que direitos futuros possam *existir* (no futuro) e constituir efectivamente o correlato de obrigações presentes. Se, no momento em que o direito passa a existir e pode assim ser violado, o titular da obrigação já tiver morrido, isto não significa que pode haver dois correlatos válidos (desde que não estejamos num contexto de não-identidade); significa simplesmente que nos confrontamos com uma impossibilidade de exercício desse direito, depois de violado. Este problema prático tem uma solução, como veremos. O próprio sentido dos direitos futuros correlativos a obrigações presentes não é, portanto, posto em causa quando nos encontramos fora do contexto de não-identidade.

---

[39] Ela poderia, sem dúvida, virar-se contra os herdeiros do produtor; mas num caso intergeracional em que uma geração inteira desejaria reivindicar algo contra a geração precedente, o recurso a esta estratégia não nos leva a lado nenhum.

O que se passa, contudo, quando nos situamos num contexto de não-identidade e se, para além disso, o titular da obrigação e o possível titular de direitos correlativos não forem, em nenhum momento, contemporâneos? Vimos antes que qualquer acto, abstenção ou intenção pré-concepcional que constituiria uma condição necessária para a concepção e a existência da pessoa pretensamente vítima desse acto está isento de qualquer repreensão moral (excepto no caso de queda abaixo de um patamar de dignidade). Assim sendo, em contexto de não-identidade, se houver um direito em relação ao que se deveria ter passado antes da concepção da pessoa, este raramente será violado, tendo em conta o seu fraco grau de exigência (patamar de dignidade). Se a concepção da criança em questão ocorrer após o falecimento do titular das obrigações, teremos então de nos confrontar não só com um problema de *exercício* de direito (da pessoa futura em relação a alguém que já não existe), mas também com uma dificuldade ainda mais fundamental. Neste contexto de não-identidade, as únicas obrigações um pouco mais sérias possíveis são, portanto, obrigações pós-concepcionais (ou, mais geralmente, pós-natais), inclusive obrigações de recuperação; ora, sem sobreposição, não há recuperação possível. Alguns poderão, então, concluir que a ideia de direitos das gerações futuras, para além daquelas de quem sejamos, num dado momento, contemporâneos, não faz muito sentido tendo em conta o grande número das nossas acções que pertence ao registo da não-identidade. Todavia, isto implica omitir uma possibilidade, a de uma estratégia de transitividade, a associar à estratégia de recuperação. Do que se trata?

Voltemos ao caso de Gilles, o filho do automobilista. Imaginemos que este mesmo Gilles vem a ter mais tarde uma filha, a Carla; e, sobretudo, que o pai de Gilles tenha falecido antes da concepção de Carla, sem se esquecer de pôr em marcha uma bomba-relógio que irá explodir no fim da vida desta, muito depois da morte de Gilles. Esta bomba degradará fortemente o ambiente, sem por isso tornar a vida das pessoas indigna de ser vivida. O exemplo pode parecer fantasioso, mas as nossas sociedades estão repletas destas bombas-relógio , se entendermos por esta expressão actos cujas consequências negativas passaram por cima da geração seguinte para prejudicar directamente a próxima geração. Pensemos, por exemplo, em barris de resíduos radioactivos que não necessitam de nenhum cuidado durante um século ou dois antes de começarem a ficar seriamente degradados pela corrosão, obrigando as gerações futuras em causa a despesas consideráveis. Ora, uma vez que esta bomba não prejudica directamente Gilles, este não poderá, ao que tudo indica, invocar os seus próprios direitos durante o período de sobreposição para exigir ao seu pai a sua desactivação. Quanto a Carla, a colocação desta bomba constitui um acto que, em relação a ela, é pré-concepcional. Ou a colocação da bomba não afecta em nada a identidade (numérica) de Carla e não haverá nenhuma dificuldade em considerar que os seus direitos futuros serão violados por esta acção; ou, pelo contrário, o acto de colocar esta bomba situa-nos num contexto de não-identidade em relação a Carla e teremos de nos confrontar com as dificuldades identificadas acima. Sendo que não existe sobreposição entre a existência de Carla e a do seu avô, estaremos nós num impasse? Não, se considerarmos o destino de Carla através do prisma das obrigações de Gilles para com ela.

De facto, degradar antecipadamente o destino da Carla é tornar mais difícil para Gilles o cumprimento das *suas* obrigações para com ela. Se a bomba-relógio não degradar o ambiente de Gilles, mas se tornar mais custosa para ele (em gastos de desactivação, por exemplo) a transferência de um ambiente não degradado a Carla, haverá então um sentido *indirecto* segundo o qual o pai de Gilles, ao lançar a bomba-relógio contra Carla, degrada também o destino *do próprio Gilles*. Isto também vale para uma bomba que só afectaria directamente os filhos de Carla, etc. Por via desta estratégia indirecta (ou transitiva), é assim possível dar conta da obrigação de não cometer actos que afectem negativamente o destino de gerações longínquas, através de uma possível violação dos direitos da geração que directamente se nos segue e com a qual coexistimos durante pelo menos uma parte da nossa vida. A sobreposição permite a recuperação, se esta for necessária; e a transitividade permite recorrer aos direitos da geração que se segue à nossa directamente para justificar as nossas obrigações não *para com* as gerações mais afastadas, mas *para com a geração que se segue à nossa em relação às s gerações afastadas*[40]. Assim, o direito de Gilles que o seu pai lançador de bombas violou é – numa primeira abordagem – o de ter a capacidade de transferir à sua filha um ambiente não degradado em relação àquele de que ele próprio beneficiou. É claro que esta bomba engendrará para Carla uma desvantagem pela qual Gilles não tem nenhuma

---

[40] Voltaremos no capítulo seguinte a esta distinção entre «para com / em relação».

responsabilidade[41], e por isso não está de modo algum moralmente *constrangido* a suportar ele próprio o peso da sua compensação – pelo menos, segundo a justiça comutativa, como veremos[42]. Mas isto significa, apesar de tudo, que o seu pai o obrigará, no pior dos casos, a transferir *contra a sua vontade* um ambiente fortemente degradado em comparação com o que ele próprio recebeu e, no melhor dos casos, a consentir em esforços consideráveis para conseguir assegurar no mínimo uma compensação das desvantagens de que sabe que Carla será vítima.

Assim, fora do contexto de não-identidade, as gerações futuras, mesmo aquelas com quem não coexistiremos, *poderão* ter direitos (futuros) susceptíveis de justificar as nossas obrigações *presentes*. Em contexto de não-identidade, pelo contrário, não existem para connosco direitos (mesmo futuros) de pessoas futuras com as quais nunca coexistiremos que não sejam triviais, ou seja, sempre satisfeitos (tendo em conta o contexto de não-identidade). O reconhecimento de direitos futuros para estas pessoas não põe problemas deste ponto de vista. É o seu *conteúdo* que põe. De qualquer modo, não serve de nada ter direitos tão pouco exigentes que, de facto, nunca seriam violados, já que o único conceito de dano utilizável remete para um patamar de dignidade, e que a estratégia de recuperação não está disponível. São, portanto, as nossas obrigações *para com* as gerações com as quais coexistimos que justificarão também as nossas obrigações *em relação* ao destino das gerações mais afastadas. Esta estratégia de transitividade é, como é evidente, indirecta, mas permite justificar obrigações significativas em relação a pessoas futuras até um horizonte temporal infinito.

O que temos então de notar é que, entre os dois desafios aos direitos das pessoas futuras (não-existência e não-identidade), não é o primeiro que acarreta as consequências mais pesadas. O facto de as pessoas futuras não existirem hoje só nos obriga a falar em termos de direitos futuros mais do que em termos de direitos presentes. Já o desafio da não-identidade torna impossível a existência de direitos futuros não triviais das pessoas com quem nunca coexistiremos (excepto quando o patamar de dignidade é ultrapassado) e obriga-nos a exprimir as nossas intuições morais em termos de obrigações morais *para com* os nossos descendentes directos (que terão

---

[41] Compare-se com a noção de desvantagem exógena antecipável *de origem natural desta vez* (cap. 4).

[42] Ver cap. 4.

direitos futuros não triviais para connosco) *em relação* às gerações que se nos seguirão e com quem nunca coexistiremos. Eis um dos numerosos ajustamentos significativos aos quais nos obriga o desafio inesperado da não-identidade. E isto terá consequências para quem, por exemplo, deseje inscrever os direitos das gerações vindouras num texto constitucional[43].

Sublinhemos que o facto de, em contexto de não-identidade, não podermos ter obrigações não-triviais em relação aos membros de gerações futuras afastadas, não tem nada a ver com a ideia segundo a qual os nossos familiares merecem necessariamente mais atenção moral da nossa parte do que os estrangeiros. Por outras palavras, podemos muito bem adoptar a abordagem (imparcial) segundo a qual uma pessoa terá sempre a mesma importância moral, seja qual for a sua distância geográfica ou temporal em relação a mim, sem abdicar do argumento acima. A intuição em causa tem exclusivamente a ver, no caso de gerações afastadas (mas não no de povos geograficamente afastados), com o facto de estar associada a este afastamento temporal uma ausência de sobreposição temporal que impede a utilização de uma estratégia de recuperação *em relação* a essas pessoas quando nos encontramos num contexto de não-identidade.

Um argumento *a fortiori*

Centrámo-nos, até agora, em duas objecções importantes para a existência de obrigações em relação às pessoas futuras, a que assenta no facto de elas não existirem hoje, e a que sublinha um outro facto, a dependência da sua identidade em relação a uma proporção significativa dos actos que alguns entendem que são prejudiciais para elas. A estes dois factos (não--existência e não-identidade) estão associadas consequências normativas, que examinámos. Contudo, deixámos de lado um elemento «em seu abono», uma consideração susceptível de reforçar a ideia de obrigações em relação às pessoas futuras. Também aqui, trata-se de insistir num facto:

---

[43] Sobre este ponto: T. Allen, «The Philippine Children's Case: Recognizing Legal Standing for Future Generations», *Georgetown International Environmental Law Review*, vol. 6, 1994, notas 49 sq.; R. Just, «Intergenerational Standing under the Endangered Species Act: Giving Back the Right to Biodiversity after Lujan v. Defenders of Wildlife», *Tulane Law Review*, vol. 71 (2), 1996, notas 88 e 99.

não somos responsáveis pela existência dos nossos contemporâneos[44], mas somos responsáveis pela existência dos nossos filhos. Ora, algumas teorias da justiça – em particular as teorias igualitaristas de que teremos ocasião de falar – atribuem-nos obrigações para com os nossos contemporâneos, em casos em que não somos de modo algum responsáveis pelas suas circunstâncias (ex: obrigação de participar no financiamento dos subsídios para deficientes). Não haverá então um argumento *a fortiori* a favor de obrigações ainda mais fortes, já que seríamos responsáveis pela própria existência das pessoas em relação às quais essas obrigações existiriam? Este argumento não parece capaz de escapar ao problema da não-identidade no que diz respeito às nossas acções pré-concepcionais ou concepcionais (quase) necessárias para a existência das pessoas em causa. No entanto, este argumento deveria poder reforçar, senão o conteúdo, pelo menos a *intensidade* das nossas obrigações para com os nossos filhos, em tudo o que se prende com as nossas intenções, abstenções ou actos pós-concepcionais aos quais se aplica a estratégia de recuperação.

Ainda que este argumento *a fortiori* tenha algum interesse, há que fazer duas observações. Em primeiro lugar, só somos directamente responsáveis pela existência da geração seguinte, e não pela existência das gerações subsequentes. Isto significa que, ainda que a intensidade das nossas obrigações para com a geração que directamente se segue à nossa possa ser afectada, a situação não é mesma em relação à intensidade das nossas obrigações para com os nossos netos. Mas o problema da não-identidade é susceptível de afectar as relações avós/netos e a estratégia de recuperação é, também ela, susceptível de se aplicar a estas relações. Um recurso ao argumento *a fortiori* afecta somente uma parte das nossas obrigações intergeracionais, as que nos ligam à geração que directamente se segue à nossa.

Mais ainda, entre os membros da geração seguinte, só somos responsáveis pela existência dos nossos próprios filhos, o que significa que os nossos filhos biológicos beneficiarão de um estatuto particular em relação a outras crianças da mesma geração. Imaginemos que distinguíamos entre os membros da geração seguinte aqueles que engendrámos (filhos biológicos)

---

[44] Com excepção, evidentemente, dos que teríamos salvado da morte. Contudo, como o leitor se aperceberá rapidamente, uma consideração deste tipo não poderá ser mobilizada aqui. Assim, tratando-se de um argumento *a fortiori*, parece pouco plausível afirmar, por exemplo, que um médico, que teria salvado um dos seus pacientes, teria ulteriormente obrigações morais gerais mais intensas em relação a ele do que qualquer outro contemporâneo seu.

e aqueles cuja existência (pelo menos a concepção e o nascimento) não é de modo algum fruto da nossa responsabilidade. E imaginemos que continuávamos o raciocínio considerando que, por via da nossa responsabilidade em relação à sua existência, tínhamos para com os nossos próprios filhos uma responsabilidade de uma *intensidade* particular. Entendemos com isto que as nossas obrigações para com os nossos próprios filhos poderiam justificar-se de *duas maneiras* diferentes, mais do que de uma só: como obrigações para com qualquer outro ser humano (qualquer criança), mas também como as obrigações de um agente em relação às consequências dos seus actos (o nosso filho).

Que Será que o facto de as nossas obrigações parentais poderem, assim, ser justificadas de duas maneiras implica necessariamente uma modificação do seu *conteúdo*? Se assim fosse, teríamos de considerar que as nossas obrigações (inter-geracionais) para com os nossos filhos possam ser mais importantes do que as (intra-geracionais) que se impõem a nós para com os nossos contemporâneos – o que conduziria à primazia da justiça intergeracional sobre a justiça intrageracional. Daqui resultaria também que os nossos filhos biológicos mereceriam receber mais da nossa parte do que as outras crianças que não tivéssemos engendrado. As crianças cujos pais beneficiassem, por exemplo, de circunstâncias socioeconómicas extremamente desfavoráveis teriam de sofrer as consequências destas desvantagens sem que nada se pudesse dizer do ponto de vista da justiça. Esta divisão das tarefas («cada um ocupa-se prioritariamente dos seus próprios filhos») corresponde, de facto, à prática da maioria dos pais, mesmo que o seu impacto seja atenuado em alguns países pela existência de subsídios familiares mais ou menos decentes. Esta prática pode basear-se, em parte, no argumento *a fortiori*, mas parece difícil de justificar no que respeita à ideia de igual respeito entre as pessoas. Por isso, se optarmos por insistir demasiado no argumento *a fortiori*, corremos o risco de violar a exigência de imparcialidade e de igual respeito.

*
* *

O desafio da não-identidade tem implicações extremamente extensas, desconcertantes e diversas. Obriga-nos a reexaminar o tipo de argumentos invocados em domínios inteiros do campo moral: clonagem, poligamia, escolha do sexo do filho, idade ideal de reprodução, sobrepopulação, resíduos nucleares de longa duração... Tentámos mostrar aqui algumas das implicações essenciais deste desafio para a teoria da justiça intergeracional. Por um lado, se o desafio da não-identidade não disser respeito a todos os nossos actos que tenham um impacto sobre o futuro, afecta contudo um número muito significativo dentre eles. Por outro lado, a partir do momento em que nos colocamos num contexto de não-identidade, quando passamos de casos como o de Lionel, a criança trissómica (exemplo paradigmático), para outros como o de Gilles e o seu pai automobilista, a solução de solidariedade proposta para o primeiro tem de ser substituída pela estratégia da recuperação no segundo. A não-identidade não exclui de modo algum que tenhamos obrigações significativas *para com os nossos descendentes directos*. A situação muda quando se trata de gerações futuras mais afastadas.

Será que isto reduz o campo de uma teoria da justiça entre as gerações? Não, se estivermos prontos para associar à estratégia de recuperação uma abordagem transitivista. Segundo esta, as nossas obrigações em relação às gerações futuras *afastadas* não são estritamente obrigações *para com* elas. Têm de ser concebidas como obrigações *para com* a geração que directamente se segue à nossa, *em relação* às gerações seguintes que esta geração (e as seguintes) dará, ela própria, à luz. Interessar-nos-emos, portanto, somente pelo conteúdo das obrigações morais que são nossas para com *a geração que directamente se segue à nossa*, entendendo que, entre estas obrigações, figura a de permitir à geração que directamente se segue à nossa satisfazer as mesmas obrigações para com a geração que directamente se lhe segue... e por aí em diante. Mesmo sendo indirecta, esta estratégia autoriza-nos, apesar de tudo, a defender a ideia importante segundo a qual a nossa preocupação com o futuro pode claramente ser interpretada – apesar do problema da não-identidade – como uma preocupação *de justiça*[45]. É verdade que se trata de uma preocupação de justiça só para com as gerações que forem – mesmo que só por um instante – nossas contemporâneas; mas trata-se, ainda assim, de uma preocupação de justiça.

---

[45] Contra: R. Dworkin, Life's Dominion, An Argument about Abortion and Euthanasia, Londres, Harper-Collins, 1993, p. 77: «A nossa preocupação com as gerações futuras não é de modo algum uma questão de justiça, mas de sentimento instintivo que o desenvolvimento humano e a sobrevivência da humanidade revestem uma importância sagrada» (tradução nossa). Ver também *infra* cap. 5, nota 25. E W. Beckerman e J. Pasek, Justice, *Posterity and the Environment*, Oxford, Oxford University Press, 2001.

Antes de examinarmos em que consistem as nossas obrigações para com a geração seguinte, olhemos para o passado para determinarmos se uma preocupação com as gerações *passadas* poderá afectar tanto o campo de aplicação como o conteúdo de uma teoria da justiça intergeracional.

Capítulo segundo
E se tivéssemos obrigações para com os mortos?

Até agora, respondemos aos desafios que temos de enfrentar quando se tenta demonstrar a própria possibilidade de obrigações para com as pessoas futuras. Qual é, no entanto, no âmbito desta teoria, o lugar das pessoas já falecidas? Será que devemos concordar com Jacques Derrida quando ele afirma que «[...] nenhuma ética, nenhuma política, revolucionária ou não, parece possível e pensável e *justa*, se não reconhecer no seu princípio o respeito por estes outros que já não são ou por estes outros que ainda não estão aqui, presentemente *vivos*, tenham eles já falecido ou não tenham ainda nascido[1]»? Se devêssemos um tal respeito aos mortos, este traduzir-se-ia por obrigações morais, o que teria potencialmente dois tipos de consequências.

Por um lado, significaria uma extensão para o passado do domínio da justiça entre as gerações, para além do período de sobreposição entre as gerações. Por outro lado, a existência de obrigações para com as gerações precedentes pode afectar tanto a existência quanto a natureza e a amplitude das nossas obrigações para com as gerações *futuras*. Assim, segundo algumas teorias – nomeadamente a da reciprocidade indirecta, à qual voltaremos –, a própria existência de obrigações para com a geração seguinte está suspensa da existência de obrigações para com a (ou as) precedente(s). Por outro lado, o respeito que os mortos merecem poderia incluir a consideração dos seus desejos, em particular os que se prendem com o que deveríamos transmitir aos nossos descendentes (e netos deles).

---

[1] J. Derrida, *Spectres de Marx. L'État de la dette, le travail du deuil et la nouvelle Internationale*, Paris, Galilée, 1993, p. 15 (tradução nossa).

PENSAR A JUSTIÇA ENTRE AS GERAÇÕES

Não há dúvida de que os trabalhadores mortos nas minas de carvão ou nas pirâmides, os que sacrificaram a sua vida na luta contra ditadores ou investiram o seu tempo em pesquisas que deram fruto só muito depois da sua morte, desejaram que os seus esforços não fossem em vão. Contudo, determinar se a justiça requer a consideração de tais desejos é uma questão diferente. Se a resposta for positiva, o aforismo de René Char segundo o qual «a nossa herança não é precedida por nenhum testamento[2]» seria, então, duplamente discutível, não só no plano factual, mas também no plano normativo. Por fim, atribuir recursos a tarefas justificadas principalmente pelas nossas obrigações para com os mortos (construção de mausoléus, manutenção de cemitérios, celebrações comemorativas...) reduz, por conseguinte, os recursos disponíveis para responder às necessidades dos nossos contemporâneos e dos nossos descendentes. Isto demonstra perfeitamente a importância, desta vez do ponto de vista das nossas obrigações para com o futuro, da questão abordada neste segundo capítulo[3].

Algumas pessoas talvez se possam sentir desconfortáveis com a natureza um pouco abrupta da pergunta que constitui o título deste presente capítulo. Porém, muitos de nós, mesmo em sociedades relativamente secularizadas, concebem os deveres para com os mortos estão entre as mais firmes das obrigações morais, pelo menos quando se trata de mortos que nos são relativamente próximos. A utilização de cadáveres com fins pedagógicos, seja por futuros médicos das urgências[4] ou para o grande público, a de corpos de crianças em testes visando a melhoria da segurança automóvel[5], ou a dos órgãos de cadáveres tendo como fim o transplante não deixam nunca de suscitar debates éticos. As reacções variam em função de o uso ser ou não considerado como directa ou indirectamente vital, de o defunto ter ou não expressado o seu consentimento para tais usos antes da sua morte, ou ainda consoante o grau de risco para a integridade física do cadáver. O fornecimento de uma amostra de ADN proveniente do corpo de Yves Montand talvez não constituísse um dano maior à sua

---

[2] R. Char, «Feuillets d'Hypnos», in *Œuvres complètes*, Paris, Gallimard, 1983, aforismo 62.

[3] Notemos também que o estatuto dos mortos poderá afectar a natureza das nossas obrigações em nome da justiça transgeracional.

[4] K. Iserson, «Postmortem procedures in the emergency department: using the recently dead to practise and teach», *Journal of Medical Ethics*, 1993, vol. 19, p. 92-98.

[5] P. Galinier, «Des cadavres d'enfants utilisés pour des tests de sécurité automobile», *Le Monde*, 21 de Abril de 1998, p. 30.

integridade física, mas foi certamente contra a sua vontade expressa antes da sua morte; e não se tratava de modo algum de uma questão de vida ou de morte para Aurore Drossart, que afirmava ser sua filha (procura de paternidade biológica)[6]. É claro que o alemão von Hagens parece ter obtido o consentimento *ante mortem* das pessoas de quem plastinou o corpo, mas a utilização de corpos humanos com fins museológicos, segundo alguns, não satisfaz a exigência de respeito devido aos mortos[7].

As nossas obrigações morais para com os mortos, aliás, não se limitariam de maneira nenhuma ao respeito pela sua integridade corporal[8]. A reputação, a vida privada, e até a igualdade[9] entre defuntos, são muitas vezes objecto da nossa preocupação moral, o que é por vezes eminentemente traduzido pelos nossos sistemas jurídicos[10]. Estas obrigações levantam uma questão filosófica: sob que condições é que as justificações geralmente invocadas a favor de certas obrigações morais para com os vivos (integridade física, autonomia da pessoa, respeito da imagem...) continuam a valer depois de essa pessoa ter falecido? E se estas justificações tradicionais não são válidas, sobre que argumentos alternativos é que podemos fundar obrigações morais que muitos de nós não estão dispostos a abandonar? Mais do que definir o conteúdo das nossas obrigações para com os mortos, é a própria possibilidade dessas obrigações que debateremos aqui.

Porquê duvidar da possibilidade de justificar obrigações morais para com os mortos? Se estimarmos que uma obrigação moral só tem sentido se a sua violação for susceptível de engendrar um dano – tese que defendemos

---

[6] Sobre o caso Montand: P. Verdier, «Oui, la quête d'Aurore Drossard est légitime», *Le Monde*, 15 de Novembro de 1997, p. 17; C. Prieur, «Le corps d'Yves Montand exhumé pour recherche génétique en paternité», *Le Monde*, 12 de Março de 1998, p. 8. Sobre um problema semelhante (implantação póstuma de esperma de um defunto): T. Murphy, «Sperm Harvesting and Post-Mortem Fatherhood», *Bioethics*, 1995, vol. 9 (5), p. 380-398.

[7] J.-P. Stroobants, «Les cadavres éternels du professeur Gunter von Hagens», *Le Monde*, 11-12 de Novembro de 2001, p. 28. A plastinação é uma técnica de preservação dos corpos que consiste em substituir a água e os lípidos presentes nos tecidos biológicos por polímeros.

[8] Ver também: J. Feinberg, «The Mistreatment of Dead Bodies», *The Hastings Center Reports*, vol. 15 (1), p. 31-37.

[9] M. Silber, «En Espagne, les morts ne sont toujours pas égaux», *Le Monde*, 10 de Julho de 2000, p. 15.

[10] Ver por exemplo: Lei finlandesa de 1999 sobre a transparência governamental, sec. 31, par. 2, www.om.fi/1184.htm (período póstumo de 50 anos de segredo com vista à protecção da vida privada do defunto).

no capítulo anterior –, se considerarmos, para além disso, que só podemos sofrer um dano se existirmos, e se postularmos por fim que os mortos não existem – num sentido moralmente pertinente, pelo menos –, não poderemos, então, ser titulares de obrigações morais para com os mortos, porque não existem e, por conseguinte, não poderão sofrer um dano.

Seremos nós obrigados a aceitar as conclusões deste argumento, com o que estas acarretam para uma teoria da justiça entre as gerações? Eis o que tentaremos determinar. Em primeiro lugar, conceberemos estratégias laterais que, mesmo que aceitando a conclusão do argumento citado acima («não temos obrigações para com os mortos»), consideram que o que tomamos por obrigações morais resultando de uma preocupação para com os próprios mortos são, na realidade, obrigações morais que encontram noutro lado a sua justificação (secção I). Em seguida , examinaremos a estratégia frontal defendida principalmente por Joël Feinberg, um filósofo americano, que consiste em revogar a conclusão do argumento, ao mesmo tempo que aceita uma das suas premissas essenciais, aquela que sustenta que os mortos não existem – num sentido moralmente pertinente, pelo menos (secção II). Por fim, abordaremos a hipótese segundo a qual os mortos existem efectivamente num sentido moralmente pertinente (secção III).

I. Obrigações em relação aos mortos?

A primeira estratégia admite tais deveres morais, considerando-os como obrigações *em relação* aos, mais do que *para com* os, mortos, da mesma maneira que, no que diz respeito aos nossos deveres orientados para as pessoas futuras com as quais não haverá sobreposição de geração, considerámos que podíamos ser titulares de obrigações *para com* as gerações com as quais coexistiremos – mesmo que durante um curto prazo – *em relação* às gerações subsequentes. Enquanto a expressão «para com» remete aqui para o destinatário da obrigação, as palavras «em relação a» fazem referência ao seu objecto. Não temos deveres para com uma estátua; mas seremos certamente susceptíveis de ter alguns *em relação* a ela, *para com* uma determinada pessoa ou para com a sociedade em geral. Pensemos, por exemplo, numa obrigação de não degradação. Examinemos, então, três versões desta estratégia lateral, que tenta justificar as nossas obrigações doutro modo que não como obrigações *para com* os mortos.

A estipulação para outrem

Em primeiro lugar, não será possível reinterpretar qualquer promessa feita a um morto como uma promessa indirecta feita a um terceiro, que sobrevive ao beneficiário inicial? Por outras palavras, qualquer promessa de cumprimento de uma determinada acção feita a um futuro defunto seria portanto *ab initio* uma promessa directa a um terceiro que – por hipótese – sobreviveria ao defunto. Assim, Joan Callahan, filósofa e feminista americana, defende a ideia segundo a qual «as pessoas têm o direito de dispor dos seus bens como bem entenderem. Na medida em que esta disposição se torna efectiva após a morte de uma pessoa, encontramo-nos com uma verdadeira obrigação moral – mas esta obrigação moral existe para com os seus herdeiros. Ou seja, ao redigir as suas últimas vontades (ou ao fazer um testamento), o indivíduo gera um título que se tornará efectivo após o seu falecimento. Mas, insistamos nisso, esta obrigação não lhe é dirigida; é dirigida aos seus herdeiros[11]».

Esta estratégia é susceptível de dar conta de um certo número de casos reais. Mas na realidade, muitas são as situações que não respondem de maneira alguma às condições postuladas no que qualificamos como «estipulação para outrem», ou seja quando uma pessoa (o promitente) se compromete para com outra (o estipulante) a fazer beneficiar uma terceira dos seus serviços (o terceiro beneficiário). É claro que a posição moral segundo a qual qualquer pessoa *deveria* ver outra herdar seus direitos (morais) após a sua morte (mesmo que se trate de um herdeiro por defeito, como o Estado) pode justificar-se. Permitiria cobrir todos os casos em que a promessa feita no leito de morte não postula *explicitamente* a implicação de um terceiro. Contudo, omitiria pelo menos um caso: aquele em que o promitente é, ele próprio, o herdeiro e se comprometeu com o defunto a cumprir uma acção que não diria respeito por hipótese a nenhum terceiro, como o de cultivar em segredo um talento para a música – neste caso, como poderá o herdeiro ser constrangido moralmente a cumprir a promessa feita ao defunto, sem considerar a ideia de uma obrigação moral *para com* o próprio defunto? Assim, se pode dar conta de certas situações, a estratégia da estipulação para outrem é, no melhor dos casos, incompleta e, no pior, enganosa em relação ao modo como muitas pessoas entendem efectivamente a natureza

---

[11] J. Callahan, «On Harming the Dead», *Ethics*, vol. 97 (2), 1987, p. 341-352 (p. 351).

PENSAR A JUSTIÇA ENTRE AS GERAÇÕES

das suas obrigações para com os mortos, mesmo em situações em que terceiros sobreviventes estejam efectivamente implicados.

Profilaxia moral

Um segundo tipo de estratégia lateral é ilustrado pelo seguinte argumento de Carl Wellman, especialista em filosofia moral e jurídica: «A confiança e o engano são [...] factores de sociabilidade que, entre outros, transformam em razões morais a fidelidade às promessas e seu não-cumprimento. Estas razões fundamentam-se no direito do defunto a que o promitente aja como tinha prometido. E, apesar deste direito e desta pessoa já não existirem, as razões morais subsistem e continuam a fundamentar o dever, sobrevivente do promitente. Continuam a existir porque constituem essencialmente razões sociais pertinentes, não só para o indivíduo titular dos direitos que faleceu, mas também para o titular das obrigações que sobreviveu e para todos os que continuam a estar em sociedade com ele ou com ela.[12]»

Porém, para que esta tese tenha sentido, somos obrigados a ver nela uma justificação do respeito por uma promessa feita a uma pessoa hoje falecida que assenta nos interesses dos que estão vivos hoje. Wellman parece, assim, recorrer aqui à ideia segundo a qual, uma vez que convém que os vivos cumpram entre eles as suas promessas, é também necessário que o façam com os mortos[13]. Para esclarecer a natureza específica deste argumento, qualifiquemo-lo de «profiláctico». Há uma estratégia análoga no âmbito das nossas obrigações para com os animais. Assim, Tomás de Aquino e Kant defenderam a posição segundo a qual é moralmente inaceitável tratar os animais com crueldade, porque esta poderia estender-se (por contágio) ao domínio das relações entre humanos. Quanto mais formos cruéis com os animais, mais nos arriscamos a sê-lo com os homens[14]. Este argumento assenta numa premissa empírica (psicológica) cuja validade geral é duvido-

---

[12] C. Wellman, *Real Rights*, Nova Iorque-Oxford, Oxford University Press, 1995, p. 156.

[13] Pouco importa, aliás, que nos exprimamos em termos consequencialistas («é bom que o número de promessas cumpridas seja maximizado») ou não consequencialistas («cumprirás as tuas promessas quaisquer que sejam as circunstâncias»).

[14] A. Broadie e E. Pybus, «Kant's Treatment of Animals», *Philosophy*, vol. 49, 1974, p. 375 sq. Para uma utilização deste argumento no caso do aborto e do infanticídio: S. Benn, «Abortion, Infanticide, and Respect for Persons», in J. Feinberg, ed., *The Problem of Abortion* (2ª ed.), Belmont CA, Wadsworth, 1983, p. 135-144.

sa. Efectivamente, em certos casos, a violência para com os animais pode, pelo contrário, constituir um escape e preservar assim os seres humanos de se tornarem vítimas. Mas, sobretudo, o argumento profiláctico torna--se problemático no plano normativo, porque estende a uma categoria (num caso, os animais, noutro, os mortos) as protecções de que beneficia uma outra categoria (num caso, os humanos, noutro, os [humanos] vivos). Ora, esta extensão dá-se, não por considerarmos os animais (ou os mortos) também como fins (e não apenas como meios), mas por causa dos riscos de dano indirecto ao interesse dos seres humanos (ou dos seres humanos vivos), cuja pertença ao «reino dos fins» (e não apenas ao reino dos meios) não é contestada.

O argumento profiláctico é facilmente susceptível de ser reduzido ao absurdo. De facto, se partir uma pedra nos pode incitar a maltratar uma criança e se quebrar uma promessa feita a um gato (supondo que tal acto tenha sentido) nos pode conduzir na prática a fazer o mesmo com um homem, imaginamos com facilidade até onde o argumento nos pode levar, partindo do princípio de que a sua premissa empírica (psicológica) seja justificada. Para além disso, mais uma vez, esta análise das nossas obrigações morais de cumprir as nossas promessas para com os mortos não reflecte de modo algum as razões pelas quais, na realidade, nos sentimos moralmente ligados a essas promessas. De facto, o sentido de forte obrigação moral dado por muitos de nós a uma promessa feita num leito de morte dificilmente se satisfaz com um argumento que reduziria o seu significado apenas ao risco de contágio ameaçando seres vivos, que – contrariamente ao defunto, segundo esta visão – teriam uma importância moral.

O interesse de todos

Aos problemas que levantam os argumentos da *estipulação para outrem* (Callaham) e do *risco de contágio comportamental* (Wellman) acresce uma dificuldade comum: o que nos incita a cumprir as nossas promessas para com os mortos é a ideia de que a pessoa falecida é a verdadeira destinatária desta obrigação. O que apresenta a terceira estratégia lateral defendida, desta vez, por Ernest Partridge[15]? Para este filósofo ambiental californiano,

---

[15] E. Partridge, «Posthumous Interests and Posthumous Respect», *Ethics*, vol. 91 (2), 1981, p. 243-264 (especialmente p. 245).

PENSAR A JUSTIÇA ENTRE AS GERAÇÕES

autor de obras sobre as nossas obrigações para com o futuro, é *do interesse de todos enquanto vivos* que a nossa reputação não seja maculada após a nossa morte: «Uma vez que os vivos têm expectativas e preocupam-se com o respeito pelas suas vontades, têm também interesse em respeitar a vontade dos defuntos. Por outras palavras, é do interesse dos vivos (por preocupação com os seus próprios interesses póstumos vindouros) que sejam preservadas as instituições estáveis e justas que garantiram [...] o respeito pelos desejos expressos ao longo da sua vida por aqueles que já faleceram.[16]»

Mas será que o facto de que gostaríamos que as nossas vontades fossem respeitadas depois da nossa morte implica, quando não o forem, que há violação de uma obrigação moral e, nomeadamente, que sofremos um dano enquanto defuntos? E como defender esta teoria junto de alguém que, retirando as consequências da sua posição metafísica segundo a qual os mortos não existem, no sentido de terem qualquer importância no plano moral, seria completamente indiferente ao que pudesse passar-se não apenas depois da sua própria morte, mas também depois da morte de outrem? A proposição empírica proferida por Partridge («é no interesse de todos os vivos...») é, portanto, duplamente problemática. No plano normativo, não dá necessariamente origem a uma obrigação moral. No plano empírico, há quem efectivamente conceba que o seu interesse, interpretado de forma justa, não é de modo algum posto em causa, tendo em conta a sua indiferença em relação ao seu destino póstumo.

É provável que estas três teorias (Callahan, Wellman, Partridge) não esgotem o campo das justificações laterais possíveis para as nossas obrigações em relação aos mortos. Mas, para além das dificuldades internas, elas parecem incapazes de dar conta tanto do *significado* como da *força* com que, na maioria das vezes, entendemos as nossas obrigações para com os mortos. Quebrar uma promessa feita no leito de morte é, muitas vezes, considerado muito mais grave do que não cumprir uma promessa feita a um outro ser vivo. Contudo, não podemos deixar de pensar que esta força tem uma ligação com o facto de ser com essa pessoa hoje falecida que nos preocupamos, e não com o impacto da violação em terceiros (Wellman, Callahan) ou, eventualmente, em nós próprios (Partridge). Feinberg afirma, aliás, que estas abordagens seriam também *absurdas*, por postularem uma descontinuidade do estatuto moral das nossas promessas. Escreve

---

[16] *Ibid.*, p. 261.

assim que «é absurdo pensar que, uma vez que uma pessoa tenha faleci-do, o estatuto de uma promessa não cumprida que lhe foi feita enquanto estava ainda com vida deixa de repente de ser o de uma injustiça séria para com uma vítima para se tornar num simples dano público difuso[17]». Cabe-nos, então, verificar sob que condições uma análise da violação de uma promessa feita num leito de morte em termos de «injustiça séria para com uma vítima» pode escapar ao referido risco de absurdidade.

II. Danos (pré-)póstumos?

Acabámos de ver que as estratégias laterais são insatisfatórias. Pode, por-tanto, parecer necessário analisar as nossas obrigações relativas aos defun-tos como obrigações *para com* estes próprios defuntos, mantendo a ideia segundo a qual os mortos não existem num sentido moralmente pertinente. A presente secção visa verificar sob que condições seria possível defender a ideia segundo a qual os mortos podem sofrer danos apesar do facto de não existirem.

Não há dano sem experiência?

Porque é que não pode haver dano sem existência de uma vítima? Já subli-nhámos que o conceito de dano futuro é perfeitamente capaz de justificar obrigações actuais para com essas vítimas *futuras*, pelo menos se a acção em questão não for sujeita ao desafio da não-identidade ou, caso seja, se a futura vítima da acção presente for nalgum momento da história, con-temporânea do seu carrasco. Mas aqui lidamos com supostas vítimas que pertencem ao passado.

Ora, há duas maneiras possíveis de explicar que a existência possa ser uma condição de possibilidade da susceptibilidade a um prejuízo. A pri-meira suporia uma relação *directa* entre existência e susceptibilidade a um prejuízo; a segunda, uma relação indirecta, mediada por uma ligação entre *experiência* e existência. Se adoptarmos a primeira hipótese, parece desde logo impossível prosseguir o nosso caminho. Postular ao mesmo tempo a não-existência dos mortos e a necessidade de justificar qualquer obrigação

---

[17] J. Feinberg, *The Moral Limits of the Criminal Law*. Vol. 1: Harm to Others, Oxford/Nova Iorque, Oxford University Press, 1984, p. 95.

moral pela possibilidade de um dano em caso de violação torna impossível a ideia segundo a qual teríamos obrigações para com os mortos. E quanto à segunda maneira? Será que poderíamos reconhecer a intuição já identificada em Aristóteles segundo a qual «parece haver num certo sentido, para um morto, males e bens, *da mesma forma que os há para um vivo, mesmo que aquele não tenha consciência disso*. É, por exemplo, o caso das honras e desonras, das acções bem praticadas, e das desventuras que acontecem aos seus filhos e em geral aos seus descendentes[18]»?

Postulemos, portanto, para as necessidades do presente raciocínio, que a única razão (reducionismo) pela qual a existência de uma pessoa condiciona a sua capacidade de sofrer um dano tem a ver com a suposta ligação entre existir e ter a capacidade de ter a experiência de alguma coisa (experiencialismo)[19]. Se fosse possível rejeitar o experiencialismo («não há dano sem experiência»), defenderíamos a ideia de danos sem experiência, o que constituiria uma condição claramente necessária, ainda que não suficiente, para a possibilidade de danos póstumos. Se pudéssemos para, além disso, admitir o postulado reducionista segundo o qual esta ligação existência-experiência é a *única* razão pela qual a existência é uma condição necessária para a nossa capacidade de sofrer um dano, a rejeição do experiencialismo constituiria, então, uma objecção decisiva quanto à possibilidade de danos póstumos.

No intuito de rejeitar a tese experiencialista segundo a qual sofrer um dano pressupõe a capacidade de ter experiência dele, voltemos em primeiro lugar à ideia segundo a qual não é *suficiente* ter experiências positivas para ter uma vida considerada bem-sucedida, enquanto o facto de sofrer experiências negativas pode bastar para arruinar uma vida. A máquina de experiências de Nozick – a que estaríamos permanentemente ligados e que geraria unicamente estados de prazer – fornece uma situação hipotética perfeitamente apropriada para tornar esta ideia palpável[20]. No entanto, a ideia da máquina de experiências não é decisiva para a nossa reflexão, já

---

[18] Tradução nossa, sublinhado do autor do presente livro. Está disponível uma edição em português: portuguesa Aristóteles, *Ética a Nicómaco*, Livro I – IX, 1100a, 17-22, tradução do grego de António C. Caeiro, Quetzal Editores, Lisboa, 2004. (N.T.).

[19] Ver, por exemplo: H. Silverstein, «The Evil of Death», *Journal of Philosophy*, vol. 77 (7), 1980, p. 414.

[20] R. Nozick, *Anarchy, State and Utopia*, *op. cit.*, p. 42-45; ver também M. Slote, *Goods and Virtues*, Oxford, Clarendon Press, 1983, p. 14.

que pode ser interpretada de, pelo menos, duas maneiras. A interpretação mais plausível consiste em dizer que ter a experiência de algo não basta se esse algo não for uma realidade *independente* que, de certo modo, justificaria o sentimento positivo que experimentamos («as ilusões não bastam»). Que haja objectos de experiência cuja existência independente importa não implica, contudo, necessariamente – segunda interpretação possível – que tais objectos possam conferir à minha vida um benefício ou fazer-lhe sofrer um dano *sem* que passem pelo prisma da minha experiência. Uma coisa é dizer que não basta que eu viva de ilusões para que a minha vida seja efectivamente bem-sucedida; outra é considerar que a minha vida possa ser bem-sucedida sem que eu me tenha dado conta; outra ainda consiste em afirmar que uma vida só pode ser efectivamente bem-sucedida se eu tiver ao mesmo tempo consciência disso (experiência) e essa consciência de sucesso for justificada (carácter não ilusório).

Assim, poderíamos juntar-nos a Nozick e ver na máquina de experiências uma redução ao absurdo de uma abordagem estritamente hedonista (as experiências de prazer são *a única coisa necessária* para uma vida bem-sucedida), sem ver nisso uma rejeição do experiencialismo (não há dano nem benefício sem experiência). Em suma, a independência dos objectos de experiência (o seu carácter não virtual) não significa obrigatoriamente que uma experiência desses objectos não seja necessária. Por outras palavras, o simples facto de ser insuficiente que tenhamos experiências positivas para que a nossa vida seja boa, não implica que os objectos úteis para essa vida boa não devam passar pelo prisma da experiência para que tornem a nossa vida boa[21]. A situação é a mesma para os objectos de experiência que pudessem fazer sombra ao sucesso das nossas existências. A tese «não há dano sem experiência» pode, assim, manter-se, mesmo para aqueles que consideram que a existência que lhes oferece a máquina de experiências de Nozick não corresponde à ideia que têm de uma existência bem-sucedida.

Se a hipótese da máquina de experiências não chega para refutar o absurdo da tese experiencialista, é, no entanto, possível testar a sua aceitabilidade considerando o caso do *engano*. Pensemos em alguém que foi enganado pelo seu cônjuge durante toda a vida e que morre sem nunca tê-lo sabido. Se postularmos que essa pessoa teria preferido não ter sido

---

[21] Ver C. Larmore. *Patterns of Moral Complexity*, Cambridge, Cambridge University Press, 1987, p. 49.

enganada, podemos certamente afirmar que essa preferência não foi satisfeita, mesmo que a pessoa não o tenha sabido. A possibilidade de que uma pessoa sofra um dano por causa da frustração de uma das suas preferências, mesmo que o ignore por completo, pressupõe uma distinção entre a satisfação de uma *preferência* e a satisfação de uma *pessoa*[22]. Que uma preferência seja objectivamente satisfeita, ou seja, que o seu objecto venha a existir, não implica obrigatoriamente que o seu titular retire daí qualquer satisfação subjectiva, no sentido psicológico. Assim, o termo «satisfação» tem, nestas duas ocorrências, um sentido diferente. No segundo caso, trata-se da «experiência agradável de contentamento e de gratificação que normalmente aparece na mente da pessoa que deseja quando pensa que o seu desejo se realizou[23]». Esta desvinculação permite, assim, dar conta de certas formas de desilusão: a satisfação de uma preferência (uma preferência de compra, por exemplo) pode muito bem deixar o seu titular insatisfeito, porque a satisfação esperada do objecto desta preferência não se cumpriu. Podemos também ficar satisfeitos por causa de uma ilusão que fizesse com que a nossa preferência tivesse sido satisfeita, quando, na realidade, tal não teria acontecido. A satisfação de uma preferência adicional não parece, portanto, nem necessária, nem suficiente para o incremento da satisfação do seu titular.

Se admitirmos que, como a frustração de uma preferência, a violação de uma promessa obtida pode causar um dano a uma pessoa, embora não deixasse de modo algum essa pessoa psicologicamente mais insatisfeita do que anteriormente estava, é, então, possível considerar que, no caso, mencionado acima, de alguém ser enganado, houve de facto dano sem experiência, o que pressuporia uma rejeição do experiencialismo[24]. Admitiríamos, assim, a possibilidade de *danos "não experimentados"*[25]. Se ficarmos também com a premissa reducionista, porque o argumento assim o exige,

---

[22] Ver L. Lomasky, *Persons, Rights, and the Moral Community*, Nova Iorque, Oxford University Press, 1987, p. 214. Mencionemos também o caso dos comatosos que podem certamente sofrer danos sem se darem conta de nada. Compare-se com a distinção efectuada por vários autores entre "realização" de uma preferência e «satisfação» de uma preferência: Partridge, *op. cit.*, p. 246; Lomasky, ibid., p. 214-215.

[23] J. Feinberg, «Harm and Self-Interest», in Hacker, P. & J. Raz, *Law, Morality, and Society. Essays in Honour of H.L.A. Hart*, Oxford, Clarendon Press, 1977, p. 302.

[24] Ver, por exemplo, T. Nagel, *Mortal Questions*, Cambridge: Cambridge University Press, 1979, p. 6. Compare-se com Partridge, *op. cit.*, p. 251-252.

[25] Cf. Partridge, *ibid.*, p. 250.

parece difícil escapar à conclusão segundo a qual seria possível conceber *danos póstumos*, ou, pelo menos, acções póstumas que poderiam causar dano ao defunto. No entanto, iremos ver que esta proposição tem de se confrontar com objecções adicionais sérias.

A hipótese das propriedades póstumas

Supondo que não se exija que a pessoa exista no momento em que a acção prejudicial que sofre tem lugar, ainda assim será preciso, pelo menos, que este dano *se repercuta em alguma coisa*. Precisamos de um ponto de contacto. Se quisermos defender a ideia de danos póstumos, ou, pelo menos, de danos que tenham a sua origem em eventos póstumos, é necessário dar corpo à ideia segundo a qual, mesmo que eu não exista após a minha morte, algo de moralmente pertinente sobreviveria à minha morte, permitindo assim ligar indirectamente o dano póstumo à minha pessoa. Há duas vias possíveis para fazermos isto.

Podemos conferir pertinência moral ao seguinte facto: mesmo que eu esteja morto, continuo a existir, não no sentido de estar vivo, mas, certamente, como *facto (do passado)*. E é claro que eventos póstumos podem modificar o que sou (mas não o que fui). Por exemplo, se eu for presidente de um Estado e morrer a meio do meu mandato, é claro que no momento da minha morte sou/era o último presidente daquele Estado; mas, uma vez instalado o presidente seguinte no cargo, já não é verdade que *sou* o último presidente daquele Estado, apesar de o *ter sido* no momento da minha morte. Há, portanto, um sentido segundo o qual factos posteriores à minha morte modificam – de modo *não real* – o que sou enquanto facto do passado. No entanto, a minha existência póstuma *como facto passado* parece dificilmente poder oferecer um ponto de fixação moralmente pertinente para a noção de *dano* póstumo[26]. A situação é a mesma se considerarmos a posição segundo a qual existir *na memória dos vivos* seria do mesmo modo suficiente.

Porquê, então, não tentar defender de outra maneira a ideia de danos póstumos? Continuando a cumprir a premissa mortalista («os mortos não existem»), o recurso a uma noção de *propriedades póstumas* não

---

[26] Para desenvolvimentos mais amplos sobre este ponto: L. Meyer, «Obligations persistantes et réparation symbolique», *Revue philosophique de Louvain*, vol. 101 (1), 2003, p. 105-122.

será promissor? A natureza dessas propriedades póstumas pode variar: falaremos de interesses, preferências, reputações, promessas, projectos póstumos[27]. Notemos que, por causa da sua natureza ou do seu objecto, algumas propriedades não podem de maneira nenhuma sobreviver ao falecimento do seu titular. É o caso das propriedades corporais (excepto se houver mumificação), do desejo de agir de um determinado modo ou do interesse que podemos desenvolver pela nossa saúde corporal ou mental[28]. Da mesma maneira, quando falamos da sobrevivência (póstuma) de um *projecto* formado antes da morte, não se trata, evidentemente, de um projecto como acto intencional (no sentido de formar um projecto). Contudo, poderíamos aceitar a ideia segundo a qual a minha preferência por uma determinada acção póstuma seria susceptível de sobreviver à minha morte. Esta preferência, concebida como uma das minhas propriedades, é, assim, susceptível de constituir o ponto de fixação dos danos póstumos.

Assim, até agora, estabelecemos duas coisas: por um lado, se o experiencialismo pode ser rejeitado sem risco de contradição com as nossas intuições morais mais ancoradas, e se a tese reducionista identificada acima for adoptada, a impossibilidade, para um morto de ter a experiência de uma violação das suas preferências não fecha necessariamente a porta à possibilidade de dano. Por outro lado, a não-existência de um morto não impede a possibilidade de existência de propriedades póstumas, susceptíveis de oferecer um ponto de fixação para a noção de dano póstumo. Contudo, resta-nos poder responder à pergunta: «Quem é que sofreu esse dano póstumo?»

Danos para quem, e quando?

É sem dúvida possível que existam propriedades póstumas, e é possível que estas sejam propriedades do defunto. Porém, quando designamos o defunto, *quem* é que designamos? Precisamos de um sujeito[29]. Considerar os

---

[27] J. Lamont, «A Solution to the Puzzle of When Death Harms its Victims», *Australasian Journal of Philosophy*, vol. 76, 1998, p. 198; Partridge, *op. cit.*, p. 245; Lomasky, *op. cit.*, p. 213.
[28] Ver Feinberg, *op. cit.* (1977), p. 304; W. J. Waluchow, «Feinberg's Theory of "Preposthumous" Harm», *Dialogue*, vol. 25, 1986, p. 728, note 7; Lomasky, *op. cit.*, p. 215; T. Mulgan, «The Place of the Dead in Liberal Political Philosophy», *Journal of Political Philosophy*, vol. 7 (1), 1999, p. 61-62.
[29] Callahan, *op. cit.*, p. 347.

interesses póstumos como os verdadeiros sujeitos do dano[30] não tem grande importância se considerarmos que é com a situação das pessoas que uma teoria ética tem de se preocupar (individualismo moral), se considerarmos que os sujeitos prioritários de consideração moral são as pessoas, mais do que – numa escala maior – as comunidades de pessoas, ou – numa escala menor – os estados de prazer ou os interesses avulsos[31] dos seus titulares. Como, então, preservar a ideia segundo a qual seria efectivamente uma pessoa que sofreria um dano póstumo?

Para Pitcher, ainda que não tenha sentido afirmar que um defunto possa ser alvo de um dano enquanto pessoa *post mortem*, é, no entanto, concebível considerar que é a *pessoa ante mortem* que é, na realidade, afectada nestes casos[32]. Assim, quando descrevemos um defunto, podemos fazê-lo referindo-nos quer à pessoa *post mortem* (designando, nomeadamente, o seu corpo enterrado), quer à pessoa *ante mortem* (bem viva, embora já não o sendo)[33]. Mas se aceitarmos esta abordagem, teríamos de admitir que uma propriedade póstuma pode pertencer a uma pessoa *ante mortem*, o que implica uma *dissociação temporal* entre a propriedade e o seu sujeito. Suponhamos que isto possa fazer sentido. Temos ainda de tratar de uma última dificuldade: *quando* é que a pessoa *ante mortem* foi vítima desse dano?

À pergunta sobre quando é que o dano foi sofrido pelo defunto, Feinberg responde em três tempos. *Primo*, dá conta do dano póstumo como tendo acontecido *quando a vítima ainda estava viva*: «um evento tem lugar depois da morte de Smith, que faz com que algo aconteça nesse momento. [...] Em virtude dessa coisa que aconteceu nesse momento, é verdade que Smith foi vítima de uma condição prejudicial antes da sua morte[34]». *Secundo*, ao mesmo tempo que opta por um dano *ante mortem* devido a um evento *post mortem*, Feinberg quer evitar uma causalidade retroactiva. Escreve, assim, que «não é possível que de repente "se torne verdade" que a

---

[30] Esta posição foi defendida, num primeiro momento, por Feinberg, *op. cit.* (1977), p. 308, antes de ela? a abandonar em Feinberg, *op. cit.* (1984), p. 89. É também defendida, por motivos diferentes, por A. Serafini, «Callahan on Harming the Dead», *Journal of Philosophical Research*, vol. 15, 1989, p. 331.

[31] Partridge, *op. cit.*, p. 246.

[32] Ver G. Pitcher, «The Misfortunes of the Dead», *American Philosophical Quarterly*, vol. 21 (2), 1984, p. 183-185. Feinberg retomou essa posição, in *op. cit.* (1984), p. 89 sq.

[33] Pitcher, *op. cit.*, p. 184.

[34] Feinberg, *op. cit.* (1984), p. 91. Ver também B. Levenbook, «Harming Someone after His Death», *Ethics*, vol. 94 (3), 1984, p. 410-412/414.

[pessoa] *ante mortem* tivesse sofrido um dano[35]». *Tertio*, a solução só pode ser determinista: «revela-se aos nossos olhos pela primeira vez que tinha sido sempre verdade – que, a partir do momento em que [a pessoa] investe suficientemente na sua causa para fazer dela um dos seus interesses, joga um jogo destinado a falhar[36]».

Seguindo esta proposição de Feinberg, um evento póstumo pode dar lugar a um dano *ante mortem*. Esta condição prejudicial *ante mortem* estender-se-ia desde o nascimento de um interesse, ou desde a sua afirmação suficiente, até ao falecimento da pessoa[37]. Assim, apesar de o evento na origem do dano ser póstumo, o próprio dano não o seria (daí a expressão «dano pré-póstumo»)[38]. Esta posição acarreta, portanto, uma dissociação temporal, *primeiro* entre uma pessoa e as suas propriedades *post mortem*, e *depois* entre um evento prejudicial (póstumo) e uma condição prejudicial que ocorre (que não é póstuma). Para sintetizar, a posição de Feinberg é a seguinte: uma propriedade póstuma de uma pessoa *ante mortem* vê-se afectada de modo negativo por um acto que tem lugar num momento póstumo e que engendra para essa pessoa *ante mortem* um dano *ante mortem*.

Duas dificuldades

Esta posição confronta-se com duas dificuldades importantes. Primeiro, a expressão «tinha sempre sido verdade» significa: ou que é verdade hoje que uma acção passada não conseguiu atingir os resultados pretendidos (o que constituiria uma simples descrição, sem nenhuma implicação moral no que respeita ao momento em que o dano ocorre), ou que era verdade desde o início, e que essa acção poderia, portanto, ter sido antecipada (pelo menos, em teoria), o que equivale a adoptar uma posição determinista[39]. Dois exemplos[40] deveriam permitir-nos fazer uma redução ao absurdo desta posição qualificada como «determinista».

---

[35] Feinberg, *op. cit.* (1984), p. 91. Sobre a causalidade retroactiva: Feinberg, *op. cit.* (1984), p. 90-91; Pitcher, *op. cit.*, p. 185 sq.

[36] Feinberg, *op. cit.* (1984), p. 91 (os sublinhados são nossos); Cf. Pitcher, *op. cit.*, p. 187.

[37] Feinberg, *op. cit.* (1984), p. 92; Waluchow, *op. cit.*, p. 730.

[38] Waluchow, *ibid.*

[39] Ver Lamont, *op. cit.*, p. 203-204.

[40] Para outros exemplos: Pitcher, *op. cit.*, p. 185/188; Feinberg, *op. cit.* (1984), p. 91; J. O'Neill, «Future Generations: Present Harms», *Philosophy*, vol. 68, 1993, p. 36 sq.

Imaginemos o caso de um pianista famoso que ganhou numerosos concursos e deu muitos concertos. Infelizmente, um acidente de viação arruína a sua carreira: fica incapaz de tocar. Deveremos fazer remontar este dano até ao momento em que ele formou o seu interesse pelo piano? Poderíamos, é claro, ao separar o interesse pela carreira do interesse pela actividade, afirmar que o seu sonho de carreira (se esse for do tipo «tudo ou nada») poderá ter ficado irremediavelmente aniquilado, e isso desde o início. Mas o mesmo não se passa em relação ao seu interesse pela actividade pianística. Até ao seu acidente, tocou quanto quis. O seu interesse pela actividade só ficou insatisfeito a partir do acidente, e não antes.

Imaginemos outra situação: alguém causa dano, de um modo póstumo, à minha reputação[41]. Este acto prejudicial tem lugar no momento t + 1. No entanto, a minha reputação é depois restabelecida graças a uma investigação posterior, ocorrida no momento t+2, que vem desmentir o que foi dito. Foi o que aconteceu a Albert Einstein[42]. Se a teoria determinista for viável, então a minha reputação ficou comprometida desde o início (ou seja, a partir do momento em que uma das minhas acções justificou essa reputação) e, ao mesmo tempo, em virtude da reabilitação feita no momento t + 2, a minha reputação na realidade *não* ficou comprometida desde o início. O modelo de *timing* proposto por Feinberg é, portanto, incapaz de tratar situações em que a acção póstuma danosa é posteriormente rectificada. Esta teoria é, por isso e, no melhor dos casos, incompleta.

Quanto à outra dificuldade séria ligada à proposta de Feinberg, ela pode ser expressa da seguinte maneira. Por um lado, Feinberg parece fazer questão de que *o dano* remonte a um momento anterior à morte do defunto. Contudo, é difícil entender por que razão essa necessidade não afecta também *os interesses* do defunto, que, segundo ele, podem sobreviver à morte do seu titular e constituir assim o ponto de fixação para acções danosas póstumas. Wilfred Waluchow, filósofo canadiano, vê nessa dificuldade a componente de um verdadeiro dilema: «O dilema de Feinberg parece ser o seguinte: ou ele defende que os interesses sobreviventes sobrevivem efectivamente, o que implica que tenha de se confrontar tanto com o problema do sujeito [ou seja, com a tese segundo a qual não há interesses sem

---

[41] Waluchow, *op. cit.*, p. 733.
[42] J.-F. Augereau, «L'honneur sauvé d'Albert Einstein», *Le Monde*, 21 de Novembro de 1997, p. 27.

PENSAR A JUSTIÇA ENTRE AS GERAÇÕES

detentores] como com a tarefa difícil de explicar por que razão os interesses podem sobreviver, mas os danos não (ou seja, com a frustração destes interesses); ou fica pela posição segundo a qual os interesses sobreviventes, ao contrário do que se poderia pensar, não sobrevivem, o que o obriga a supor que os meus interesses podem ser frustrados agora, mesmo que os eventos que venham a contrariá-los tenham lugar depois da minha morte e da obliteração de todos os meus interesses.[43]»

Se quisermos defender a ideia de danos causados aos mortos por actos póstumos e ficar contudo com a premissa mortalista («os mortos já não existem»), assim como a ideia segundo a qual se trata efectivamente de obrigações *para com* os mortos (mais do que de obrigações para consigo próprio[44], de obrigações *em relação* aos mortos, ou de obrigações «apenas», ou seja, impessoais), parece difícil escapar às diferentes etapas apresentadas acima e contornar os obstáculos que Feinberg tentou ultrapassar. A sua tentativa, a nosso ver, falha, ou, pelo menos, faz apelo a uma representação da natureza das nossas obrigações para com os mortos que é excessivamente complexa e que assenta sobre premissas metafísicas (determinismo) pouco plausíveis.

III. E se os mortos existissem?

Até agora, realizámos duas tarefas neste capítulo. Primeiro, pusemos em foco as estratégias que visam propor alternativas à ideia de obrigação *para com* os mortos, mas que permitem, apesar de tudo, justificar um conjunto de práticas que, geralmente, fazem referência aos mortos. Indicámos os limites dessas estratégias laterais, tanto do ponto de vista interno como em termos da sua incapacidade de dar conta da força geralmente atribuída pelos seus titulares às nossas obrigações relativas aos mortos. A seguir, mostrámos as dificuldades com que nos confrontaríamos se quiséssemos defender, com toda a coerência, tanto o postulado segundo o qual os mortos não existem (mortalismo), como a posição segundo a qual teríamos, apesar de tudo, obrigações *para com* eles. Sem pretendermos ter excluído totalmente

[43] Waluchow, *op. cit.*, p. 731. Sobre a questão de saber se Feinberg aceita o determinismo: Lamont, *op. cit.*, p. 203.

[44] Esta via não é explorada aqui e remete, nomeadamente, para a ideia de integridade para consigo mesmo. Parece-nos, à primeira vista, pouco plausível.

E SE TIVÉSSEMOS OBRIGAÇÕES PARA COM OS MORTOS?

a possibilidade desta posição, indicámos, em todo o caso, as diferentes teses que seria necessário aceitar para que pudéssemos subscrevê-la (a tese reducionista quanto à relação existência-susceptibilidade ao prejuízo, e a tese determinista quanto ao momento de ocorrência do dano).

Assim, se muitos de nós consideram ter obrigações morais para com certos mortos (e não só *em relação* a eles), esta ideia não se pode conceber num quadro em que os mortos não existem. O fracasso da tentativa de Feinberg sugere – apesar de não o provar de modo definitivo – que se trata efectivamente de um beco sem saída. Segue-se que não se pode ao mesmo tempo pretender ser titular de obrigações para com os mortos *e* afirmar que os mortos não existem, e, mais precisamente, que não existem num sentido moralmente pertinente. Por isso, se pensamos ter obrigações para com os mortos, é muito provavelmente porque rejeitamos a premissa mortalista. Se as nossas sociedades continuam a inscrever nos seus sistemas jurídicos uma série de obrigações relativas aos mortos, cuja razão de ser não se poderia reduzir à protecção dos direitos dos seus herdeiros (por exemplo, a protecção da imagem de um morto em certos casos, a interdição de profanar túmulos), é porque implicitamente postulam uma modalidade de existência depois da nossa morte (a não ser que interpretemos os nossos sistemas jurídicos como sendo incoerentes). Numa certa medida, a nosso ver, a situação é a mesma no que respeita ao que se chama o «dever de memória»[45].

O que pensar da posição segundo a qual os mortos existem (num sentido moralmente pertinente) e da convicção de que podemos ter obrigações para com eles? Examinemos quatro dos aspectos que estão ligados a esta posição. Antes de tudo, explicitemos a própria tese. Depois, interroguemo-nos sobre a sua pertinência sociológica. Para além disso – ponto-chave –, consideremos a questão das suas consequências para uma teoria da justiça intergeracional, na hipótese de ela ser unanimemente aceite. Por fim, perguntemo-nos o que aconteceria numa sociedade em que só uma parte da população estivesse pronta a adoptá-la.

Sublinhemos, em primeiro lugar, que não há nada de incoerente no facto de considerarmos que, apesar dos mortos existirem, não temos nenhuma obrigação para com eles. Tim Mulgan, um filósofo neozelandês, sublinha

---

[45] Sobre esta temática, ver, por exemplo: P. Ricoeur, *La mémoire, l'histoire, l'oubli*, Paris, Seuil, 2000.

PENSAR A JUSTIÇA ENTRE AS GERAÇÕES

a este propósito que, enquanto todos os mortalistas partilham a posição segundo a qual «os mortos partiram», os imortalistas subdividem-se em duas subcategorias. Assim, para alguns deles, apesar de sobrevivermos à nossa morte, já não seríamos susceptíveis de sofrer um dano após o nosso falecimento. Mulgan escreve o seguinte: «As religiões às quais o liberalismo se acomoda mais facilmente tendem a ser aquelas que [...] consideram que o destino dos falecidos é independente dos eventos deste mundo. Em particular, essas tradições religiosas liberais são tipicamente as formas protestantes do cristianismo, que não aceitam a doutrina do purgatório, segundo a qual o destino do morto é parcialmente determinado pelas orações e súplicas dos que permaneceram na terra. A visão destas tradições prende-se mais com a ideia de que, depois da morte, a alma escapa para uma dimensão distinta, onde a sua sorte não é afectada pelos desenvolvimentos subsequentes que acontecem na terra.»[46] Se tivermos em conta que certas doutrinas consideram que os mortos existem, ao mesmo tempo que pretendem que não são *afectados* pelo comportamento dos vivos, então aqueles que afirmarem que são titulares de obrigações para com os mortos devem preparar-se não só para adoptar uma doutrina segundo a qual os mortos existem, mas também para seleccionar entre essas doutrinas imortalistas uma que afirme que as nossas acções são capazes de afectar o destino dos mortos. Mulgan observa aliás que, entre as doutrinas (religiosas) que consideram os mortos como susceptíveis de serem afectados pela acção dos vivos, algumas conferem também um estatuto activo aos mortos (por exemplo, os Maoris), enquanto outras só lhes dão um estatuto passivo (por exemplo, o catolicismo romano). O que importa, em todo o caso, é que a rejeição da premissa mortalista não é uma condição *suficiente* para o reconhecimento de obrigações para com os mortos. De facto, se os mortos fossem invulneráveis em relação às consequências das acções dos vivos, não poderiam justificar da parte dos vivos quaisquer obrigações morais, tendo em conta a premissa segundo a qual não se pode ser titular de obrigações se a sua violação não acarretar danos para ninguém.

No plano sociológico, a construção deste argumento exige a resposta a duas perguntas: «acha que os mortos sobrevivem à morte?» e «considera-se titular de obrigações para com os mortos?». Em relação a esta primeira dimensão, sabemos que uma percentagem significativa dos franceses acha

---

[46] Mulgan, *op. cit.* («The Place...»), p. 54 (tradução nossa).

que há alguma coisa depois da morte (imortalidade da alma, reincarnação, ressurreição ou outra coisa)[47]. E porque é que estes dados empíricos importam no contexto de um argumento filosófico? Porque tentamos aqui elaborar um argumento que tenha em conta as intuições metafísicas e morais dos membros das nossas sociedades. Não se trata de modo algum de negar a complexidade inevitável dos motivos que se conjugam nas temáticas ligadas à morte. No entanto, essa complexidade não nos pode levar a renunciar à elaboração de uma teoria das nossas obrigações para com os mortos que seja coerente.

Evitar a tirania dos mortos

Uma teoria da justiça que trate das nossas obrigações para com os mortos tem de se confrontar com duas séries de dificuldades. O primeiro conjunto de dificuldades aparece quando imaginamos uma população que considera unanimemente (inclusive intergeracionalmente) que os mortos existem, que as nossas decisões podem afectá-los e que importa, então, ter em conta as suas preferências para reduzir, tanto quanto possível, os danos que as nossas acções lhes poderiam causar. Como arbitrar, nestas condições, os conflitos entre a satisfação das preferências dos mortos e a satisfação das preferências dos vivos? Para isso, temos, antes de tudo, de *conhecer* as preferências dos defuntos. Não há nisto nada de insuperável. Não será preciso recorrer necessariamente a formas de adivinhação *post mortem*. Poder-se-ia, por exemplo, pedir a cada pessoa para formular explicitamente, durante a sua vida, três desejos em relação à humanidade que sobreviverá depois dela.

Postulemos, portanto, que as preferências dos mortos são conhecidas. Como escapar a um segundo problema – mais sério, quanto a Mulgan – que resulta do facto de o número de defuntos (desde a Pré-história) ultrapassar de longe o dos vivos? Isto abre a perspectiva de uma *tirania dos mortos* – na medida em que uma parte substancial deles que tivesse sido consultada antes da sua morte, tenha proferido desejos que vão no mesmo sentido. É claro que o constitucionalismo, por exemplo, confere um certo peso às

---

[47] Sobre este ponto: Y. Lambert, «Religion : l'Europe à un tournant», *Futuribles*, nº 277, 2002, p. 137; X. Ternisien, «En une décennie, les croyances ont reculé», *Le Monde*, 17 de Abril de 2003, p. 10 (sondagem CSA para *Le Monde*/La Vie revelando que 16 % dos franceses interrogados acreditam na imortalidade da alma, 6 % na reincarnação, 4 % na ressurreição e 33 % em algo depois da morte sem saber o quê).

opções escolhidas pelas gerações precedentes, ao tornar a Constituição mais difícil de modificar do que uma simples lei. Se for inegável *com base nos factos* que as gerações que nos precederam moldaram porções inteiras dos nossos sistemas de valores, dos nossos meios ambientes..., e se não fizer sentido pôr em causa a afirmação segundo a qual os membros dessas gerações *desejaram* provavelmente que as suas escolhas não fossem deixadas sem seguimento, a questão que aqui se coloca visa saber em que medida teríamos o *dever moral* de respeitar, mesmo que só parcialmente, o programa fixado pelas gerações precedentes. A possibilidade de uma maioria «mortos contra vivos» pode ser somente teórica; mas exige uma resposta por parte dos que pretendem levar a sério a possibilidade de obrigações para com os mortos, integrando-as no âmago de uma teoria da justiça intergeracional. Será o caso, pelo menos, se não se satisfizerem com a simples referência às noções demasiado vagas de «preservação do património» e de «respeito pelos mortos». Podemos, evidentemente, admitir que aqueles que se dedicaram à construção de catedrais, castelos e pirâmides pensaram que os seus descendentes cuidariam do fruto do seu labor. Mas até que ponto é que um vivo que considera que tem obrigações para com os mortos tem de apertar o cinto para satisfazer os desejos dos mortos?

Não é certo que um recurso à técnica rawlsiana do véu de ignorância seja decisivo deste ponto de vista. Pode, no entanto, ajudar-nos a identificar uma ou várias posições possíveis. Imaginemos que uma pessoa não sabe a que geração pertence e, nomeadamente, se é um defunto – que, lembremo-lo, existe num certo sentido na presente hipótese – ou um membro da geração actual. Postulemos que essa pessoa tenha de responder, não à questão de saber *quanto* a sua geração tem de transmitir à geração seguinte (ou qual é a taxa de poupança que se espera dela), mas sim à de saber em que medida a escolha *daquilo que* transmite às gerações seguintes (em termos qualitativos, mais do que quantitativos) tem de ter em conta os desideratos (expressos ou supostos) das gerações passadas. É mais do que provável que, sob esse véu de ignorância, ela deseje escapar a uma posição segundo a qual a composição do conjunto de bens materiais e imateriais transmitidos à geração seguinte (por via de políticas educativas, políticas imobiliárias, programas de conservação da natureza...) é totalmente determinada pelas preferências das gerações anteriores. Isso significaria, de facto, que caberia à primeira geração tomar decisões acerca da herança a transmitir pelo conjunto das gerações seguintes. Dispomos, contudo, de duas opções alternativas.

Na primeira opção, um *certo peso* deveria ser acordado aos desideratos dos defuntos. Imaginemos, por exemplo, que a composição do leque apresentando a nossa herança geracional tenha de ser definida em 20% pelos desejos das gerações precedentes. Se estes forem unânimes de uma geração à outra, não se coloca nenhum problema particular; mas esta regra tornar-se-ia então provavelmente inútil, porque, admitindo a unanimidade das gerações passadas, é pouco provável que a geração actual não esteja, também ela, de acordo. Se, pelo contrário, não houver unanimidade entre as gerações precedentes, confrontamo-nos com o problema seguinte: no contexto de um número de gerações indefinido mas não infinito, as primeiras gerações veriam os seus desideratos ser em conta (e, por hipótese, em parte respeitados) por mais gerações ulteriores do que os membros das gerações mais tardias. Existe, portanto, não só uma tensão entre o peso das gerações passadas e o das gerações actuais, mas também uma desigualdade de influência entre gerações passadas. Por fim, importa sublinhar que é pouco provável que os desejos das gerações actuais sejam completamente incompatíveis com os das gerações precedentes. Se houver uma convergência de ideias de, pelo menos, 20% do valor do leque de herança – o que é provável –, esta regra que leva em conta os *desiderata* dos mortos terá os mesmos efeitos que um princípio de indiferença em relação aos desejos dos mortos.

Uma aplicação aos mortos do argumento das vidas completas

Este princípio de indiferença constitui, precisamente, a segunda opção possível. Esta regra de indiferença aos desideratos dos defuntos (pelo menos, enquanto exigência de justiça) aparece como sendo particularmente plausível tendo em conta as dificuldades com que teria de se confrontar a regra dos 20% enunciada acima. No entanto, iremos demonstrar também que não levar em conta os desejos das gerações passadas não viola necessariamente o princípio de imparcialidade e de igual respeito pelos mortos e pelos vivos. Lembremo-lo, na presente hipótese os mortos existem e merecem, portanto, respeito. Como conciliar esta autorização de indiferença com a exigência de igual respeito, aplicada aqui tanto aos vivos como aos mortos?

PENSAR A JUSTIÇA ENTRE AS GERAÇÕES

Para perceber esta possibilidade de conciliação, formulemos uma analogia com o caso da discriminação pela idade. A obrigação de ir para a reforma aos 60 anos, forma de exclusão do mercado de trabalho, constituirá necessariamente uma ausência de respeito para com as pessoas em causa, uma negação do seu valor moral fundamental? A resposta é negativa se essa prática de exclusão do mercado de trabalho tiver o mesmo impacto para todos, quando considerarmos o acesso total ao emprego no fim da *vida completa* de cada um[48]. Por outras palavras, esta exclusão é aceitável se não desfavorecer alguns em relação a outros em termos de acesso cumulativo ao emprego no fim das suas existências. Do mesmo modo, se formos privados de qualquer influência nos assuntos públicos, não numa determinada idade mas no dia da nossa morte, esta regra não é necessariamente injusta se todos forem igualmente submetidos a ela e no mesmo grau. Se cada geração pôde durante a sua vida determinar o que é preciso transmitir à seguinte – e isto, aliás, independentemente das diferenças de esperança de vida média entre gerações –, não haverá, portanto, nenhuma discriminação desse ponto de vista de uma geração à outra. E, sobretudo, não haverá falta de respeito para com os defuntos, do mesmo modo que a exclusão do mercado de trabalho para os indivíduos com mais de 60 anos não constitui para eles uma negação do seu valor moral.

Assim, podemos perfeitamente considerar que os mortos existem e considerar simultaneamente que, do ponto de vista de uma teoria da justiça, não deveríamos de modo algum sentir-nos constrangidos pelos seus desideratos acerca do que deveríamos transferir à geração seguinte[49]. De certo modo, a regra de indiferença aos desideratos dos mortos *dissolve* em grande parte o nosso problema, sem por isso implicar o abandono de um objectivo de respeito para com os mortos. Esta posição é, pelo menos, sustentável se nos preocuparmos com a composição do leque de herança. No entanto, podem existir outras obrigações cujo respeito não engendra para nós custos suplementares e que a analogia com a reforma obrigatória não nos autoriza de modo algum a abandonar. É o caso da obrigação de

[48] Sobre o argumento dito das «vidas completas», ver Gosseries, *op. cit.* («Intergenerational...»). Note-se que a proposta de um sistema de quotas de voto apresentada abaixo implica somente uma ligeira extensão deste modelo dito das «vidas completas».
[49] A razão invocada aqui não pressupõe, portanto, a aceitação da opção, mencionada acima por Mulgan, de um imortalista que considerasse que os mortos não poderiam ser afectados após a sua morte, mesmo que existissem.

104

respeitar a reputação de um morto, uma obrigação que não acarreta nenhum custo e que é perfeitamente sensata, pelo menos se considerarmos que os mortos continuam a existir. Pelo contrário, na medida em que a conservação de um património arquitectónico, por exemplo, requer investimentos financeiros que bem poderiam ser usados para outros objectivos, este caso distingue-se em larga medida do caso anterior do respeito pela reputação dos mortos[50].

O desacordo intergeracional

Consideremos por fim, de maneira mais breve, a hipótese – mais realista – segundo a qual não haveria unanimidade na geração actual quanto à questão de saber se os mortos existem. Como acabámos de mostrar, a solução de indiferença aos desejos dos mortos é compatível com as duas abordagens, a que defende que os mortos existem e a que defende que os mortos não existem (e que, logo, não poderiam sofrer nenhum dano da nossa parte). Mencionemos ainda outra opção, desta vez de teor processual, mas que permite, também ela, conciliar as perspectivas dos que adoptam postulados metafísicos opostos no que respeita aos mortos. Trata-se da proposta recente formulada por Tim Mulgan de um sistema eleitoral com quotas de voto[51]. Cada um de nós disporia, durante toda a sua existência, de dez direitos de voto. Aqueles que desejassem continuar a influenciar os assuntos públicos depois da sua morte poderiam decidir durante a sua vida reservar um certo número desses votos para as eleições que teriam lugar após a sua morte. Caber-lhes-ia, então, designar um representante encarregado de votar por eles depois da sua morte, consoante o mandato que tivessem fixado. Diferentes objecções podem, evidentemente, ser colocadas, e Mulgan responde a algumas[52]; mas o que importa é que um tal sistema – que alguns poderão julgar louco – permite fazer coexistir, no seio de um Estado que pretendesse ser neutro em relação às concepções metafísicas das pessoas, os pontos de vista dos mortalistas e dos imortalistas.

[50] Mais difícil é a questão de saber se uma geração tem a obrigação de fazer despesas – em políticas de educação ou de prevenção – com vista a evitar que certos indivíduos danifiquem efectivamente a reputação destes mortos.

[51] T. Mulgan, «La démocratie post-mortem», *Revue philosophique de Louvain*, vol. 101 (1), p. 123-137.

[52] *Ibid.*

PENSAR A JUSTIÇA ENTRE AS GERAÇÕES

*

* *

Perante um assunto tão grave como a morte, poderá parecer vão – ou até indecente – querer compreender o que quer que seja por via dos conceitos, na verdade bastante pobres, que nos fornece a filosofia. No entanto, se a morte é um assunto sério, a justiça também o é. E se a exigência que consiste em compreender a natureza e a extensão das nossas obrigações intergeracionais exigir uma incursão no domínio dos defuntos, porque é que teríamos de renunciar a ela?

Mostrámos as dificuldades que acarreta o recurso à noção de obrigação *em relação* aos mortos para dar conta de práticas que justificamos em referência aos mortos. Indicámos de seguida como é pouco plausível defender simultaneamente duas teses, a primeira afirmando que os mortos não existem, e a segunda determinando que teríamos obrigações para com eles. Por fim, apontámos, no que constitui talvez o elemento mais surpreendente desta reflexão, que, para os que consideram que os mortos existem, torna-se extremamente difícil defender a ideia de obrigações de importância *significativa* para com estes mortos, de deveres que modificariam substancialmente a natureza das nossas obrigações intergeracionais. Uma obrigação de respeitar a memória de um morto pode, efectivamente, nesse quadro, ser defendida; mas são poucos os outros deveres que poderão sê-lo.

Assim, a escolha de um destes postulados metafísicos – os mortos existem ou não – terá poucas consequências para uma teoria da justiça entre gerações. Não implica obrigatoriamente que essa teoria seja orientada unicamente para o futuro. Durante todo o tempo em que coexistem connosco, os membros das gerações precedentes dependem claramente do domínio da justiça. Não há dúvida que somos, deste ponto de vista, titulares de obrigações para com eles, mesmo que eles não façam parte da nossa geração. Mas, depois de falecidas, as pessoas não poderiam pretender que a justiça exija dos sobreviventes muito mais do que obrigações mínimas de abstenção, relativas à sua reputação. Não exigir mais do que isso, sublinhemo-lo, não implica de modo algum desrespeitar os mortos. Além disso, esta posição não nega necessariamente a importância, que pode existir do ponto de vista do sentido da nossa existência, em reclamar-se, por exemplo, de uma tradição. O argumento implica somente que o respeito por essa tradição não pode ser interpretado como o fruto de uma exigência de justiça para com os mortos.

Capítulo terceiro
O que devemos à geração seguinte?

Nos dois capítulos anteriores, mostrámos as condições que tornam *possível* a existência de obrigações para com as pessoas futuras. Contudo, essas condições não fornecem nenhuma razão positiva que justifique a existência destas obrigações (por que é que se espera de nós que transfiramos algo à geração seguinte?), nem qualquer definição do seu conteúdo, seja qual for o domínio de interesse – recursos petrolíferos, descobertas intelectuais da humanidade ou fotografias de família. A *possibilidade* de obrigações não chega, portanto, para estabelecer a sua *existência* ou o seu *conteúdo*. Serão as teorias substanciais da justiça entre as gerações que nos fornecerão dados para responder a esta dupla pergunta.

No presente capítulo, debruçar-nos-emos principalmente sobre duas destas teorias. A primeira pode ser qualificada como «popular», no sentido em que é regularmente invocada nos debates públicos, mesmo que, por vezes, somente de forma implícita. É geralmente designada como «teoria da reciprocidade indirecta». Insistiremos em duas das suas dimensões: por um lado, a sua lógica comutativa e, por outro, o facto de as suas fraquezas surgirem onde menos esperamos. Depois de uma breve incursão na chamada abordagem «índia», compararemos esta teoria da reciprocidade indirecta com uma teoria «lockiana» e tentaremos descobrir se estas teorias nos conduzem a princípios operativos diferentes. Especifiquemos que tanto este capítulo como o seguinte visam principalmente desenhar os contornos gerais das teorias substanciais examinadas.

Sublinhemos que não nos interessamos aqui pelos aspectos da justiça processual. Reformas de natureza institucional foram já, de facto, propostas e, por vezes, aplicadas, com vista a garantir que os interesses das gerações futuras são tidos em conta. Pensamos geralmente num «guardião» desempenhando o papel de vigilante cada vez que são tomadas decisões políticas que podem afectar o destino das gerações vindouras[1]. Podemos imaginar também a imposição de uma regra de maioridade qualificada para certas decisões com impacto sobre o futuro. Em todo o caso, ainda que seja perfeitamente legítimo procurar definir as condições teóricas de uma deliberação justa a respeito das gerações futuras, e propor instituições capazes de garanti-las na vida real, esta tarefa é, a nosso ver, insuficiente sem uma ideia clara da justificação e do conteúdo das nossas obrigações intergeracionais.

O quarteto de segundo plano

Diferenciemos quatro tipos de teorias substanciais da justiça. Em primeiro lugar, a abordagem *comutativa* consiste na equivalência das contribuições relativas. A ideia de justiça posta em prática neste caso exige que as prestações relativas dos dois contratantes sejam de importância comparável (encontra-se, por exemplo, na ideia de preço justo de um bem), ou que o autor de um dano tenha que indemnizar a vítima (ideia de justa compensação). A abordagem *agregativa* preocupa-se, por sua vez, com a *maximização* de um determinado bem (por exemplo, o bem-estar) dentro de um determinado grupo (por exemplo, uma população), não sendo de qualquer relevância que essa maximização dita «agregada» implique uma repartição extremamente desigual desse bem entre os membros do grupo. O utilitarismo é, neste aspecto, paradigmático. Mas está longe de ser a única teoria agregativa – cada vez que se trata, por exemplo, de minimizar a quantidade de tortura ou de maximizar o grau de liberdade de expressão numa sociedade, aplica-se a mesma lógica agregativa.

---

[1] Ver E. Agius & S. Busuttil (eds.), *Future Generations and International Law*, Londres, Earthscan, 1998; J. Tremmel, «Positivrechtiche Verankerung der Rechte zukünftiger generationen», SRzG (ed.), *Handbuch Generationengerechtigkeit, Munique*, Ökom Verlag, 2003, p. 373 sq. (que apresenta nomeadamente os casos israelita e helvético).

O QUE DEVEMOS À GERAÇÃO SEGUINTE?

O igualitarismo na sua forma estrita é, por sua vez, uma teoria *distributiva*, que se preocupa com o nível *relativo* em que as pessoas usufruem de um determinado bem – o bem-estar ou os rendimentos, por exemplo. Estabelece, assim, que é injustificado que as vítimas de uma catástrofe natural, de um colapso económico ou de uma doença genética não sejam compensadas pela perda desse bem-estar ou de rendimentos económicos, em relação a outras pessoas que teriam tido a sorte de escapar a tais circunstâncias. Ainda que a redistribuição assim exigida provoque uma diminuição do volume total de bem-estar ou dos rendimentos disponíveis na sociedade em questão, este princípio mantém-se

No entanto, a redução das desigualdades pode também ser acompanhada por uma degradação da sorte do mais desfavorecido. Como veremos no início do capítulo 4, a *partilha* do bolo dos rendimentos disponíveis pode afectar, por via dos efeitos dos incentivos, o *tamanho* do bolo e, potencialmente, o das porções disponíveis para os mais desfavorecidos. A redução das desigualdades pode, portanto, fazer-se por vezes *em detrimento* dos mais desfavorecidos. Daí a introdução de teorias *agregativo-distributivas* que, como a teoria do *maximin*[2], se preocupam antes de tudo com a melhoria da sorte *absoluta* do mais desfavorecido, mais do que com a redução das diferenças entre a sorte *relativa* das pessoas. Esta teoria é *distributiva*, pois em princípio exige uma redução das desigualdades; mas também é parcialmente *agregativa*, porque tem em conta o impacto da partilha do bolo dos rendimentos sobre o seu tamanho total e, portanto, também sobre o tamanho das porções destinadas aos mais desfavorecidos. Admite, assim, a conservação de certas desigualdades, não sob a forma de um vago equilíbrio entre justiça e eficiência, mas com a condição de essas desigualdades serem *necessárias* para a melhoria da sorte do mais desfavorecido. As duas últimas abordagens (igualitarismo estrito e *maximin*), que correspondem a intuições teóricas diferentes[3], são muitas vezes confundidas na prática, pois a melhoria da sorte do mais desfavorecido passa *geralmente* por uma redução das desigualdades.

---

[2] O termo «*maximin*» remete para a ideia de «maximizar o mínimo» e, portanto, de ampliar o mais possível a porção do mais desfavorecido.

[3] Ver D. Parfit, «Equality and Priority», *Ratio*, vol. 10, 1997, p. 202-221; P. Van Parijs, «Quand les inégalités sont-elles justes ?», in Conseil d'État, *Rapport annuel*, 1996, p. 470; A. Gosseries, «Le labyrinthe des égalitarismes», *Le Banquet*, vol. 15, 2000, p. 57-75.

PENSAR A JUSTIÇA ENTRE AS GERAÇÕES

Estes quatro modelos de justiça provêm de intuições muito diferentes, muitas vezes misturadas nos debates públicos. No presente capítulo e no seguinte tentaremos, por um lado, mostrar de que maneira as teorias efectivamente propostas no domínio da justiça entre as gerações podem estar relacionadas com uma destas quatro abordagens e, por outro, indicar que as diversas teorias propostas conduzem na prática a recomendações significativamente diferentes, e que algumas delas mostram as suas fraquezas particulares no campo intergeracional.

Do ponto de vista geral onde nos colocamos, focaremos a ideia de poupança e de despoupança geracional. No sentido entendido aqui, haverá poupança quando as riquezas transferidas por uma geração à seguinte são mais importantes do que aquelas que ela própria herdou inicialmente. A despoupança[4] é o contrário da poupança *líquida*. Há despoupança logo que, no fim do seu percurso, uma geração *consumiu* mais do que ela própria *produziu*, esgotando, portanto, uma parte das reservas do *capital* que lhe tinha sido transmitido pela geração precedente. Sublinhemos que as noções de poupança e despoupança não devem ser entendidas aqui na sua acepção estreita, estritamente financeira. Visamos, antes, o crescimento ou a redução do «potencial produtivo geral» ou do «capital global» transferido de uma geração a outra, o que remete para as reservas agregadas de capital físico, ambiental, tecnológico, humano e institucional que cada *coorte* herdou da precedente. Entendidas, assim, no sentido lato, estas noções mantêm, portanto, uma relação estreita com a noção de crescimento[5] e, em particular, com a de *crescimento genuíno*, à qual voltaremos no último capítulo.

As categorias da poupança e da despoupança geracionais são bastante pobres. Mas rapidamente nos aperceberemos do trabalho necessário para pôr em evidência as implicações das nossas teorias da justiça no domínio

---

[4] Preferimos o termo «despoupança» ao termo «endividamento». Este último liga-se, de facto, à ideia segundo a qual as nossas obrigações intergeracionais deveriam ser entendidas na óptica da justiça comutativa, com um devedor (a geração actual) e credores (as gerações precedentes e futuras).

[5] Sobre o crescimento: D. Guellec & P. Ralle, *Les Nouvelles Théories de la croissance*, Paris, La Découverte. A ideia de crescimento remete, sem dúvida, para o aumento da quantidade de bens e de serviços produzidos de um período para outro. Se não se trata portanto directamente de medir o stock transferido de um período ao outro, é evidente que um crescimento genuíno da produção pressupõe, pelo menos em parte, um aumento do capital transmitido, e em particular do capital humano e tecnológico.

intergeracional. Na verdade, as nossas teorias ainda estão pouco desenvolvidas nesta matéria e as nossas intuições continuam vacilantes. Muitas vezes propomos princípios sem nos termos perguntado se estaríamos dispostos a aceitar as suas implicações caso fossem aplicados à justiça *intra*-geracional.

I. A teoria da reciprocidade indirecta

> «Há [...] para cada homem vivo, uma dívida
> para com as gerações seguintes, proporcional aos serviços
> prestados pelas gerações passadas.»[6]

Dispomos de estudos sobre as intuições das pessoas relativamente aos princípios de justiça em geral[7]. Mas a literatura empírica que trata especificamente da percepção das nossas obrigações intergeracionais parece ser praticamente inexistente. A ideia segundo a qual a referência à reciprocidade indirecta seria constitutiva de uma concepção muito popular da justiça entre as gerações tem, portanto, aqui apenas o estatuto de hipótese de trabalho. Se esta se revelar popular teremos, então, de perguntar por que razão isto acontece, já que a própria ideia de reciprocidade não parece ser, necessariamente, dominante como teoria geral da justiça. O que, no entanto, nos importa agora é identificar a lógica e as implicações desta teoria da reciprocidade indirecta[8].

Duas máximas

Podemos dar conta da ideia de reciprocidade indirecta sob a forma de dois princípios. O primeiro visa responder à pergunta acerca do *porquê* das nossas obrigações intergeracionais. Pode ser formulado da maneira seguinte:

---

[6] L. Bourgeois, *Solidarité* (3 ed. aumentada), Paris, Armand Colin, 1902, p. 138.

[7] D. Miller, «Distributive Justice: What the People Think», *Ethics*, vol. 102 (3), 1992, p. 555-593.

[8] O locus classicus sobre a reciprocidade e as gerações futuras é: B. Barry, «Justice as reciprocity», in *Liberty and Justice*, Oxford, Oxford University Press, 1989, p. 211-241. Ver também: L. Arrondel & A. Masson, *Altruism, Exchange or Indirect Reciprocity: What do the Data on Family Transfers Show?* Delta working paper, 2002-18, 2002, p. 45 sq.

Máxima justificativa: Devemos *algo* à geração seguinte *porque* recebemos algo da geração precedente.

Designaremos este princípio pela expressão «máxima justificativa». É ela que constitui o núcleo da abordagem em termos de reciprocidade indirecta. Ilustra um modo possível de justificação das nossas obrigações intergeracionais, uma «razão para dar». Veremos adiante que podem existir outras «razões para dar», justificadas por teorias da justiça muito diferentes. Para além disso, se a máxima justificativa enuncia uma razão para dar, fá-lo sem contudo especificar a dimensão ou a natureza *daquilo que* devemos. Surge então uma segunda máxima, a que chamamos «substancial», que pretende dar conta do que a lógica de reciprocidade indirecta implicaria em termos de definição do conteúdo das nossas obrigações:

Máxima substancial: Temos de transferir à geração seguinte pelo menos tanto quanto recebemos da geração precedente (proibição da despoupança).[9]

Enquanto a máxima justificativa oferece uma *justificação da existência* de obrigações, a máxima substancial fornece uma *definição do conteúdo* dessas obrigações. Nos dois casos, a identidade do beneficiário final (a geração que se segue à nossa) é diferente da do credor inicial (a geração que precede a nossa). Daí surge a noção de reciprocidade *indirecta*. O que é recebido de uma geração é restituído a outra geração. Antes de examinarmos em detalhes três objecções formuladas em relação à teoria da reciprocidade indirecta, sublinhemos três variações possíveis da máxima substancial, no intuito de indicar – de forma negativa – a verdadeira natureza da máxima adoptada acima.

---

[9] Para ocorrências deste princípio, ver por exemplo: Fr. Huet, *Le Règne social du christianisme*, Paris/Bruxelas, Didot Frères/Libr. Polytechnique d'Aug. Decq, 1853, p. 266 (em relação aos bens ditos «patrimoniais» por oposição aos bens ditos «adquiridos»: «A mais simples equidade exige que cada homem deixe depois dele, para uso dos seus sucessores, pelo menos o equivalente do que recebeu dos seus predecessores»).

Três variações

«Pelo menos tanto», sendo relativo ao termo «transferir», respeita a uma quantidade absoluta, mais do que a uma quantidade de *esforços* que se poderiam traduzir por uma taxa de poupança em relação ao que recebemos. Isto não significa que, nessa «quantidade absoluta», não possa haver mais actos do que objectos materiais. Significa simplesmente que é *aquilo que* nos foi transmitido pela geração precedente que serve de ponto de referência para determinar o que devemos à seguinte, mais do que *aquilo que* a geração precedente fez com o que ela própria recebeu dos seus predecessores. Assim, imaginemos que esta última tenha julgado que era necessário – apesar da ausência de quaisquer circunstâncias particularmente desfavoráveis – apertar o cinto (chamemo-la a «geração do cinto apertado»), o que tem como efeito herdarmos muito mais – de todos os pontos de vista – do que aquilo que ela própria herdou, o que para ela se traduz numa taxa de poupança positiva. Deveremos nós fornecer a mesma taxa de crescimento de capital, ou seja, o mesmo grau de esforço de poupança? De modo nenhum, segundo a máxima substancial adoptada acima. O único ponto de referência é aquilo que nós próprios recebemos. A relação entre aquilo que recebemos no fim das contas e aquilo que a geração precedente tinha, ela própria, recebido daquela que a precedeu não importa aqui. Voltaremos a isto no próximo capítulo.

Em seguida, é possível substituir a forma «mimética» da máxima substancial por uma forma «normativa»: devemos transferir à geração seguinte pelo menos tanto quanto *deveríamos ter recebido* da geração precedente. Isto pode significar duas coisas. Por um lado, implicaria – no caso em que a geração precedente tivesse violado as suas obrigações – que a geração seguinte tenha de voltar a dar ao capital anterior o seu tamanho inicial. Se a geração dos nossos pais recebeu dos seus pais um bolo de bens de um determinado tamanho e se o bolo que herdamos dos nossos pais corresponde somente a metade deste bolo inicial, teríamos o dever, não de transmitir aos nossos filhos o equivalente do pequeno bolo que efectivamente recebemos, mas, sim, de apertar o cinto para transmitirmos aos nossos filhos o equivalente do bolo grande que deveríamos ter recebido. Este princípio alternativo comporta, contudo, o risco de imputar a uma única geração o peso das violações cometidas pelas gerações precedentes. Para além disso, não corresponde à lógica praticada na máxima justificativa da reciprocidade indirecta, pois a forma «normativa» aqui analisada poderá significar darmos mais do que recebemos.

Há, no entanto, uma outra interpretação possível da máxima substancial normativa, que, para definir as nossas obrigações intergeracionais, deixaria desta vez de fora qualquer referência àquilo que recebemos da geração precedente. Encontramo-la, por exemplo, quando afirmamos que o que devemos é transferir um mundo viável ou um mundo que permita a cada um viver uma vida decente. Tais exigências são compatíveis com a formulação da máxima substancial normativa citada acima. Contudo, neste caso, a referência «ao que deveríamos ter recebido» da geração precedente torna-se completamente inútil. Os princípios que se refiram a um mundo viável ou a uma vida decente para as gerações vindouras não precisam de nenhuma referência ao passado para serem operativos. E já só têm uma relação muito afastada com a lógica comutativa praticada na máxima justificativa. Mais vale, então, passar para formulações mais directas, tais como «devemos à geração seguinte um mundo x ou y». Isto não significa que estes princípios não sejam importantes. A exigência de satisfação das condições de uma vida decente, como condição necessária (mas não suficiente para um igualitarista, por exemplo, como veremos) para que seja moralmente aceitável dar origem a novas gerações, enquadra-se perfeitamente, desse ponto de vista, com as considerações desenvolvidas no primeiro capítulo.

Por fim, é possível substituir a forma «de *coorte*» da máxima substancial por uma forma «parental», formulada da maneira seguinte: tenho o dever de transmitir aos meus filhos pelo menos tanto quanto recebi dos meus pais quando era criança. Esta proposta coloca problemas no quadro específico da educação que, ao que parece, não se colocariam no quadro mais amplo da justiça entre as gerações, entendida como justiça entre *coortes*. O que se acontece se eu considerar que os meus pais me transmitiram demasiado ou demasiado pouco quando era criança? Salvo casos de crianças vítimas de maus-tratos ou de má nutrição, a ideia aqui é que tanto a qualidade como a quantidade de bens recebidos durante a infância contribuem para a formação de preferências ulteriores. É assim que temos de enquadrar o problema da «criança mimada» que, recebendo demasiado quando é nova, necessitará mais tarde de uma quantidade exageradamente elevada de bens para atingir o mesmo nível de bem-estar que uma outra pessoa.

Na realidade, ainda que não encontremos na forma «de *coorte*» da máxima problemas como os maus-tratos físicos de crianças, a questão da formação das preferências coloca-se com tanta acuidade quanto no caso da forma parental. A escola, tanto quanto os pais, desempenha um papel decisivo no quadro de uma teoria da justiça entre as gerações, e aqui encontra-se uma das dificuldades próprias deste ramo da justiça que, infelizmente, não somos ainda capazes de apreender com uma abordagem apropriada. A dificuldade é a seguinte: em geral, quando uma questão de justiça se coloca, postulamos ou que as preferências das pessoas são dadas, ou que as preferências serão formadas por cada um dos actores «autónomos» implicados no jogo distributivo[10]. Mas no presente caso os titulares de obrigações de transferências são também, em grande medida, responsáveis pelo tipo de preferências dos membros da geração seguinte. Para uma teoria que confere importância à satisfação das preferências das pessoas no intuito de determinar o montante do que foi transmitido de uma pessoa a outra, ou de uma geração a outra, isto constitui uma dificuldade inédita. Não se trata obrigatoriamente de uma fatalidade, sublinhemo-lo. Certas teorias, pouco preocupadas com a origem efectiva das nossas preferências, preferiram propor um teste contrafactual segundo o qual as preferências que fazem parte das nossas circunstâncias são aquelas «que teríamos preferido não ter»[11], mesmo que sejam hoje em dia constitutivas de nós próprios e que não tenham sido em nada escolhidas. Por outro lado, David Heyd, um filósofo israelita, defende a ideia segundo a qual a educação colocaria problemas de não-identidade idênticos àqueles que analisámos no primeiro capítulo[12]. Não temos aqui espaço para aprofundar este problema; o que não significa que, como outras espadas de Dâmocles, ele não nos faça correr o risco de aniquilar o conjunto da nossa tentativa teórica.

A. Restituir, mas a quem?

Consideremos s agora três objecções. A primeira não põe em causa a referência à reciprocidade. Mas põe em perigo a passagem da máxima justificativa à máxima substancial. A questão colocada é a seguinte: porque é que o facto de termos recebido algo da geração precedente nos obriga

[10] Ver a licitação de R. Dworkin, em que a formação das preferências leva em conta as preferências de outrem. Ver R. Dworkin, *Sovereign Virtue. op. cit.*
[11] Ver R. Dworkin, «What is Equality? Part 2: Equality of Resources», *Philosophy and Public Affairs*, vol. 10, 1981, p. 303.
[12] Heyd, *Genethics, op. cit.*, p. 177 *sq.*

PENSAR A JUSTIÇA ENTRE AS GERAÇÕES

a restitui-lo à geração *seguinte* mais do que aos membros da geração *actual* ou à geração *precedente*, aquela que, desde logo, nos beneficiou com uma transferência? Por um lado, porque é que temos que renunciar, mesmo que só parcialmente, à reciprocidade *directa* quando esta é possível, ou seja, porque é que temos que renunciar à restituição àqueles que nos transferiram algo em primeiro lugar, e a reduzir assim as nossas obrigações para com a geração seguinte? Por outro lado, porque é que, no quadro da reciprocidade indirecta, não poderíamos cumprir em tudo ou em parte com as nossas obrigações, acudindo aos mais desfavorecidos da nossa geração, em vez de o fazer com pessoas da geração seguinte? Por exemplo, uma política de emprego em favor dos desempregados actuais mais desfavorecidos não poderá ser considerada como uma política de emprego tão válida quanto outra que vise a redução do nível da dívida pública[13]? Encontramo-nos, portanto, frente a duas opções alternativas: reciprocação directa para com a geração precedente ou reciprocação indirecta em favor dos membros mais desfavorecidos da nossa geração (ou seja, reciprocação *intra-geracional*).

Se uma destas duas opções alternativas fosse escolhida, a máxima justificativa não estaria por isso condenada à obsolescência. Tornar-se-ia, contudo, incapaz de sustentar a máxima substancial. Poderíamos descontar do que devemos à geração seguinte o que apurássemos como sendo uma parte da nossa dívida intergeracional em benefício de membros de outras gerações que não a geração seguinte. Tornar-se-ia, então, perfeitamente legítimo transferir para a geração seguinte *menos* do que recebemos da geração precedente. E se isso se repetisse de geração em geração, poderíamos, então, encontrar-nos frente a um cenário no qual, apesar de o conjunto[14] das gerações ter respeitado perfeitamente as suas obrigações de reciprocidade, nos encaminharíamos aos poucos – e com toda a justiça – para um mundo miserável, capaz apenas de assegurar a sobrevivência dos seus membros. Dito isto de forma mais radical, significaria que, se seguíssemos a teoria da reciprocidade indirecta e se estivéssemos em condições de reciprocar

---

[13] Ver por exemplo J.-P. Fitoussi, «La doctrine ou la croissance ?», *Le Monde*, 31 de Agosto de 2002. («Poria em causa o bem-estar das gerações vindouras. Perguntem às crianças cujos pais perdem o emprego por causa de um rigor acrescido se a redução do déficit orçamental serve a equidade intergeracional! Perguntem-lhes também se estão felizes por não receberem nada como herança – os seus pais tendo ficado impedidos de aceder à propriedade por causa da precariedade do seu emprego – para que a dívida pública da nação seja menos elevada.»)

[14] É diferente do caso hipotético da primeira geração evocado abaixo.

o conjunto do que recebemos aos nossos próprios pais, já não deveríamos nada aos nossos filhos. E o mesmo raciocínio poderá, à primeira vista, aplicar-se à outra opção, a da reciprocidade intra-geracional.

O mecanismo do modelo

Antes de avaliarmos a validade desta dupla objecção, especifiquemos com mais profundidade a natureza da forma «porque não a reciprocação *directa* (em benefício da geração precedente)?» da objecção – colocando a outra forma a pergunta «porque não a reciprocação *intra*geracional (em benefício de membros da geração actual)?». A máxima justificativa é atraente à primeira vista em virtude da conjunção de dois factos (supostos). Por um lado, seria impossível reciprocar para com as mesmas pessoas (a geração precedente) que nos beneficiaram em primeiro lugar, porque essas pessoas teriam já falecido[15]. Por outro lado, esta impossibilidade de restituição à geração precedente seria providencial para as pessoas futuras.

De facto, no contexto de um modelo de reciprocidade, se as pessoas futuras fossem incapazes de nos reciprocar de volta, seria difícil perceber por que razão – numa base comutativa – teriam para connosco algum crédito. Se seguíssemos esta lógica, e na ausência de obrigações justificadas com base no modelo da reciprocidade *indirecta*, não deveríamos estritamente nada à geração seguinte! Assim, só depois de juntar, por um lado, a ideia de devedores (a geração actual) sem credores directos (a geração precedente tendo desaparecido) e, por outro, a ideia de credores (a geração futura aguardando transmissão) sem devedores directos, é que nos encontramos perante um devedor (a geração actual) e um credor (a geração futura) possíveis, susceptíveis de serem ligados por um conceito de reciprocidade indirecta. A impossibilidade de satisfazer as nossas obrigações junto da geração passada torna-se, assim, providencial, não para nós próprios, mas para a geração que se segue à nossa. Isto é o que se destaca da cadeia intergeracional de obrigações que, supostamente, se seguiria.

---

[15] Ver por exemplo: L. Chauvel, «La dynamique générationnelle des inégalités est préoccupante», *Le Monde*, 30 de Maio de 2000, p. 18 («Esta dívida para com aqueles que se sacrificaram para legar um mundo melhor não pode ser liquidada se não for devolvendo-a aos nossos filhos, enquanto trabalhamos por nossa vez para lhes transmitir ainda melhor.»)

Poderemos talvez objectar que a impossibilidade de reciprocar à geração precedente só vale num mundo em que as gerações não se sobrepõem. É de facto esta intuição que dá origem à forma «porque não a reciprocação *directa*?» da nossa objecção. A sobreposição faz com que coexistamos durante uma parte da nossa existência com a geração precedente. Abre espaço a formas de reciprocação directa, mesmo que parciais. Assim, se eu devolvesse o que devo à geração dos meus pais sob a forma de bens e serviços imateriais e volúveis (como o facto de passar horas a cuidar de parentes idosos ou de cozinhar para eles), tanto menos teria que transmitir à geração dos meus filhos. Não seria então aceitável, com toda a justiça, transmitir menos aos nossos filhos do que recebemos dos nossos próprios pais? Assim, se, por um lado, como vimos acima, uma parte do que recebemos *pode* ser restituída directamente à geração precedente graças à sobreposição intergeracional, e se, por outro lado, nada justificar que o que foi recebido da geração passada *tenha de* ser restituído à seguinte em vez de ter de ser restituído a membros da geração actual, encontramo-nos perante uma dupla dificuldade séria. Será, contudo, esta dupla objecção tão robusta quanto parece?

Avaliação das duas variantes

Avaliemos primeiro a forma «porque não a reciprocação directa?». Imaginemos uma população estável ao longo do tempo, um mundo no qual cada geração passou à seguinte o equivalente a 2000€ – por cabeça. A geração actual, tomando consciência ao mesmo tempo das suas obrigações intergeracionais e da existência de uma sobreposição com a geração dos seus pais, decide colectivamente reciprocar a esta o equivalente de 200€ sob a forma de cuidados de saúde para os seus parentes idosos. A dívida da geração actual já só corresponderia, portanto, ao equivalente a 1800€.

A geração dos nossos pais terá, portanto, ao fim e ao cabo, recebido o equivalente a 2200€, enquanto ela própria só transmitiu 2000€. Se desejasse respeitar escrupulosamente as suas obrigações tais como advêm da teoria da reciprocidade indirecta, a geração dos pais deveria ou tentar reciprocar por sua vez o equivalente à geração que a precedeu (o que voltaria a colocar o problema para essa geração anterior), ou recusar a oferta de serviços da geração actual. Por outras palavras, a opção que consiste, para

O QUE DEVEMOS À GERAÇÃO SEGUINTE?

uma geração, em liquidar uma parte das suas obrigações em benefício da geração precedente só está disponível se a geração actual estiver disposta a «obrigar» assim a geração precedente a ter violado, no fim das contas, as suas próprias obrigações tal como são definidas pela ideia de reciprocidade indirecta. Assim, um respeito generalizado pela reciprocidade indirecta só é possível se todas as gerações reciprocarem efectivamente à geração *seguinte*, e não à precedente, o conjunto do que puderam beneficiar da precedente. Por outras palavras, a rejeição de uma reciprocação directa, mesmo que parcial, em benefício da geração precedente, resulta não de uma *impossibilidade* (por causa da suposta ausência de sobreposição entre as gerações), mas, sim, do facto de que seria *inaceitável* para uma geração «obrigar» uma das gerações que a precedeu a violar por sua vez as suas obrigações intergeracionais.

Avaliemos agora a outra forma da objecção, aquela que pergunta «porque não uma reciprocação indirecta *intra*geracional (em benefício dos membros mais desfavorecidos da nossa própria geração)?». Imaginemos o mesmo cenário que o precedente, cada pessoa recebendo da geração anterior o equivalente de 2000€. Enquanto membro da geração actual, decido reciprocar 1000€ em benefício da geração seguinte e os outros 1000€ aos mais desfavorecidos da minha própria geração.

Também neste caso poder-se-á dizer que terei apurado as minhas dívidas do ponto de vista da reciprocidade indirecta. Mas o que se passa com o mais desfavorecido? Se aplicarmos o modelo da reciprocidade ao conjunto das transferências tanto *inter*- como *intra*geracionais, seria perfeitamente possível defender uma transferência intrageracional como uma maneira válida de apurar obrigações engendradas por uma transferência intergeracional. É preciso, no entanto, ter em conta que o modelo de reciprocidade, tal como é usado aqui, impediria *de facto* – se fosse generalizado – qualquer redistribuição líquida cada vez que a reciprocação directa fosse possível.

Se desejarmos salvaguardar a possibilidade de redistribuição (de transferências líquidas entre, por exemplo, favorecidos e desfavorecidos) dentro de uma geração, seria então necessário ou abandonar a própria ideia de reciprocidade, ou optar por um modelo com duas componentes, recorrendo à reciprocidade indirecta como princípio *intergeracional* e a um qualquer princípio de justiça distributiva (igualitarista, por exemplo) ao nível *intra*geracional. No entanto, neste quadro, seria preciso, no que respeita à justiça *intergeracional*, tratar as transferências operadas dentro de cada

PENSAR A JUSTIÇA ENTRE AS GERAÇÕES

geração como factos tendo lugar numa caixa negra. Uma reciprocação na ordem *intra*geracional não poderia ser levada em conta numa tal teoria não unificada sempre que se tratasse de justiça *intergeracional*. Para aqueles que prezam a ideia de reciprocidade sem ficarem satisfeitos com ela como princípio geral de justiça, esta teoria não unificada parece ser a única opção que permite pensar em conjunto a justiça *intra* e *intergeracional*. E, neste quadro, é inevitável que a objecção da direcção tenha aqui também de renunciar às suas pretensões. Assim, tudo indica que a teoria da reciprocidade indirecta se torna capaz de resistir a esta primeira objecção, nas suas duas formas. Nesta fase do argumento, podemos ver que a máxima justificativa é *capaz* de servir de fundamento à máxima substancial, mesmo quando se admite a existência de gerações sobrepostas.

B. Negociar à custa dos mortos?
A objecção do dom (Barry)

Se a teoria da reciprocidade indirecta resiste bem à objecção da direcção, passar-se-á o mesmo com a objecção do dom? Neste caso, já não se trata de interrogar a capacidade da máxima justificativa para sustentar a máxima substancial tal como exposta acima, mas de tomar a máxima justificativa enquanto tal e perguntar porque é que o facto de receber algo implicaria a obrigação de restituir algo[16]. A objecção é formulada de modo explícito por Barry:

> «Se alguém me oferecer uma maçã caramelizada, como um presente dos céus, e eu aceitar, será que o facto de eu usufruir desta maçã caramelizada gera para mim a obrigação, ainda que mínima, de distribuir maçãs caramelizadas a outrem?»[17]

De facto, um dom não cria necessariamente uma obrigação. Tudo depende das circunstâncias. O acto de dar alguma coisa a alguém sem ter recebido nada antes terá de ser interpretado de maneira diferente consoante seja o resultado de um pedido prévio, ou se insira numa prática identificada

---

[16] Um clássico da antropologia nesta matéria: M. Mauss, «Essai sur le don. Forme et raison de l'échange dans les sociétés archaïques» [1925], in *Sociologie et anthropologie*, Paris, PUF, 1950.
[17] Barry, *Justice as reciprocity, op. cit.*, p. 232 (tradução nossa).

120

O QUE DEVEMOS À GERAÇÃO SEGUINTE?

(pagar rodadas no café), ou se faça por amizade, ou para beneficiar uma criança pequena incapaz de perceber o seu significado e de recusar o seu fruto. A objecção formulada por Barry não é, contudo, desprovida de ambiguidade. Por um lado, aposta no facto de que, tratando-se efectivamente de um dom no presente exemplo, não poderíamos esperar algo em troca; mas, implicitamente, pressupõe assim que o que nos foi transmitido pela geração precedente tenha podido ser concebido por esta como um dom. Por outro lado, subentende a ideia de consentimento, sendo que a aceitação da maçã não pode ter o valor de consentimento numa dívida para o beneficiário, qualquer que seja a intenção inicial da geração precedente.

Léon Bourgeois e a intenção das gerações passadas

A suposta intenção da geração precedente e a dependência do objecto do consentimento em relação à intenção entendida pela geração actual constituem dois factores chave no tratamento da objecção do dom. Suponhamos, então, que a intenção da geração precedente tenha efectivamente sido doar à geração seguinte. E imaginemos que ela tenha sido clara quanto a isso e que a geração actual tenha percebido perfeitamente a natureza do que lhe foi transmitido. Será isto suficiente para libertar a geração actual de qualquer obrigação?

A resposta é negativa, pelo menos se levarmos em conta o conjunto das gerações passadas e não apenas a geração anterior. De facto, na lógica da reciprocidade indirecta, se fizer sentido ter em conta as intenções da geração que directamente nos precede (mesmo após a sua morte), não há nenhuma razão para não considerar também as do conjunto das gerações anteriores. Se essas gerações passadas conceberam todas as suas transferências como um dom à geração seguinte, sem esperar contrapartida alguma (mesmo a favor de gerações terceiras), então o dom da geração precedente em relação a nós pode legitimamente ser concebido como tal. Qual seria a situação, pelo contrário, se o conjunto – ou algumas – das gerações passadas concebesse a sua transferência no espírito de uma cadeia indefinida de reciprocidade indirecta ou, o que seria equivalente, como um dom destinado ao *conjunto* das gerações vindouras (em vez de um dom *intuitu generationi*)? Neste caso, teria a geração precedente o direito de dar o que herdou do conjunto das gerações passadas à geração actual, e isso sem esperar desta qualquer contrapartida para com a geração que, por sua vez, engendraria?

Se uma só geração passada («a geração x») tivesse concebido o que transferiu como um dom para com o *conjunto* das gerações vindouras, nenhuma geração ulterior teria então o direito de dispor sozinha da parte do que herdou correspondendo à transferência provindo da geração x, pois disporia assim sozinha de um bem que pertenceria também (pelo menos, em parte) a outrem. O argumento do dom só é plenamente aceitável se podermos razoavelmente supor – o que não parece muito plausível – que *nenhuma* das gerações passadas concebeu a sua transferência intergeracional senão como um dom em benefício da geração seguinte, ou seja como uma transferência à qual não estaria ligada a obrigação de reciprocar. Qualificar a transferência da última geração como um dom não chega, portanto, para libertar a geração actual donatária da sua obrigação de dar por sua vez, a partir do momento em que a própria geração doadora, ou apenas uma das gerações precedentes, não tenha concebido a geração actual como beneficiária última e única da transferência em questão.

Na realidade, a questão da intenção do doador é tratada de modo explícito por Léon Bourgeois, prémio Nobel da paz em 1920 e dirigente dos solidaristas franceses[18] (1851-1925), no contexto dos desenvolvimentos que faz ida ideia de «dívida dupla»[19]:

> «O homem não se torna unicamente, durante a sua vida, o devedor dos seus contemporâneos; desde o dia do seu nascimento, é devedor. *O homem nasce sendo devedor da associação humana.* [...] ao nascer, começa por gozar de um capital imenso poupado por gerações anteriores. [...] A partir do momento em que a criança, depois do aleitamento, se separa definitivamente da mãe e se torna num ser distinto, recebendo do exterior os alimentos necessários para a sua existência, torna-se num devedor; não dará um passo, não fará um gesto, não procurará a satisfação de uma necessidade, não exercerá uma das

---

[18] O solidarismo, representado por Léon Bourgeois, mas também mais tarde pelo sociólogo Célestin Bourglé, é uma emanação do radicalismo na transição entre os séculos XIX e XX. Ver G. Baal, *Histoire du radicalisme*, Paris, La Découverte, 1994.

[19] Cf. a noção de dívida social: J.-J. Rousseau, *Œuvres complètes* (edição Pléiade, tomo 4), Paris, Gallimard, p. 469-470 (Émile III); Nozick, *Anarchy...*, *op. cit.*, p. 90 sq. (noção de dívida social no contexto de uma discussão sobre o *free-riding*); B. Baertschi, «Le suicide est un "vol fait au genre humain"», *Revue philosophique de Louvain*, vol. 101 (1), 2003, p. 58-70 (sobre as ligações entre a dívida social e o direito ao suicídio).

O QUE DEVEMOS À GERAÇÃO SEGUINTE?

suas faculdades em desenvolvimento, sem beber no reservatório das utilidades acumuladas pela humanidade. [Tem uma] dívida para com todos os mortos que deixaram essa herança, para com todos aqueles cujo trabalho transformou a terra, rude e sombrio refúgio dos primeiros tempos, num imenso campo fértil, numa fábrica criadora; [...] Mas se essa dívida for contraída para com os antepassados[20], a quem devemos saldá-la? Não foi para cada um de nós em particular que a humanidade anterior reuniu esse tesouro, não foi para uma determinada geração, nem para um grupo de homens específico. Foi para todos aqueles que vierem a ser chamados a viver que todos aqueles que morreram criaram esse capital de ideias, de forças e de utilidades. É portanto em relação a todos aqueles que virão depois de nós que fomos encarregados pelos nossos antepassados de saldar a dívida; é um legado de todo o passado para todo o futuro. Cada geração que passa só se pode na verdade considerar como sendo a usufrutuária desse legado e só é investida desse usufruto com a condição de o conservar e de o restituir fielmente. E o exame mais atento da natureza da herança conduz a afirmar também: *com a condição de a fazer crescer.* É assim um depósito incessantemente acrescido que os homens transmitiram uns aos outros. Cada idade acrescentou algo ao legado da idade precedente, e é a lei deste crescimento contínuo do bem comum da associação que forma a lei do contrato entre as sucessivas gerações [...]. Assim, qualquer homem, após o nascimento, ao tomar posse deste estado melhor da humanidade que prepararam para ele os seus antepassados, contrai, a não ser que falhe à lei de evolução que é a própria lei da sua vida pessoal e da vida da sua espécie, a obrigação de concorrer, pelo seu próprio esforço, não só para a continuação da civilização de que vai tirar a sua parte, mas também para o desenvolvimento ulterior dessa civilização. A sua liberdade é onerada com uma dupla dívida: na repartição dos encargos que, natural e moralmente, constitui a lei da sociedade, deve, para além da *sua parte na troca dos serviços*, o que poderemos chamar *a sua parte na contribuição para o progresso.*»[21]

A noção de dupla dívida vai, é claro, para além do que exige a máxima substancial, pois inclui também uma obrigação de crescimento. Bourgeois justifica esta obrigação suplementar com uma abordagem organicista, aristotélica do destino da humanidade[22]. Para além disso, sendo devedores

[20] Ver porém Bourgeois, *Solidarité, op. cit.,* p. 318. («Há, para além disso, para cada homem vivo, um dívida para com as gerações seguintes, à razão dos serviços prestados pelas gerações passadas.»)

[21] *Ibid.,* p. 116-130 .

[22] *Ibid.,* p. 126-127/p. 139 .

desde o nascimento, a noção de consentimento da geração actual não se pode aplicar, e Bourgeois recorre à noção – não desprovida de ambiguidades – de «quase-contrato». Por fim, é uma dívida «para com todos os mortos». Voltaremos a cada um destes três pontos. Contudo, o que nos importa aqui é a análise da natureza e dos destinatários das transferências *inter*-cortes.

A intenção das gerações passadas não é dirigida, segundo Bourgeois, a «uma determinada geração». Encarrega-nos, pelo contrário, de saldar a nossa dívida «para com todos os que virão depois de nós», sendo os esforços dos nossos antepassados orientados para «todos aqueles que forem chamados a viver». Esta posição pode, com certeza, ser contestada no plano dos factos; mas a forma menos exigente que apresentámos acima (basta uma geração – preferencialmente tardia – com essa intenção) aparece-nos ao mesmo tempo muito plausível no plano factual e suficiente no plano normativo para esvaziar o argumento do dom, invocado por Barry, de uma parte significativa da sua força. Para que o argumento do dom possa operar plenamente, seria assim preciso que as gerações precedentes tivessem unanimemente percebido a natureza da sua transferência intergeracional como um dom não acompanhado por obrigações do donatário, ou como um dom destinado a um número definido de gerações subsequentes. Ora, postular que o conjunto das gerações passadas concebeu as suas transferências intergeracionais como dons *intuitu generationi* não nos parece muito convincente.

Free-riding e gerações ferroviárias

Interessámo-nos pela questão da intenção do doador e da aptidão que supostamente teria para dispor de um modo discricionário do que herdou. Temos agora de nos debruçar sobre o problema do consentimento do donatário. Este é tratado de uma maneira muito simples por Bourgeois, pois somos devedores *por nascimento*. A ideia de consentimento não ocupa, portanto, nenhum lugar central – apesar de ele recorrer à noção de «quase--contrato». Há com certeza obrigações em relação às quais não se espera que haja consentimento, como a de pagar os impostos ou de remediar um dano que tenhamos causado. Ao contrário, pode parecer menos óbvio que

O QUE DEVEMOS À GERAÇÃO SEGUINTE?

indirecta. E a maneira de dar conta disso através da noção de *free-riding* é a seguinte.

Se as gerações ferroviárias precedentes fizeram esforços com o objectivo de transferir para a geração actual pelo menos tanto quanto elas próprias receberam das suas predecessoras, é claro que isso representou custos para essas gerações (no contexto, custos ligados ao esforço físico). Não representará simultaneamente um benefício para a geração presente? Poder-se-ia contestá-lo, pondo assim em causa a aplicabilidade ao caso particular do conceito de *free-riding*. Que benefício haveria, de facto, em receber algo que se deveria restituir de modo idêntico? O benefício é, contudo, claro. Corresponde pelo menos ao conforto que se pode tirar de um empréstimo sem juros[25], cada geração ferroviária podendo decidir qual o perfil temporal de esforço que deseja adoptar durante os 80 km do percurso, a partir do momento em que transfere à geração seguinte uma energia acumulada pelo menos igual àquela que ela própria recebeu.

Se na nossa metáfora ferroviária não houver espaço para o equivalente a um investimento produtivo – embora este constitua geralmente um dos objectivos de um empréstimo –, haverá certamente lugar para a dimensão de *timing* ideal. Se quisermos começar o nosso trajecto pedalando com menos força do que é preciso para fazer andar o comboio – por razões relacionadas com o conforto do aquecimento, por exemplo –, poderemos ligar o acumulador e aproveitar assim durante uma parte do trajecto o esforço efectuado pelas gerações precedentes. Ficaria então a nosso cargo pedalar com mais força mais tarde, mais do que o comboio precisa para avançar, de modo a que não tenhamos reduzido o *stock* acumulado pelas gerações precedentes quando chegarmos à estação[26]. Se a geração actual não contribuir em nada (com a restauração do volume de energia acumulado) coma sua quota-parte dos custos suportados pela geração precedente,

---

[25] Segundo a lógica que iremos desenvolver no capítulo 4, poderemos reconhecer também uma função de solidariedade à mais-valia acumulada: função de seguro quanto ao risco de problemas no decurso da viagem (gripagem dos pedais ligada a circunstâncias atmosféricas temporárias); função de solidariedade para além da única dimensão de seguro. Sobre uma possível objecção «vamos deixar acumular-se essa energia em benefício de quem?»: cap. 5 (problema de substituição).

[26] Note-se que, no nosso exemplo, não há diminuição no tempo da energia acumulada. Toda a redução da quantidade de energia acumulada pelas gerações precedentes corresponde portanto à sua utilização (e portanto a benefícios potencialmente retirados) pela geração actual.

tornar-se-á inegavelmente, uma *free-rider* à custa da geração precedente e das gerações anteriores. No entanto, o elemento chave – próprio da lógica de reciprocidade indirecta – reside no facto de a única maneira válida de compensar a geração *precedente* pelos custos assegurados por ela consistir em que a geração actual oriente essa compensação para a geração *seguinte*[27]. Assim, segundo esta interpretação da abordagem da reciprocidade indirecta, o facto de uma geração não transferir «pelo menos tanto» à geração seguinte constituiria um *free-riding* à custa da (ou das) geração (gerações) *precedente(s)*. O recurso à noção de *free-riding* oferece-nos, assim, uma caracterização possível da razão pela qual o facto de não respeitarmos as nossas obrigações de reciprocação é moralmente problemático. Examinemos agora duas objecções ao recurso a essa noção de *free-riding*[28], sendo que a primeira afecta o conjunto dos seus campos de aplicação e a segunda é específica ao contexto intergeracional.

A exigência de ausência de custo líquido (Nozick)

A primeira objecção é levantada por Nozick. Imaginemos um programa cooperativo implicando a participação sucessiva do conjunto dos actores envolvidos e no qual me recusei a participar. Pude, no entanto, tirar benefício enquanto utente e pedem-me agora para contribuir por minha vez para o programa. O que é que acontece, contudo, se essa participação implicar, para mim, sacrifícios mais importantes do que os benefícios que retirei efectivamente do programa[29]? Poderíamos responder que, na ausência de consentimento em participar, é justo que não me sejam impostos custos líquidos. E poderemos postular na prática que, se consentimos em participar, é muitas vezes por causa da ausência de custo líquido ligado à nossa participação (excepto no caso de uma participação voluntária num regime com objectivos estritamente redistributivos, sem dimensão de seguro, e para o qual seríamos um contribuinte líquido). Assim, admitir-se-ia como

---

[27] Sobre o argumento segundo o qual orientar essa compensação para própria a geração precedente forçá-la-ia a ser, por sua vez, *free-rider*, cf. *supra* p.158-159xx.

[28] Respondemos às duas objecções adoptando uma interpretação comutativa do *free-riding*, que se enquadra na ideia de reciprocidade indirecta. Para uma distinção com uma interpretação distributiva: Gosseries, *Emissions...*, *op. cit.*, secção 3.

[29] Nozick, *Anarchy...*, *op. cit.*, p. 93. Para desenvolvimentos mais amplos dessa objecção: Gosseries, *Émissions...*, *op. cit.*

perfeitamente aceitável a cláusula segundo a qual uma pessoa não poderia ser condenada do ponto de vista moral como *free-rider* se a única maneira de não o ser supusesse custos líquidos para ela. A consequência disto não será que eu não deveria pagar mais em contrapartida do que o valor dos benefícios que efectivamente retirei do programa em questão?

Voltemos por uns momentos à nossa metáfora ferroviária e perguntemo-nos o que a noção de *free-riding* implicaria no caso de uma geração que, por puro prazer destruidor, decidisse demolir o acumulador, e deixar assim desvanecer-se «em fumo» o conjunto da energia que continha. O benefício psicológico tirado dessa destruição seria, por hipótese, menos importante do que o benefício que essa mesma geração poderia ter conseguido se tivesse usado a energia para mover o tal comboio. Isto quererá dizer que, se cada geração só tivesse de reciprocar, no máximo, o equivalente do benefício *efectivamente* retirado do que recebeu da geração precedente, e supondo que cada geração fizesse um uso ineficiente da energia acumulada, o capital reduzir-se-ia progressivamente a nada. Ao seguir esta interpretação da cláusula de ausência de custo líquido, a ideia de *free-riding* intergeracional seria completamente incapaz de justificar a máxima substancial de reciprocidade indirecta, no caso de sucessão de gerações destruidoras – ou, mais simplesmente, ineficientes. Porém, há pelo menos uma outra interpretação possível da cláusula de ausência de custo líquido que não teria, a nosso ver, nada de inaceitável do ponto de vista moral, ao mesmo tempo que permitiria efectivamente que a noção de rejeição do *free-riding* servisse de base à máxima substancial.

Poderíamos, então, considerar a alternativa seguinte, usando como ponto de partida o capital energético presente no acumulador (e representando os recursos não renováveis no mundo real). A geração actual tem claramente a possibilidade de não tocar de maneira alguma nesse capital presente no acumulador – da mesma forma que poderíamos provavelmente ter uma vida mais do que decente sem utilizar os recursos de energia fóssil presentes no planeta. E, de maneira geral, podemos considerar que a maior parte dos free-riders tem a possibilidade de renunciar aos benefícios de que goza – excepto no caso da dádiva da vida para quem se oponha ao suicídio. Mas se a geração actual decide começar a usar esse capital, deve assegurar-se de que compensa a depreciação causada, se não quiser ser considerada como uma *free-rider*. A medida dessa compensação não deveria, contudo, ser determinada com base no benefício *efectivamente* retirado pela geração *actual* dessa exploração do capital energético acumulado; deveria antes ser calculada com base *no uso mais eficiente que poderia ter sido feito* pela geração *precedente*. Este critério é mais exigente do que a avaliação do benefício efectivamente retirado pela geração actual, como o nosso exemplo de geração destruidora ilustra. No entanto, é também muito menos estrito do que o critério que exigiria que a compensação fosse calculada com base *no uso mais eficiente que poderia ser feito* por uma das gerações *presentes ou futuras*.

Assim, o critério do uso efectivo pela geração actual apresenta o risco de uma autorização de degradação quase completa do capital acumulado, sem contrapartida. Quanto a uma referência ao uso mais eficiente que poderia ser feito por qualquer geração *futura*, tornaria intocáveis a maior parte dos recursos não renováveis. Seriam, de facto, inabordáveis na hipótese de progressos tecnológicos futuros – e isto vale para um número indefinido de gerações. Por fim, o critério do uso mais eficiente que poderia ser feito pela geração *actual* implicaria que os avanços tecnológicos pelos quais são responsáveis os esforços da geração actual justificassem um crescimento correspondendo a obrigações intergeracionais desta, o que também seria problemático.

Imaginemos, efectivamente, uma geração que veria a tecnologia automóvel evoluir, com a aparição de novos veículos que consumiriam já não 6 mas 3 litros por cada 100 quilómetros. Na mesma altura, as pessoas continuariam a comprar carros consumindo em média 6 litros aos 100. Manifestamente, esta geração desperdiça petróleo; mas na medida em que desenvolve uma tecnologia que permite andar duas vezes mais depressa com a mesma quantidade de petróleo, este contributo tecnológico compensará a perda de recursos renováveis, com a condição de não reduzir em mais de metade o capital petrolífero que recebeu em mais. No entanto, se a tecnologia que permite reduzir a metade o consumo de gasolina lhe tiver sido legada pela geração precedente, deverá transferir à geração seguinte o equivalente do capital recebido de modo que, com essa tecnologia, a geração seguinte possa percorrer tantos quilómetros quantos a geração actual teria percorrido se tivesse usado o conjunto dos recursos petrolíferos com essa tal tecnologia (noção de potencial produtivo). Por outras palavras, ainda que não seja aceitável que uma tecnologia criada pela geração *actual* faça crescer a intensidade das suas obrigações intergeracionais, é, contudo, perfeitamente defensável que uma tecnologia desenvolvida pela geração *precedente* aumente as obrigações da geração actual.

O QUE DEVEMOS À GERAÇÃO SEGUINTE?

Eis a interpretação da cláusula de ausência de custo líquido que nos parece ser a mais aceitável: uma geração só pode ser considerada como uma *free-rider* moralmente repreensível se, tendo beneficiado da herança da geração precedente, não «devolveu» à seguinte o equivalente (em valor de uso potencial) ao que a geração precedente poderia ter tirado do capital através da tecnologia mais eficiente de que *ela própria* dispunha – supondo, evidentemente, a existência de uma transferência intergeracional de tecnologias. Esta proposta é um pouco mais complexa do que aquela que é necessária para tratar da situação típica do pendura nos transportes públicos, já que, neste último caso, o preço do bilhete está claramente indicado antes – e, na maior parte das vezes, não tem nada de excessivo. Contudo, assim estipulada, a regra da rejeição do *free-riding* intergeracional permite ao mesmo tempo evitar a ideia de exploração do suposto *free-rider* pelas outras gerações e dar conta de uma lógica possível que justificaria a máxima substancial.

Obrigações para com os mortos?

A noção de *free-riding* intergeracional levanta, no entanto, uma segunda dificuldade – mais séria do que a de Nozick – e que também afecta a abordagem de Bourgeois. Se, até agora, a teoria da reciprocidade indirecta se revelou particularmente robusta – ao contrário do que se poderia esperar – temos de reconhecer que tem aqui de se confrontar com um obstáculo sério. Assim, a abordagem de Bourgeois e a noção de *free-riding* intergeracional, assim como a máxima justificativa, pressupõem claramente a ideia de obrigação para com a(as) geração(ões) precedente(s). É esta obrigação que nos compromete a reciprocar em benefício da geração seguinte. Ora, uma vez falecidos os membros da geração precedente (e, *a fortiori*, os das gerações anteriores), essa obrigação só pode sobreviver (e, com ela, a nossa obrigação correlativa para com o futuro) se postularmos a possibilidade de obrigações para com os mortos. Isto vale, aliás, tanto num mundo de gerações sobrepostas quanto num de gerações não sobrepostas, porque, mesmo quando há sobreposição, os membros da geração precedente acabam sempre por morrer. Ora, se pudermos imaginar que a sua existência assegura durante a sua vida a existência de obrigações para com a geração seguinte, uma vez falecidos os membros da geração precedente a geração actual já não estaria comprometida com obrigações para com a seguinte.

O nosso problema meta-ético volta a aparecer no coração desta primeira teoria substancial. E constitui uma ameaça potencial para o conjunto da cadeia de obrigações supostamente justificadas pelo recurso à noção de reciprocidade indirecta. Na realidade, o capítulo precedente mostrou-nos que a resposta a esta ameaça é fatalmente insuficiente. É claro que se considerarmos que os mortos existem, poderemos então defender com mais sucesso a teoria da reciprocidade indirecta – o que não exclui outros obstáculos. Mas se considerarmos que os mortos não existem, teremos de abandonar a máxima justificativa, central para a teoria da reciprocidade indirecta. Isto torna-se ainda mais verdadeiro na medida em que, se quisermos utilizar a lógica do *free-riding*, os custos suportados pela geração imediatamente precedente serão proporcionalmente muito mais baixos do que os custos suportados pelas numerosas gerações precedentes. Por isso, mesmo com um modelo de gerações sobrepostas, não será possível defender uma obrigação para com o futuro sem fazer referência à ideia de obrigações para com os mortos, sendo que tudo o que terá correspondido ao resultado do esforço de gerações mais antigas não poderia de outro modo ser abrangido.

Para aqueles que recusam a ideia de obrigações para com os mortos há, portanto, duas opções. Ou, considerando que a teoria da reciprocidade indirecta é a única base possível para uma teoria da justiça entre as gerações, ter-se-á de tirar conclusões dessa posição: a ideia de obrigações para com as gerações futuras deve ser simplesmente abandonada. Ou temos de ver aqui, pelo contrário, uma razão – que se acrescenta ou não a outras – para abandonar o recurso à noção de reciprocidade indirecta e recorrer a outras lógicas possíveis que não sejam vulneráveis à objecção de ausência de obrigações para com os mortos. Entre essas lógicas alternativas, pelo menos duas recorrem de modo diferente à noção de propriedade colectiva (voltaremos a este assunto ainda neste capítulo). Contudo, observamos também uma lógica de tipo igualitarista, que exploraremos mais pormenorizadamente no capítulo 4, mas cuja essência merece ser, desde já, clarificada.

Assim, os igualitaristas não dizem: «Devem dar porque receberam.» Dizem antes: «Devem dar porque os outros receberam menos.» Por outras palavras, a obrigação não advém do que recebemos – que forneceria a medida, de que teríamos de nos desfazer de novo para não ficarmos «moralmente endividados». É, pelo contrário, «tirada» pelo que o outro não recebeu – e que o outro deveria receber para não deixarmos ao acaso a tarefa de determinar o perfil de repartição das vantagens e desvantagens. Há, portanto, uma diferença de causa «final» entre a lógica igualitarista e a da reciprocidade indirecta. Para um igualitarista (tomado aqui num sentido muito lato), o que move a obrigação de dar do mais favorecido será ou que o mais desfavorecido está muito mal em termos absolutos (suficientismo), ou que não há nenhuma razão válida para que ele esteja na situação absoluta em que está, enquanto eu estou numa posição bem melhor por razões puramente circunstanciais (prioritarismo), ou que permanecem desigualdades não justificadas (igualitarismo estrito). Tudo pode assim resolver-se entre a geração actual e a geração seguinte, sem termos de modo algum de fazer referência a uma geração anterior, por hipótese já desaparecida. Eis o que, entre outras razões, pode constituir a força desta teoria.

C. E se tudo tivesse começado mal?
A objecção da primeira geração

Uma última etapa é indispensável para completar o exame aprofundado da abordagem da reciprocidade indirecta. Considerámos até agora dois tipos de objecções. O primeiro destes tipos prendia-se com a capacidade da máxima justificativa servir de fundamento à máxima substancial. O segundo tinha que ver mais directamente com a legitimidade da própria máxima justificativa. Resta-nos analisar um terceiro tipo de objecções que contesta, por sua vez, a aptidão das duas máximas para engendrar transferências significativas na hipótese de uma primeira geração destruidora. Imaginemos, assim, que a primeira geração tenha decidido reduzir praticamente a nada o conjunto dos recursos do planeta[30]. A ideia de primeira geração não pode ser tomada no sentido literal. Tem, contudo, tanto valor argumentativo quanto a ideia, por exemplo, de estado de natureza – bem conhecida das teorias do contrato social – ou de último homem – mobilizada pelos

---

[30] Na verdade, a ideia de destruição do acumulador remete para a última objecção. A objecção da primeira geração afirma «a primeira geração não recebeu o que tem de ninguém». A objecção da destruição com pouco benefício diz: «se para evitar o *free-riding* basta contribuir para os custos até ao nível dos meus benefícios, isto é perfeitamente compatível com uma redução do capital!».

PENSAR A JUSTIÇA ENTRE AS GERAÇÕES

filósofos do ambiente[31]. Importa também sublinhar que, em relação aos recursos que descobrimos nós próprios, faria sentido afirmar que, enquanto «inventores», seríamos – e só nessa medida – primeiras gerações. Pensemos, por exemplo, na descoberta dos nódulos poli-metálicos no fundo dos mares ou na descoberta de novos planetas. Ao seguir esta lógica, o que uma geração transferiria à seguinte só poderia conter aquilo cuja existência é (ou deveria ser) conhecida pela geração precedente[32]. Como, então, dar conta do início da cadeia de obrigações se a «primeira geração» não recebeu de *ninguém* aquilo de que dispõe?

Na realidade, o caso da primeira geração destaca-se do campo de aplicação das nossas duas máximas porque essa primeira geração não é precedida por nenhuma outra. A ideia de intenção das gerações precedentes presente em Bourgeois não se justifica neste caso. E a lógica do *free-riding*, que encontramos esforços efectuados por outrem, também não se aplica no caso em que, por hipótese, não existisse nenhuma geração anterior. Poderíamos, assim, dispor livremente dos recursos em relação aos quais seríamos a primeira geração. Quer aceitemos quer não aceitemos a ideia segundo a qual cada geração seria, num grau mais ou menos importante, uma primeira geração, este é, seja como for, o caso da *primeira* geração, se seguirmos a lógica da reciprocidade indirecta. Para aqueles – entre os quais me incluo – que concebem uma dilapidação por essa primeira geração como sendo problemática, poderemos imaginar diversas estratégias para a impedir. As estratégias consideradas aqui pressupõem que fiquemos próximos da lógica da reciprocidade indirecta – o que exclui a passagem para uma lógica igualitarista que, no entanto, é perfeitamente capaz de responder à objecção da primeira geração.

Poderíamos, em primeiro lugar, considerar a reformulação das nossas duas máximas, suprimindo a fórmula «da geração precedente». Tal significaria, no entanto, esvaziar de toda a sua força a ideia de reciprocidade indirecta, que assenta na noção de obrigação *para com alguém*. É próprio da ideia de justiça comutativa inscrever as nossas obrigações numa relação

---

[31] Sobre o teste do último homem: R. Routley, «Is There a Need for a New, an Environmental Ethic?», *Proceedings of the Fifteenth World Congress of Philosophy* (Sófia), 1973, p. 205-210. E *infra* cap. 5.

[32] Compare-se com a natureza exógena ou não de uma desvantagem que afecta a geração seguinte. Ver cap. 4.

entre pessoas, e isso de uma maneira diferente do que se faz na justiça distributiva.

Poderíamos, em seguida, substituir a intenção das gerações precedentes pela intenção de Deus[33] ou da Providência no caso da primeira geração (e das gerações subsequentes)[34]. Este argumento seria, contudo, dificilmente aceitável no quadro de uma argumentação desenvolvida numa óptica minimamente liberal. Voltaremos a isto.

Poderíamos também – terceira opção – aceitar as consequências do argumento da primeira geração do ponto de vista teórico, e mostrar ao mesmo tempo que, na prática, este argumento se torna sem efeito, porque a primeira geração era incapaz – de facto – de destruir uma parte das riquezas do planeta e, mesmo que tivesse podido fazê-lo, é evidente que não o fez. Teríamos, assim, escapado de boa. Esta resposta ilude, no entanto, a difícil pergunta de saber em que medida não seríamos todos primeiras gerações (nomeadamente em relação às novas espécies que descobriríamos) e, nessa eventualidade, revela-se manifestamente insuficiente[35].

Receber do passado ou pedir emprestado ao futuro?

Se nenhuma das três opções citadas acima parece capaz de responder de maneira satisfatória à objecção da primeira geração, restam-nos pelo menos duas outras estratégias. Uma delas consiste em assumir uma perspectiva igualitarista. Voltaremos a ela no capítulo 4. A outra situa-se de imediato no registo da propriedade comum/colectiva, o que evita – sem por isso propor um argumento alternativo – a referência a Deus, à Providência

---

[33] Ver *infra*, p. 138, a citação de Locke.

[34] Ver por exemplo F. Huet, *Le Règne social...*, *op. cit.*, p. 265. («Este belo PATRIMÓNIO, receberam-no para eles e os seus descendentes. Para falar com rigor, não era sua propriedade exclusiva, e já por antecipação as gerações futuras possuíam-no em comum com eles.») Compare-se com uma versão naturalista, p. 267. («Concluo que é da natureza dos bens patrimoniais, que qualquer pessoa que tenha recebido algum tenha de transmitir algum.»)

[35] Parece aliás que uma teoria acabada da justiça entre as gerações não poderia escapar totalmente a uma análise fina da diferença entre herança e invenção, entre descoberta e criação. A questão é pertinente quando se trata, por exemplo, de determinar se herdámos ou inventámos uma tecnologia susceptível de substituir um recurso físico não renovável. Já abordámos este ponto acima (objecção do custo líquido). Falta-nos espaço para tratar aqui mais em pormenor desta questão.

PENSAR A JUSTIÇA ENTRE AS GERAÇÕES

ou à intenção das gerações precedentes. Tomemos o famoso provérbio, geralmente atribuído aos Índios da América do Norte:

> «Trate bem da terra: não vos foi dada pelos vossos pais, foi-vos emprestada pelos vossos filhos. Não herdamos a Terra dos nossos antepassados, é-nos emprestada pelos nossos filhos.»[36]

Poderíamos discutir interminavelmente acerca da figura jurídica mais apropriada para qualificar o tipo de direito real aqui em causa. A geração actual, por exemplo, tem de ser considerada como usufrutuária ou depositária[37]? Uma exigência a satisfazer, como veremos, consiste em utilizar uma forma de desmembramento do direito de propriedade que autoriza não só uma utilização dos frutos, como também uma substituição de uma parte dos bens que constituem o capital por outros bens, eventualmente de natureza diferente mas de valor equivalente.

No entanto, o que importa sobretudo aqui é a interessante reviravolta operada por este provérbio em relação à lógica praticada na reciprocidade indirecta, que se refere ao passado. Tudo se passa como se o modelo da reciprocidade indirecta assentasse, na realidade, na pressuposição de uma propriedade geracional inicial exclusiva que, através de uma intenção de cada uma das gerações, ou pelo menos de algumas delas, se tornaria colectiva. As poucas gerações iniciais deteriam, sozinhas, o conjunto das riquezas do planeta; mas como marcariam, no momento de transferir às gerações seguintes a propriedade dessas riquezas, a sua intenção de fazer beneficiar delas *o conjunto* das gerações vindouras (em vez de ser somente a geração subsequente a beneficiada), a passagem da propriedade exclusiva à propriedade colectiva far-se-ia através de uma parte ou do conjunto das primeiras gerações.

O provérbio citado acima, pelo contrário, parte de um modelo em que a propriedade das riquezas terrestres é, desde logo, colectiva[38]. Esta posição de princípio poderia, sem dúvida, parecer menos «minimalista» do que

---

[36] «Treat the Earth Well: it was not given to you by your parents, it was loaned to you by your children. We do not inherit the Earth from our Ancestors, we borrow it from our children» (fontes diversas).

[37] Como o sugere por exemplo Bourgeois, *Solidarité, op. cit.*, p. 139.

[38] Para sermos totalmente precisos, poder-se-ia falar de propriedade geracional exclusiva, que se tornaria não exclusiva quando decidíssemos dar origem a uma geração seguinte.

O QUE DEVEMOS À GERAÇÃO SEGUINTE?

aquela em que assenta a ideia de reciprocidade indirecta, na medida em que sugerir uma propriedade desde já colectiva poderá parecer a alguns como um postulado normativo mais exigente do que a simples afirmação de propriedades privadas. Tem, porém, a vantagem de dissolver ao mesmo tempo a objecção da primeira geração destruidora – cujo acto violaria então manifestamente a propriedade colectiva – e a da ausência de obrigações para com os mortos – já que as nossas obrigações para com a ou as gerações futuras já não assentariam em obrigações para com o passado.

Acabámos, portanto, de distinguir dois modelos muito diferentes. O primeiro modelo – o da reciprocidade indirecta visto pelo olhar de Bourgeois –, partindo implicitamente de uma propriedade exclusiva inicial de cada geração, assiste a uma colectivização progressiva dessa propriedade, graças à suposta intenção de pelo menos uma parte dessas gerações anteriores à nossa. O segundo modelo – o do provérbio índio – postula desde já a existência de uma propriedade colectiva, o que lhe permite escapar às duas objecções mais sérias levantadas contra o modelo da reciprocidade indirecta, a da primeira geração e a das obrigações para com os mortos (uma derivação inesperada da objecção do dom). Onde a teoria da reciprocidade indirecta explica pela história (suposta mas plausível) a natureza inter-geracionalmente colectiva da nossa relação de propriedade com o mundo, o provérbio índio justifica essa natureza colectiva com uma posição de princípio que se aplicaria desde a primeira geração. Na realidade, as teorias lockianas libertarianas que iremos analisar constituem, por sua vez, um terceiro modelo distinto. Chegou o momento de as examinarmos em detalhe.

II. Três teorias lockianas

Desta vez, em vez de partirmos de intuições «populares», tomemos uma teoria da justiça académica e determinemos onde nos conduz no que respeita à justiça entre as gerações. A teoria escolhida é lockiana libertariana – inspirada em John Locke[39]. Postula que o mundo é inicialmente propriedade de todos (o que vai no mesmo sentido do provérbio índio),

---

[39] As citações são traduções nossas a partir da versão francesa: J. Locke, *Deux traités du gouvernement*, Paris, Vrin, (1690, 1997), II.

PENSAR A JUSTIÇA ENTRE AS GERAÇÕES

sendo isto – segundo Locke – fruto da vontade de Deus (em vez de ser da vontade das gerações anteriores).

> «[...] Deus [...] insuflou nos homens o desejo tenaz de propagar a sua espécie e de se perpetuarem a si próprios na sua prosperidade; eis donde os seus filhos detêm um título vindouro na partilha da propriedade dos seus pais e um direito de herdar os seus bens. Os homens não são somente para eles próprios proprietários do que têm; os seus filhos têm um título sobre uma parte e exercem o seu próprio direito, com o dos pais, sobre a posse que se torna inteiramente deles quando a morte, impedindo os pais de continuar a fazer uso dele, os separa do seu património; é a isso que chamamos herança.»[40]

A história começa, portanto, como a do provérbio índio. Uma coisa é, no entanto, objecto da nossa propriedade privada: nós próprios (falaremos assim de propriedade de si). Isto engendra para outrem obrigações (negativas) de não-interferência. Mas sendo proprietários de nós próprios, inclusive da nossa capacidade de trabalho, o produto deste pode, ele também, tornar-se nossa propriedade exclusiva. Assim, porque é que outra pessoa teria algum direito de propriedade sobre o fruto da minha força de trabalho que é, ela, inegavelmente a minha propriedade? Esta teoria da apropriação – dita da «mistura com o trabalho» – faz provir o nosso direito de propriedade sobre certas partes do mundo exterior da nossa propriedade de nós próprios[41].

Esta teoria não está, como é evidente, desprovida de pontos fracos. Concentremo-nos contudo aqui somente nas suas implicações para o domínio da justiça intergeracional. Nessa perspectiva, examinemos uma das duas cláusulas que definem as condições de uma apropriação legítima e que fazem com que uma teoria lockiana seja claramente diferente de uma teoria do tipo «primeiro a chegar, primeiro a ser atendido»: a cláusula dita «de equivalência»[42]. Muita tinta correu sobre a questão de saber o que Locke quer realmente dizer quando afirma que uma apropriação pode ser

[40] *Ibid.*, I., § 88, p. 84.

[41] Pelo menos a «mistura com o trabalho» tem de ser considerada como uma condição *necessária* de apropriação.

[42] A outra cláusula é a de «não-dilapidação». Ver Locke, *Deux traités...*, *op. cit.*, II, § 31. Para uma contribuição recente: A. Kolers, «The Lockean Efficiency Argument and Aboriginal Land Rights», *Australasian Journal of Philosophy*, vol. 78, 2000 (ligação também com a exigência de ausência de custo líquido analisada acima).

legítima «pelo menos quando o que é deixado em comum para os outros é em quantidade suficiente e de qualidade equivalente»[43]. Reformulemos esta frase da maneira seguinte: «pelo menos quando é tanto quanto o que fica em comum para os outros». Trata-se agora de responder à pergunta «tanto *quanto o quê?*». Imaginemos um mundo constituído por três pessoas (A, B e C). A apropria-se do bem x. Sob que condições será legítima esta apropriação por parte de A? Terá esta apropriação de deixar a B e C tanto (por cabeça) quanto aquilo de que A se apropriou, ou pelo menos tanto quanto B e C teriam tido de outra maneira (comparação em relação a um contra-factual)[44]?

Uma cláusula de equivalência intergeracional – três versões

Atentemos agora na maneira de pôr em prática a cláusula de equivalência no contexto intergeracional[45]. Partamos da proposição de Arneson: «a legitimidade persistente da propriedade privada do ponto de vista da propriedade de si depende do facto de cada geração sucessiva beneficiar do equivalente de uma fatia por cabeça do "*land* não melhorado e não degradado"[46]». Vamos, então, mostrar que existem três interpretações possíveis e significativamente diferentes desta regra, consoante a acepção de «*unimproved, undegraded land*».

Eis a primeira interpretação: *cada geração deveria deixar à seguinte pelo menos tanto (em equivalente) quanto a primeira geração (pré-histórica) inicialmente apropriou* (cláusula de equivalência intergeracional 1). Esta interpretação postula que nos centremos no «*unimproved, undegraded land*» original e que

---

[43] J. Locke, *Le Second Traité du gouvernement*, Paris, Vrin (1690) 1994, § 27 (trad. J.-F. Spitz, com a colab. de C. Lazzeri); ver, por exemplo, J. Waldron, «Enough And As Good Left For Others», *Philosophical Quarterly*, vol. 29, 1979, p. 319-328.

[44] Sobre o leque dos contrafactuais possíveis: G. A. Cohen, *Self-Ownership, Freedom and Equality*, Cambridge, Cambridge University Press, 1995, p. 75-87.

[45] Sobre as teorias lockianas da justiça intergeracional: R. Elliot, «Future Generations, Locke's Proviso and Libertarian Justice», *Journal of Applied Philosophy*, vol. 3, 1986, p. 217 sq.; R. Arneson, «Lockean Self-Ownership: Towards a Demolition», *Political Studies*, vol. 39, 1991, p. 52-53; H. Steiner, *An Essay on Rights*, Oxford, Blackwell, 1994, p. 268-273; C. Wolf, «Contemporary Property Rights, Lockean Provisos and the Interests of Future Generations», *Ethics*, vol. 105, 1995, p. 791 sq.

[46] Arneson, *Lockean Self-Ownership...*, *op. cit.*, p. 53.

PENSAR A JUSTIÇA ENTRE AS GERAÇÕES

deixemos de lado o que pôde ser acrescentado pelas gerações sucessivas[47]. Esta exclusão do produto do trabalho de cada uma das gerações sucessivas não provirá logicamente da doutrina lockiana? Significa que precisamos, então, de uma contabilidade separada para os recursos naturais brutos, por um lado, e para os produtos do trabalho, por outro lado. Não implica, contudo, que a degradação dos recursos naturais (a extracção do carvão) não possa ser compensada pela criação de produtos culturais (o desenvolvimento de tecnologias solares de ponta)[48].

Nesta primeira interpretação intergeracional da cláusula lockiana, a noção de «*unimproved, undegraded land*» exclui os frutos da intervenção *humana*. Não há, todavia, razões para excluir as causas naturais (exógenas) de melhoria ou de degradação que teriam operado desde a Pré-História. A natureza e a composição dos «comuns intergeracionais» podem muito bem mudar com o tempo, e por razões independentes da acção humana. É, então, perfeitamente possível que o «*unimproved, undegraded land*» pré--histórico seja diferente daquele que a geração que nos seguir conheceria, mesmo se nenhuma geração anterior tivesse existido antes dela, ou seja, mesmo que fosse, ela própria, a primeira geração. Assim, a história terrestre está cheia de terramotos, de erupções vulcânicas e outros episódios climáticos exógenos susceptíveis de afectar radicalmente a produtividade das terras, mesmo na ausência de qualquer influência humana.

Imaginemos agora que a geração que nos precedeu tenha sido a primeira vítima de uma pequena glaciação, de que se pode razoavelmente esperar que durará ainda duas gerações. Suponhamos que isso tenha um impacto globalmente negativo (em termos de produtividade dos solos,

[47] Ver por exemplo M. Otsuka, «Self-Ownership and Equality», in P. Vallentyne & H. Steiner, *Left-Libertarianism and Its Critics. The Contemporary Debate*, Londres/Nova Iorque, Palgrave, 2000, p. 163. Segundo R. Elliot, *Future Generations...*, *op. cit.*, p. 220-224, esta seria também a interpretação de Nozick.

[48] Se optarmos por uma interpretação «por cabeça» desta versão da cláusula, e consoante adoptemos uma visão estreita ou larga da noção de apropriação, tendo em conta o crescimento da população terrestre desde a pré-história, as nossas obrigações para com a geração seguinte seriam respectivamente ridiculamente fracas ou insuportavelmente pesadas. Seriam efectivamente muito reduzidas, mesmo tendo em conta o aumento da população, se levarmos em conta aquilo de que cada ser humano da pré-história era capaz de se apropriar *de facto*. Mas seriam extremamente pesadas se esperássemos da geração actual que deixasse à seguinte pelo menos tantos recursos naturais (ou o equivalente) quanto a quantidade total de recursos terrestres, dividida pelo (pequeno) número de membros das populações pré-históricas.

140

de biodiversidade...). Porque é que a geração actual deveria compensar a diferença – de origem natural – entre o que representava o mundo pré--histórico e o que seria amanhã o estado do mundo na ausência de qualquer intervenção humana? Existirá alguma razão pela qual a geração actual se deveria preocupar com compensar o impacto dessa glaciação, tendo por objectivo assegurar-se de que a geração seguinte possa beneficiar de um nível de recursos equivalente (por cabeça) ao nível pré-histórico? A resposta, para um lockiano, é que não existe tal razão[49]. Assim, um quadro em que nenhuma outra geração teria existido antes constitui, com certeza, uma situação na qual um lockiano não veria nenhuma injustiça intergeracional. A partir do momento em que a geração actual se comportar de modo a deixar pelo menos tanto quanto os recursos de que a geração seguinte poderia ter beneficiado na ausência de qualquer predecessora, os lockianos deveriam mostrar-se satisfeitos (mantendo-se tudo igual).

A nossa preocupação ou não com a Pré-história não tem, portanto, nada a ver com a questão de saber se os mortos têm ou não direitos. Prende--se com o facto de saber se deveríamos tomar como ponto de referência os recursos pré-históricos quando se trata de determinar o que devemos transferir à geração seguinte. A resposta sendo negativa, é-nos então possível substituir a nossa primeira formulação da cláusula de equivalência intergeracional por outra interpretação: *cada geração deve deixar à seguinte pelo menos tanto quanto aquilo de que a geração seguinte poderia ter-se apropriado na ausência de qualquer geração anterior, ou melhor[50], no caso em que nenhuma das gerações anteriores tivesse, pela sua acção, conduzido a uma melhoria ou a uma degradação clara do que a geração que nos segue teria certamente herdado* (cláusula de equivalência intergeracional 2). As coisas apresentam-se, assim, como se a geração seguinte fosse a primeira geração na terra. À noção de «*unimproved, undegraded land*», teremos agora de substituir a de «*anthropically unimproved, undegraded land*».

No entanto, ainda persiste uma (dupla) pergunta suplementar. Porque é que a geração actual deveria suportar o custo da compensação das *degradações* que tenham podido resultar das actividades das gerações anteriores? E, ao contrário, na hipótese de uma melhoria global da situação dos recursos terrestres resultante da actividade humana anterior, porque é que a geração

---

[49] Veremos que a situação é diferente para um igualitarista. Ver cap. 4.
[50] Devo esta formulação melhorada a P. Vallentyne.

PENSAR A JUSTIÇA ENTRE AS GERAÇÕES

actual não deveria deixar à seguinte o produto acumulado do trabalho das gerações precedentes, mesmo que se trate de uma mais-valia em relação ao que uma transferência equivalente do *«unimproved, undegraded land»* (no sentido precedente) teria exigido?

Consideremos em primeiro lugar a hipótese de uma melhoria global. Poderíamos perceber perfeitamente em termos lockianos que a geração *actual* não deva deixar à seguinte o fruto do *seu próprio* trabalho. Poderá gastar como lhe apetece o fruto dos seus esforços, desde que se mantenha conforme ao princípio lockiano de justiça intergeracional. No entanto, isto não quer dizer que pode também gastar livremente o fruto do trabalho das *outras* gerações que a precederam. O facto de a geração actual gastar para seu uso exclusivo o produto acumulado do trabalho do conjunto das gerações precedentes é, assim, plenamente compatível, em princípio, com o respeito pelas duas interpretações precedentes da cláusula de equivalência. Ora, isto não é só extremamente contra-intuitivo; também não é de modo algum um requisito da abordagem lockiana, a não ser que consideremos que as pessoas mantenham direitos sobre o fruto do seu trabalho depois da morte[51]. É claro que, a partir do momento em que nos dispomos a considerar que os bens dos defuntos se tornam, no momento do falecimento, parte integrante do *«unimproved, undegraded land»*, chegamos a uma terceira interpretação da cláusula lockiana sobre a terra tal como é, depois de feita a dedução do produto do trabalho unicamente da geração *actual*.

Tomemos de seguida o caso de uma *degradação* global devida à acção das gerações precedentes. O argumento aqui, pelo contrário, é que não deveríamos ser considerados responsáveis pelas acções de terceiros contra as quais não podíamos ter feito nada. Podemos, enquanto pais, ser considerados responsáveis pelas consequências das acções dos nossos filhos menores, por causa da presunção de uma capacidade que temos de prevenir (pela educação) uma série de acções dos nossos filhos. Esta capacidade é, todavia, claramente inexistente quando se trata do comportamento de pessoas que viveram muitos anos antes do nosso nascimento.

Em consequência, encontramo-nos perante dois argumentos. O primeiro mostra que nada na abordagem lockiana autoriza necessariamente a

---

[51] Sobre esta questão: J. Cunliffe, «Intergenerational Justice and Productive Resources; a Nineteenth Century Socialist Debate», *History of European Ideas*, vol. 12, 1990, p. 235; Steiner, An Essay on Rights..., *op. cit.*, p. 258.

O QUE DEVEMOS À GERAÇÃO SEGUINTE?

dilapidação de melhorias realizadas por outras gerações. O segundo implica que não se deve esperar de uma geração que compense as degradações que resultem de acções das gerações que a precederam. Estes dois argumentos convergem para uma terceira interpretação da cláusula de equivalência intergeracional: *cada geração deve deixar à seguinte pelo menos tanto quanto aquilo de quede a geração seguinte poderia ter-se apropriado no caso em que a geração actual não tivesse existido, ou melhor, no caso em que a geração actual não tivesse pela sua acção, conduzido a qualquer melhoria ou degradação clara do que a geração que nos segue teria herdado* (cláusula de equivalência intergeracional 3). Com esta terceira interpretação, não só temos em conta as melhorias ou degradações da terra que teriam resultado de fenómenos estritamente naturais; incluímos também o produto acumulado da actividade das gerações que precederam a geração actual. Este não deveria nem ser totalmente dilapidado (no caso de acumulação positiva), nem ser objecto de uma compensação por parte da geração actual (se as gerações anteriores dilapidaram a sua herança). Obtemos, assim, o quadro sinóptico seguinte:

	Ga deveria deixar à Gs pelo menos tanto quanto aquilo de que...
Locke 1	... Gp se apropriou originalmente.
Locke 2	... Gs disporia se nenhuma geração anterior (inclusive a actual) tivesse conduzido, pela sua acção, a uma melhoria ou uma degradação clara do que Gs teria herdado.
Locke 3	... Gs disporia se Ga não tivesse nem melhorado, nem degradado o que Gs teria herdado.

Quadro sinóptico das cláusulas de equivalência intergeracional lockianas.
Símbolos: Ga = geração actual, Gs = geração seguinte, Gp = primeira geração.

*
* *

Que conclusões podemos tirar deste terceiro capítulo? Examinámos três tipos de teorias que apresentam ligações reais, mesmo que sejam difíceis de estabelecer à primeira vista. Desembocámos numa convergência de princípio – em torno da ideia de proibição da despoupança – embora tenhamos partido de lógicas relativamente distintas. Dedicámo-nos tanto a seguir os fios que nos conduzem a essa convergência, como a identificar a natureza das diferenças de lógica patentes nessas três abordagens.

PENSAR A JUSTIÇA ENTRE AS GERAÇÕES

Tendo começado por uma análise da lógica de reciprocidade indirecta, examinámos três tipos de objecções. Em primeiro lugar, o exame da primeira objecção permitiu-nos constatar a surpreendente solidez da teoria da reciprocidade indirecta. A direcção «geração actual-geração seguinte» é uma componente necessária da teoria. De seguida, se a objecção do dom influi de alguma maneira na teoria, é por uma razão absolutamente inesperada, ou seja, pela dificuldade em sustentar a ideia de obrigações para com os mortos. No entanto, o exame da objecção do dom também nos revelou duas maneiras possíveis de dar conta da lógica subjacente à ideia de reciprocidade indirecta. Uma – segundo Bourgeois – postularia uma propriedade geracional inicialmente exclusiva que, pelo jogo da intenção das gerações sucessivas – ou de um número reduzido delas –, se tornaria progressivamente colectiva, no sentido de não ser exclusiva de uma só geração. A outra – assente na ideia de *free-riding* – não faria caso dessa colectivização intencional por parte de uma parcela ou do conjunto das gerações passadas, e avançaria o argumento segundo o qual tirar vantagem de externalidades positivas que resultem da actividade das gerações passadas, sem de modo algum cobrir os custos que implicam, é moralmente problemático. Cada uma destas duas lógicas está, no entanto, sujeita à dificuldade ligada à ideia de obrigação para com os mortos. Por fim, examinámos uma terceira objecção, a da primeira geração destruidora que, também ela, exige ultrapassar a lógica de reciprocidade indirecta.

Conseguimos resolver esta dificuldade graças a uma nova via fornecida pelo provérbio índio. Ao contrário da lógica da reciprocidade indirecta, seja ela interpretada por Bourgeois ou através da noção de *free-riding* intergeracional, trata-se aqui de entrar logo, desde a primeira geração, no registo de uma propriedade colectiva das diferentes gerações, deliberadamente virada para o futuro. A natureza inter-geracionalmente colectiva desta propriedade não provém, aliás, no caso do provérbio índio, de uma qualquer intenção divina (Locke) ou de uma referência à Providência (Huet). Trata-se, antes, de uma posição de princípio. Contudo, o essencial é que as nossas obrigações para com os nossos descendentes não provêm de modo nenhum de obrigações para com os nossos predecessores. Para sermos mais precisos, cada geração é a proprietária exclusiva da terra enquanto não decide ter descendentes, mas a situação muda assim que ela der origem a uma nova geração. Esta (e as suas sucessoras ulteriormente), uma vez gerada, torna-se também ela proprietária do património terrestre,

144

juntamente com a geração precedente. Isto permite contornar tanto a dificuldade de obrigações para com os mortos como a objecção da primeira geração destruidora.

Restam as três abordagens lockianas. Elas ilustram, de certo modo, uma terceira maneira de formular a intuição de justiça intergeracional. Se podemos, em princípio, falar de apropriação geracional exclusiva, esta tem lugar sobre um fundo de propriedade inicialmente colectiva, mas também sob influência da cláusula lockiana. Demos três versões possíveis, da mais bruta àquela que nos parece mais defensável, mantendo-nos sempre na linha de uma lógica lockiana. Ter em conta as mudanças naturais exógenas desde a pré-história levou-nos a abandonar a primeira formulação. Ao julgar que convinha, para além disso, tanto «naturalizar» o produto da acumulação que resulta da acção das gerações hoje defuntas, como não considerar a geração actual responsável pelas acções dos seus antepassados, chegámos à formulação final.

A ideia de reciprocidade indirecta, o provérbio índio e a cláusula de equivalência lockiana provêm de lógicas claramente distintas. Porém, todas convergem para uma única regra: a proibição da despoupança. Em cada um dos três casos, a geração actual tem a tarefa de apagar de certo modo todas as consequências negativas das suas acções, de fazer com que o mundo esteja tão bem como se ela não tivesse nunca existido. Nada menos, mas também nada mais. Segundo a lógica da reciprocidade indirecta, isto percebe-se porque se trata da única forma de nos livrarmos de obrigações resultantes da transferência dos nossos pais. Segundo a lógica do provérbio índio, trata-se, não de liquidar uma dívida para com aqueles que nos precederam, mas de devolver ao conjunto dos que nos seguem aquilo que nos emprestaram. E, no caso das cláusulas de equivalência, fazer de conta que não tínhamos existido representa a única maneira de deixar à geração seguinte um mundo «pelo menos tão bom».

Uma dúvida escurece, contudo, o horizonte criado com esta hipótese de convergência. Prende-se com o tamanho da população e a natureza «per capita» do critério de proibição da despoupança. A formulação, por parte de Arneson da cláusula lockiana citada acima retoma esta dimensão «per capita». Ora, não é certo, por um lado, que a teoria da reciprocidade indirecta não admita, também ela, uma abordagem «per capita» e, por outro lado, que uma abordagem lockiana não possa perfeitamente ser defendida sem fazer caso da dimensão «per capita». Poderíamos pensar, por exemplo,

PENSAR A JUSTIÇA ENTRE AS GERAÇÕES

que a lógica de reciprocidade indirecta faz com que, para determinarmos se a nossa dívida foi liquidada, não importe de maneira nenhuma saber o número de cabeças para o qual o foi efectivamente. Isto significaria também não só que, se decidíssemos nunca ter filhos, ficaríamos para todo o sempre titulares de uma dívida, mas sobretudo que, se decidíssemos dar origem a uma população duas vezes mais pequena do que a nossa, deveríamos transmitir a cada um dos seus membros o dobro do que cada um de nós recebeu da geração anterior. Na realidade, não parece existir razão interna na lógica de reciprocidade indirecta que nos permita decidir nesta matéria. Nada nos impede, de facto, de considerar, por exemplo, a herança da geração precedente como sendo, ela própria, uma transferência *por cabeça* (ou seja, variável em função da população), o que permitiria a introdução de um critério «per capita». Da mesma maneira, segundo a lógica lockiana, se tivermos de fazer de conta que a nossa geração nunca existiu, podemos perfeitamente imaginar conceber o tamanho da geração seguinte como um facto arbitrário (já que, seja como for, não teria existido na nossa ausência). Neste caso, um critério «per capita» também já não seria necessário[52]. Assim, mesmo deste ponto de vista, ficamos sem saber se as três lógicas examinadas divergem ou não. Em todo o caso, o que se torna claro é que, se a adopção de um critério «per capita» já não é exclusiva das teorias igualitaristas que iremos analisar a seguir, é certo que estas dispõem de razões bem mais sólidas para o defender do que as teorias examinadas acima. Para além disso, veremos que as teorias igualitaristas nos permitem propor uma coisa diferente de uma simples proibição da despoupança. Está, portanto, na hora de continuarmos.

---

[52] Ver também: P. Vallentyne, «Introduction: Left-libertarianism – A primer», in Vallentyne & Steiner, *Left-libertarianism...*, *op. cit.*, p. 13.

Capítulo quarto
Será o crescimento injusto?

John Rawls, na sua obra magistral *Uma Teoria da Justiça*[1], identificou os desafios centrais que qualquer teoria liberal igualitária da justiça entre as gerações tem de aceitar. Eis, portanto, a tarefa que temos agora de cumprir: aceitar esses desafios e demonstrar ao mesmo tempo a possibilidade e as consequências de uma teoria liberal igualitária da justiça intergeracional. Antes de nos lançarmos no exame crítico da posição de Rawls no campo intergeracional[2], desenhemos os contornos gerais da sua teoria. É simultaneamente «política» e «liberal igualitária». É, em primeiro lugar, «política» no sentido em que visa a proposta de uma teoria aplicável às nossas sociedades, marcadas pela coexistência de uma pluralidade de concepções da vida boa. Este carácter político traduz-se em exigências sob a forma de justificação das nossas, separando os nossos argumentos das nossas concepções particulares da vida boa, inadmissíveis em certas esferas do debate público (noção de razão pública). Esta teoria coloca também limites ao campo de aplicação da teoria da justiça proposta, estando sujeitas a eles somente as instituições ditas «de base» (o Parlamento ou a família, mas não

---

[1] Salvo menção contrária, remetemos para a edição francesa: J. Rawls, *Théorie de la Justice*, Paris, Seuil, 1987 (trad. C. Audard), disponível na colecção «Point». As traduções em português são nossas (N.T.).

[2] Deixamos de lado a questão dos ajustamentos efectuados por Rawls em relação à sua posição original quando aborda o domínio da justiça intergeracional. Sobre este ponto, ver A. Gosseries, «What Do We Owe the Next Generation(s)?», *Loyola of Los Angeles Law Review*, vol. 35 (1), p. 311-312 e V. Muñiz-Fraticelli, *Justice as Fairness Between Generations*, mestrado em Ciências Políticas (não publicado), Universidade de Chicago, 2003, p. 10 sq.

as escolas ou as Igrejas)[3]. Em segundo lugar, a teoria de Rawls é «liberal», no sentido em que prevê a defesa de uma série mais ou menos vasta de liberdades fundamentais (a integridade física ou a liberdade de expressão), atribuindo prioridade ao respeito por essas liberdades (a proibição da tortura, ainda que esta pudesse ajudar a reduzir as desigualdades), e a outorga de meios materiais que tornem possível o uso efectivo dessas liberdades.

Por fim, a teoria de Rawls é «igualitarista», no sentido em que, respeitando essas liberdades fundamentais, pretende pôr em prática uma forma particular de igualitarismo, traduzida paradigmaticamente pelo que ele chama o «princípio de diferença» (ou *maximin*). Como vimos no capítulo precedente, podem existir alguns casos em que a estratégia *necessária* para a melhoria do destino do mais desfavorecido passe, não por uma redução, mas por um *aumento* das desigualdades. Assim, reduzir a progressividade do imposto sobre as pessoas físicas nos escalões salariais mais elevados poderia, pelo incentivo ao trabalho assim gerado, suscitar junto dos mais qualificados ganhos de produtividade tais, que mais do que compensariam a redução da taxa de imposição. O volume de riquezas assim obtido por via fiscal seria, portanto, mais importante do que a implementação de uma taxação progressiva que, à primeira vista seria supostamente mais redistributiva. O «bolo das riquezas» agregado tornar-se-ia então maior, embora com porções bem mais desiguais. Como vimos, o que preocupa os defensores do *maximin* é o destino absoluto do mais desfavorecido, mais do que o destino relativo dos membros da sociedade.

Esta metáfora pasteleira[4] não é de modo algum evidente e não podemos passar por cima da contestação de que é objecto. Se atendermos aos factos, verificamos que, num país como a França, as modificações das taxas marginais do imposto sobre o rendimento têm um impacto muito reduzido[5]. E, do ponto de vista moral, algumas pessoas sublinham que aquilo que leva o mais produtivo a reduzir a sua produção à medida que é mais taxado

---

[3] Ver J. Rawls, *Libéralisme politique*, Paris, PUF, 1997.

[4] A expressão é de Charlie Poppe.

[5] T. Piketty, «Les hauts revenus face aux modifications des taux marginaux supérieurs de l'impôt sur le revenu en France, 1970-1996», *Économie et prévision*, nº 132-133, 1999, p. 25-60. Um dos desafios ao qual os defensores da metáfora pasteleira têm de responder consiste, então, em mostrar que pode haver outros mecanismos para além daquele que está em jogo no argumento dos incentivos que tornam necessário o aumento das desigualdades em benefício do melhoramento do destino do mais desfavorecido.

SERÁ O CRESCIMENTO INJUSTO?

é, pelo menos em parte, a sua má vontade, e não alguma *necessidade*[6]. Seja como for, o igualitarismo rawlsiano que nos ocupa aqui é de uma natureza particular porque, como o seu nome indica imperfeitamente, preocupa-se primeiro com a melhoria do destino do mais desfavorecido, mesmo nos casos (raros) em que isto implicaria desigualdades maiores. Resumindo, o *maximin* é o princípio (igualitarista) de justiça segundo o qual devemos escolher um conjunto de regras de organização social de modo a que as pessoas que, involuntariamente, fossem as mais desfavorecidas nessa sociedade estivessem melhor do que os mais desfavorecidos no regime de qualquer outro conjunto de regras sociais.

I. Um modelo em dois tempos

O pano de fundo utilitarista

Rawls afasta-se das teorias utilitaristas quando desenvolve uma proposta relativa à justiça entre *coortes*. O utilitarismo é demasiadas vezes criticado pelas razões erradas. Confunde-se muitas vezes «utilitarismo» e «utilitário», no sentido de instrumental. E estima-se muitas vezes que a sua natureza «sacrificial» seria incompatível com o respeito igual pelas pessoas e o individualismo moral. Ora, não é necessariamente assim. Por exemplo, se a única maneira de salvar do aniquilamento o conjunto de uma população de dez mil pessoas consistir em mandar para a frente de batalha ao encontro de uma morte certa dez delas, designadas por sorteio, certas pessoas afirmarão, sem dúvida, que é inadmissível que essas dez pessoas sejam sacrificadas. Mas o utilitarista responderá que recusar essa opção equivale, na realidade, a conceder a cada uma dessas dez pessoas – sejam elas quem forem – praticamente mil vezes mais valor do que o valor de cada concidadão que ela poderia salvar.

Isto não significa, porém, que a teoria utilitarista seja infalível. O facto de a situação das pessoas ser avaliada com base numa só métrica (a utilidade no sentido do «bem-estar»), sem dar nenhuma prioridade a certas liberdades fundamentais, gera casos de sacrifícios que julgaríamos, com toda a razão, ignóbeis. Seria este o caso das crianças asiáticas que trabalham

[6] Voir G. A. Cohen, «Where the Action Is: On the Site of Distributive Justice», *Philosophy and Public Affairs*, vol. 26, 1997, p. 3-30.

PENSAR A JUSTIÇA ENTRE AS GERAÇÕES

em condições tenebrosas, cosendo t-shirts para clientes europeus ricos. Se a única maneira de produzir aquelas t-shirts for essa, é concebível que um utilitarista, mesmo tendo integrado a ideia de utilidade marginal decrescente, achasse que o prazer que dão essas peças de roupa a alguns milhares de europeus basta para compensar os sofrimentos de duas ou três crianças que são obrigadas a trabalhar. Eis uma situação «sacrificial» que, ao contrário da primeira, poucos igualitaristas estariam dispostos a considerar justa.

O que se passa, então, no contexto intergeracional[7]? A ideia de partida dos utilitaristas neste domínio é simples, e susceptível de ser partilhada pelo conjunto das teorias da justiça disponíveis: o capital é produtivo, pelo menos se for legitimamente investido. Por outras palavras, se uma pessoa diferir o consumo de uma parte dos seus recursos para um momento temporal ulterior (ou para o século ou milénio seguinte, no caso intergeracional), o consumo futuro possível será muito mais importante do que o que esse capital teria permitido hoje em dia[8]. O problema é que, se quisermos maximizar o tamanho do bolo intergeracional – como o quer o objectivo agregativo dos utilitaristas –, importa então exigir às primeiras gerações que apertem o cinto e que adoptem uma taxa de poupança positiva (a mais elevada que lhes seja possível), compatível com essa maximização da utilidade intergeracional. Apertar o cinto com vista a uma felicidade maior de que não poderemos nós próprios beneficiar no futuro não é, necessariamente, problemático; pelo contrário, esperar das gerações que são supostamente as mais desfavorecidas (porque se encontram no início do processo de acumulação) que façam os maiores sacrifícios torna as expectativas do utilitarismo particularmente chocantes aos olhos de um igualitarista.

---

[7] Sobre o utilitarismo intergeracional: F. Ramsey, «A Mathematical Theory of Savings» (1928), in *Foundations. Essays in Philosophy, Logic, Mathematics and Economics* (D. H. Mellor, ed.), Londres, Routledge & Kegan Paul, 1978; D. Birnbacher, *La Responsabilité envers les générations futures*, Paris, PUF, 1994 (1988), § 3. 2 sq.; K. Schubert, «Normativité et problèmes intergénérationnels», in *L'Économie normative* (H. Brochier et al. eds.), 1997; L. van Liedekerke & L. Lauwers, «Sacrificing the Patrol: Utilitarianism, Future Generations and Infinity», *Economics and Philosophy*, vol. 13, 1997, p. 159-174; M. Fleurbaey & P. Michel, «Quelques réflexions sur la croissance optimale», *Revue économique*, vol. 50, 1999, p. 715-732.

[8] Ver por exemplo K. Arrow, «Rawls's Principle of Just Savings», in *Collected Papers*, vol. 1. (Social choice and Justice), 1984, p. 132.

SERÁ O CRESCIMENTO INJUSTO?

Para sermos mais específicos, suponhamos uma população e uma produtividade tecnológica constantes. Oferecem-se-nos pelo menos três hipóteses pertinentes[9]. Em primeiro lugar, imaginemos – o que não tem nada de irrealista – que o número de gerações seja, se não infinito, ou, pelo menos, indefinido. Uma vez que não podem determinar quantas gerações se seguirão à nossa os utilitaristas deveriam apelar para a adopção indefinida de uma taxa de poupança (intergeracional) positiva. Porém, este sacrifício sem fim não beneficiaria, no fim da linha, nenhuma geração[10].

Acrescentemos um elemento suplementar a esta mesma hipótese: conjecturemos que existe um certo nível para além do qual o bem-estar de uma pessoa já não pode ser melhorado. Trata-se de um nível de saciedade. Estamos perante o cenário seguinte: uma fase de acumulação, seguida, quando o nível de saciedade for atingido (com a condição de que este não evolua no tempo), de uma fase de cruzeiro caracterizada por uma taxa de poupança intergeracional estritamente nula, fase na qual cada geração teria o mesmo nível de consumo e de bem-estar médio[11]. Este cenário – com estas condições – maximizaria o bem-estar agregado do conjunto das gerações.

Por fim – o que constitui a nossa terceira hipótese – supondo até que o número de gerações vindouras seja finito e conhecido, e não havendo ponto de saciedade, poderíamos, apesar de tudo, aceitar um sacrifício necessário das primeiras gerações para benefício das seguintes, em nome de uma maximização do bem-estar agregado do conjunto das gerações. Seria, portanto, de esperar uma taxa de poupança positiva por parte das primeiras gerações. Reduzir-se-ia depois para, no final, se tornar negativa para a última geração, que poderia consumir o conjunto do capital[12]. Logo, seria exigido um esforço particularmente intenso por parte das gerações que, em termos de nível absoluto de bem-estar, se situariam – por causa da sua localização no início do processo de acumulação tornado possível

---

[9] Ver por exemplo Fleurbaey & Michel, *Quelques réflexions...*, *op. cit.*, 1999, p. 717 sq.

[10] Note-se que uma solução baseada numa limitação dos sacrifícios aceitáveis aos que seriam «infinitamente eficazes» confronta-se, também ela, com esta mesma crítica. Se o número das gerações for infinito, não será qualquer sacrifício susceptível de ser «infinitamente eficaz»? Ver M. Fleurbaey & P. Michel, «Quelle justice pour les retraités?», *Revue d'économie financière*, vol. 23, 1992, p. 59.

[11] Ramsey, *A Mathematical...*, *op. cit.*; Birnbacher, *La Responsabilité...*, *op. cit.*, § 3.3.1; Schubert, *Normativité et...*, *op. cit.*, p. 234.

[12] Ver por exemplo Fleurbaey & Michel, *Quelques réflexions...*, *op. cit.*, p. 721.

pela própria regra da poupança – numa posição globalmente mais desfavorecida do que as gerações seguintes. Mais precisamente, o caminho intergeracional seria tal que os mais desfavorecidos (e as gerações mais desfavorecidas) ocupariam uma posição pior do que aquela que poderia ter sido a sua noutros mundos intergeracionais possíveis.

O modelo de Rawls

A abordagem defendida por Rawls leva em conta este pano de fundo. Articula-se em torno da determinação de uma taxa de poupança justa. A taxa de poupança em questão pode ser dita justa não só em relação à repartição das riquezas que opera entre as gerações, mas também enquanto condição necessária para a preservação de instituições justas e do justo valor da liberdade[13]. A principal característica deste modelo reside no facto de se sucederem duas fases, a primeira de acumulação e a outra de cruzeiro. Durante a fase de acumulação, cada geração tem de transmitir à seguinte mais do que recebeu da precedente (poupança intergeracional líquida) até que estejam firmemente instaladas instituições justas. Se a taxa de poupança imposta a cada geração da fase de acumulação for positiva, importa acrescentar que é progressiva no sentido em que, quanto mais a geração for pobre, mais fraca será a taxa de poupança (positiva) esperada da sua parte[14].

Notemos que essa natureza progressiva da taxa durante a fase de cruzeiro em Rawls não é, ao que parece, o fruto de uma preocupação de tipo *maximin*. Resulta antes de uma tentativa de integrar a ideia de utilidade marginal decrescente. Privar-se de uma banana quando só se pode comer duas por ano é mais desagradável do que quando se tem gratuitamente acesso a cinco bananas por dia. Da mesma maneira, poupar em líquido dez por cento do que nos foi transmitido representa um esforço enorme se mal tivermos com que nos alimentarmos, mas provavelmente não representa muito no caso de conseguirmos obter tudo o que desejamos. A ideia de taxa de poupança progressiva tem, portanto, de ser compreendida, depois de levada em conta a realidade da acumulação progressiva do volume de

---

[13] Rawls, *Théorie...*, *op. cit.*, § 44; R. Paden, «Rawls's Just Savings Principle and the Sense of Justice», *Social Theory and Practice*, vol. 23 (1), 1997, p. 28.
[14] Rawls, *Théorie...*, *op. cit.*, p. 328.

capital natural e humano de que pode dispor cada geração, como uma tentativa de traduzir a ideia de esforço equivalente de cada geração[15].

Exigir que se transmita pelo menos tanto quanto se recebeu não equivale a esperar um esforço de poupança pelo menos tão importante quanto aquele feito pela geração precedente[16]. Assim, se o esforço da geração precedente resultou numa despoupança, esta segunda abordagem significaria que a minha geração teria autorização para uma despoupança à mesma taxa. Da mesma maneira, se a geração precedente poupou em termos líquidos, eu ver-me-ia obrigado a fazer o mesmo. O capital transferido de uma geração para a outra, respectivamente, encontrar-se-ia progressivamente em vias de desaparecer ou, ao contrário, não pararia de aumentar. A questão da justiça entre as gerações está, sem dúvida, bem formulada à partida por Rawls em termos de comparação das taxas («ao postular que todas as outras gerações têm de poupar à mesma taxa»[17]). No entanto, a não ser através da ideia de taxa progressiva em fase de acumulação, a exigência de equivalência de taxa de poupança é provavelmente menos pertinente para descrever a teoria rawlsiana do que a de equivalência do *stock* efectivamente transmitido. Contudo, se a própria ideia de uma fase de acumulação seguida por uma fase de cruzeiro viola a exigência do *maximin*, a introdução da noção de esforço equivalente entre as diferentes gerações da fase de acumulação constitui talvez uma tentativa de atenuar este conflito entre crescimento e *maximin*. Voltaremos a esta questão.

Como se dá, em seguida, a passagem da fase de acumulação para a fase de cruzeiro? Quando as instituições justas estiverem firmemente instaladas, já não há para Rawls taxa de poupança positiva obrigatória. Nesta fase de cruzeiro, é preciso, e é quanto basta, que cada geração preserve as instituições justas, assim como a sua base material. Tem também de ficar com uma taxa de poupança não negativa. O objectivo de justiça é, portanto, semi-fechado (ou semi-aberto) durante a fase de cruzeiro, sendo somente

---

[15] *Ibid.*

[16] Cf. R. Goodin, «Treating likes alike, intergenerationally, and internationally», *Policy Sciences*, vol. 32, 1999, p. 195; N. Daniels, *Justice and Justification. Reflective Equilibrium in Theory and Practice*, Cambridge, Cambridge University Press, p. 135.

[17] J. Rawls, *Théorie...*, *op. cit.*, p. 328. A ideia de esforço equivalente parece enquadrar-se na lógica da reciprocidade, presente aliás em Rawls quando afirma que, se tivermos de transferir à geração seguinte um equivalente justo de capital real, é «em retorno pelo que beneficiámos das gerações precedentes», p. 330,.. Ver porém *supra* p. xx.

proibida a despoupança. Para além disso, a poupança positiva líquida é exigida durante a fase de acumulação (sem que a sua taxa seja especificada) e é autorizada durante a fase de cruzeiro. Por causa da natureza progressiva da evolução da taxa na fase de cruzeiro, encontramo-nos, aliás, numa situação estranha se considerarmos que uma geração que viveu *no início* do processo de acumulação é mais pobre: essa geração terá, evidentemente, consentido num esforço de poupança mais pequeno do que o de uma geração situada *no fim* da fase de acumulação. Porém, este esforço de poupança será, apesar de tudo, mais importante do que aquele que é esperado de uma geração em fase de cruzeiro, seja esta qual for.

II. Como justificar uma fase de acumulação?

A teoria de Rawls levanta pelo menos três dificuldades ligadas à ideia de uma fase de acumulação. Em primeiro lugar, que princípio de poupança justa deve ser aplicado à fase de acumulação? A nosso ver, se se justificar uma fase de acumulação, seria de defender, efectivamente, uma taxa de poupança crescente em cada geração, como faz Rawls. Em segundo lugar, será que já atingimos na prática, na escala nacional e internacional, as condições necessárias para a entrada numa fase de cruzeiro? Postularemos que tem que ser dada uma resposta positiva a esta pergunta[18]. Por fim, será possível defender ao mesmo tempo o *maximin* e a ideia de uma fase de acumulação? É esta última pergunta que nos ocupará principalmente na presente secção.

Para alguns, a reposta a esta pergunta é evidente: se não esperássemos das primeiras gerações uma taxa de poupança positiva, não estaríamos condenados ao mesmo estádio de desenvolvimento do que o das populações pré-históricas? Os homens daquela época, tendo em conta o tamanho da sua população, dispunham, sem dúvida, de um volume de recursos naturais por cabeça gigantesco em relação ao que seria o nosso se fizéssemos uma repartição igual entre os membros da nossa geração. Todavia, o estado do seu capital humano era tal que podemos, apesar de tudo, afirmar que o bem-estar médio (potencial) de um habitante do planeta hoje em dia é, certamente, maior do que o de um homem pré-histórico.

---

[18] Para uma breve discussão sobre este ponto: Gosseries, *What do we owe...*, *op. cit.*, p. 323.

SERÁ O CRESCIMENTO INJUSTO?

Extrairmo-nos do destino supostamente menos desejável das gerações pré-históricas parece, portanto, constituir um objectivo desejável. No entanto, este objectivo tem um preço: é preciso para alcançá-lo violar a regra do *maximin* aplicada ao domínio intergeracional. Neste aspecto, o problema não advém tanto do facto de se pedir aos mais desfavorecidos (aqueles que se encontram em fase de acumulação) para fazerem os esforços maiores em benefício das gerações «de cruzeiro», que se poderiam satisfazer com uma taxa de poupança nula. Mesmo que pedíssemos uma taxa positiva «equivalente» a cada geração – o que, como vimos, é compatível com a ideia de uma taxa de poupança ligeiramente progressiva –, o *maximin* seria violado. Assim, é a própria existência de uma fase de acumulação, e a exigência que supõe de uma taxa de poupança positiva – pelo menos se postularmos uma relação mínima entre capital natural e humano, por um lado, e bem-estar médio, por outro –, que fazem com que o mundo intergeracional que dali provém não seja aquele em que o mais desfavorecido se encontrará pelo menos tão favorecido quanto o mais desfavorecido em qualquer outro mundo alternativo possível. É claro que, se dermos, de facto, prioridade a uma preocupação com a sorte do mais desfavorecido, uma economia sem acumulação de riquezas de uma geração para a outra é, à primeira vista, muito mais satisfatória[19].

A passagem para o *leximin*

Rawls está consciente do problema. Avança dois tipos de argumentos em favor de uma fase de acumulação – mesmo que curta – e da consequente passagem para segundo plano do *maximin*. O argumento simultaneamente mais explícito e menos sólido para justificar o abandono parcial do igualitarismo do *maximin* num contexto intergeracional é o de que «não é possível para as gerações futuras melhorar a sorte da geração anterior mais desfavorecida. Assim, o princípio da diferença não se aplica à questão da justiça entre as gerações e o problema da poupança tem de ser tratado de

---

[19] Compare-se com o caso das sociedades consideradas por Rawls como «oneradas» (burdened) – ou seja, a maior parte dos países em desenvolvimento – que, mais do que terem de se ajudar a elas próprias, têm o direito de esperar um auxílio por parte das sociedades bem ordenadas. Ver J. Rawls, *The Law of Peoples, with The Idea of Public Reason Revisited*, Cambridge/Londres, Harvard University Press, 1999, p. 106.

PENSAR A JUSTIÇA ENTRE AS GERAÇÕES

outra maneira[20]». Uma vez desaparecida a geração mais desfavorecida, é, de facto, impossível no presente melhorar a sua sorte. Uma aplicação estrita do *maximin* que se preocupe exclusivamente com o mais desfavorecido (e aqui com a geração mais desfavorecida) torna-se, então, indiferente às opções de subsídios intergeracionais disponíveis para o futuro, pois, seja como for, nenhuma dessas opções poderia afectar positivamente a sorte da geração mais desfavorecida que, por hipótese, se encontra irremediavelmente fora de alcance no passado.

Porém, esta leitura estreita do *maximin* não faz sentido. Se nos preocuparmos com a sorte do mais desfavorecido, não há razão, no caso de a sua sorte não poder ser melhorado, para não transferir os nossos esforços para a sorte daquele que fosse – por hipótese – um pouco menos desfavorecido. Uma aplicação sequencial do *maximin* – chamada *leximin* – é, portanto, ao mesmo tempo possível e desejável. A ideia do leximin consiste em dizer que temos de nos assegurar de que a sorte do mais desfavorecido é trazida para o nível daquele que o é um pouco menos, e depois trazidos os dois para o nível daquele que o é um pouco menos ainda, etc.[21] E, segundo esta lógica, se a sorte do mais desfavorecido não puder ser melhorado, bastará então dar prioridade à pessoa que, entre aquelas cuja sorte pode ser melhorada, é a mais desfavorecida. Depois de efectuada esta passagem do *maximin* estrito ao *leximin*, o argumento de Rawls em favor do abandono do *maximin*, e, portanto, da aceitabilidade da fase de acumulação, desvanece-se. E o *maximin* aplicar-se-ia, em princípio somente às gerações actuais e vindouras, ou seja, às gerações «acessíveis». No entanto, se uma taxa de poupança positiva tiver de ser imposta a uma dessas gerações, isto não constituiria uma violação do *leximin*? E assim voltamos à estaca zero.

Duas defesas rawlsianas da fase de acumulação

Rawls desenvolve um segundo argumento que contém potencialmente uma justificação convincente da fase de acumulação. Como vimos, a obrigação de poupança positiva acaba assim que são preenchidas as condições para

---

[20] Rawls, *Théorie...*, *op. cit.*, p. 327 (tradução nossa).
[21] Sobre o *leximin*: A. Sen, *Collective Choice and Social Welfare*, North-Holland, 1970, p. 138.

«chegar à plena realização de instituições justas e de liberdades iguais[22]».
Lembremos que, segundo o princípio rawlsiano de igual liberdade, «cada
pessoa deve gozar de um direito igual ao sistema total de liberdades compatível com um sistema equivalente de liberdades para todos[23]».

Uma defesa liberal simples

Lembremos que a teoria rawlsiana não é somente uma teoria *igualitarista* de
tipo *maximin*. É também uma teoria *liberal*, no sentido em que confere uma
prioridade bastante estrita a um número mais ou menos vasto de liberdades fundamentais em relação ao objectivo de redução das desigualdades
sociais e económicas[24]. E pode-se ser um liberal igualitarista de esquerda
ou de direita consoante o peso mais ou menos importante que se concede
à componente igualitária. Ora, esta ideia da prioridade das liberdades fundamentais poderia perfeitamente ser utilizada para justificar uma violação
da exigência de equalização entre as gerações. Assim, precisamos de instituições justas para garantir o respeito por essas liberdades fundamentais.
Se o respeito por estas for mais importante do que a equalização, e se
passar, de qualquer maneira, pela instalação de instituições justas, então
é esta que tem de ter a primazia, mesmo que seja acompanhada por uma
violação do *maximin* intergeracional.

Esta defesa da fase de acumulação assente na prioridade das liberdades
fundamentais constitui, à primeira vista, uma maneira convincente de
reconstruir a posição rawlsiana. Mas está em tensão com certas passagens
da obra de Rawls, nomeadamente aquelas em que o autor distingue uma
concepção geral de uma concepção especial da justiça. Em princípio, é a
concepção especial que se aplica e que é considerada como a abordagem
rawlsiana *standard*. Mas há circunstâncias em que, pelo contrário, é à concepção geral que é necessário recorrer:

> «A prioridade da liberdade significa que, cada vez que as liberdades fun
> damentais podem ser efectivamente estabelecidas, não se pode trocar uma

---

[22] J. Rawls, *A Theory of Justice*, Oxford, Oxford University Press, 1971, p. 290 (tradução nossa);
Rawls, *The Law...*, *op. cit.*, p. 107, nota 33 (Rawls diz ter ido buscar essa abordagem a Mill).
[23] Rawls, *A Theory*, *op. cit.*, p. 302.
[24] Sobre a justificação desta prioridade: R. Taylor, «Rawls's Defense of the Priority of Liberty:
A Kantian Reconstruction», *Philosophy and Public Affairs*, vol. 31 (3), 2003, p. 246-271.

PENSAR A JUSTIÇA ENTRE AS GERAÇÕES

diminuição ou uma desigualdade das liberdades contra uma melhoria do bem-estar económico. Só quando as circunstâncias sociais não autorizam o estabelecimento efectivo desses direitos fundamentais é que se pode admitir a sua limitação; e, mesmo neste caso, estas restrições só podem ser concedidas na medida em que são necessárias para preparar o momento em que já não serão justificadas. A recusa das liberdades iguais para todos só é defensável quando é essencial para mudar as condições de civilização para que, na altura certa, todos possam finalmente gozar dessas liberdades.»[25]

Esta citação merece, sem dúvida, a atenção dos que se preocupam com a transição para a democracia. Todavia, manifesta sobretudo uma forma de liberalismo «consequencialista» que em Rawls pode parecer, *a priori*, pouco habitual. O consequencialismo é entendido aqui como uma doutrina relativa à maneira de defender *um valor* particular[26] – independentemente, portanto, da possibilidade de conflito com outros valores. Tomemos, por exemplo, a tolerância. Alguns dirão que, para sermos coerentes com a ideia de tolerância, devemos aceitar o diálogo com qualquer interlocutor, mesmo com aquele que julgamos ser intolerante. Os consequencialistas estimam, pelo contrário, que, se uma violação do princípio de tolerância permitir o alargamento do reino da tolerância no conjunto da sociedade, esta violação torna-se aceitável, e até desejável. Assim, poderia ser legítimo que, em nome do próprio ideal de tolerância, Jacques Chirac recusasse participar num debate televisivo com Jean-Marie Le Pen. Da mesma maneira, no caso que nos ocupa, uma violação do respeito pelas liberdades fundamentais torna-se justificada se essa violação assegurar no futuro a maximização do respeito por essas mesmas liberdades fundamentais.

A defesa «liberal consequencialista» distingue-se da defesa «liberal simples» anteriormente evocada. Assim, a primeira tem como objectivo justificar uma fase de *transição* em que as liberdades fundamentais seriam violadas, enquanto a defesa «liberal simples» tem como objectivo legitimar uma fase de *acumulação*. Ora, qualquer transição para um regime mais capaz de proteger as liberdades fundamentais não requer, necessariamente, uma acumulação no sentido económico. Inversamente, a acumulação não precisa de uma violação das liberdades fundamentais. Em segundo lugar,

---

[25] Rawls, *Théorie...*, *op. cit.*, p. 184 (também p. 584 e compare-se com a primeira regra de prioridade, ponto a, p. 341).
[26] Ver Pettit, *Non-consequentialism...*, *op. cit.*

SERÁ O CRESCIMENTO INJUSTO?

a defesa consequencialista implica uma violação de um valor em nome da promoção desse mesmo valor, enquanto a defesa liberal simples assenta sobre a ideia de prioridade de um valor (o respeito das liberdades fundamentais) em relação a outro (a igualdade socioeconómica).

Ao contrário da defesa liberal simples, a defesa liberal consequencialista não pode ser considerada como uma justificação da fase de *acumulação*. Contudo, a possibilidade da defesa liberal consequencialista de uma fase de *transição* fornece-nos um elemento importante para a nossa busca de justificações de uma fase de acumulação. Assim, se a defesa liberal consequencialista de uma fase de transição «liberticida» for aceite por Rawls, também deveria, *a fortiori*, ser este o caso da defesa liberal simples de uma fase de acumulação que «só» violaria o *maximin*.

Ora, é aqui que reina uma certa ambiguidade em Rawls, que nos limitaremos a assinalar. Pelo menos uma passagem parece indicar que a defesa liberal simples é adequada[27]. No entanto, uma outra entra em tensão com cada uma das *duas* defesas liberais, já que cada uma delas assenta – por definição – na prioridade das liberdades fundamentais. Para Rawls, se as condições para o domínio da concepção especial da justiça ainda não estão satisfeitas, a concepção *geral* da justiça que se aplica prevê que:

«todos os valores sociais – liberdade e possibilidades oferecidas ao indivíduo, rendimentos e riqueza, assim como as bases sociais do respeito por si próprio – têm de ser distribuídos igualmente, a não ser que uma repartição desigual de um ou de todos estes valores seja vantajosa para cada um[28]».

Esta citação sugere então que, ao colocar o conjunto dos bens primários num mesmo saco, sejam ou não liberdades fundamentais, Rawls abandonaria neste contexto a prioridade das liberdades fundamentais em benefício de um *maximin* com um campo de aplicação alargado, derrubando assim de certa maneira a prioridade no quadro dessa concepção geral. O *maximin* estende-se e a prioridade das liberdades desvanece. Isto implica que uma adopção da defesa liberal simples não pode reivindicar-se da teoria rawlsiana sem suscitar algumas tensões dentro dela. Contudo, nada nos

[27] Rawls, *Théorie...*, *op. cit.*, p. 184 («... para que a prioridade do primeiro princípio indique as mudanças mais urgentes e identifique o melhor caminho para o Estado social, onde todas as liberdades de base poderiam ser completamente instituídas»).

[28] Rawls, *Théorie...*, *op. cit.*, p. 193.

PENSAR A JUSTIÇA ENTRE AS GERAÇÕES

impede de adoptar esta concepção e de permanecermos fiéis ao espírito de uma teoria liberal-igualitária.

Uma defesa igualitarista consequencialista

Não será possível, para além disto, oferecer um argumento mais directo a favor da fase de acumulação, desta vez de tipo igualitarista? A possibilidade de uma defesa liberal consequencialista de uma fase de transição «liberticida» acarreta, assim, a possibilidade correspondente de uma defesa rawlsiana *igualitarista consequencialista* da fase de acumulação. Se Rawls permite aceitar uma violação das liberdades fundamentais em virtude do seu carácter necessário para a instalação de instituições capazes de garantir e maximizar o domínio dessas liberdades fundamentais, porque é que não poderia um igualitarista defender o mesmo argumento em relação ao *maximin*, e isso independentemente da questão da prioridade das liberdades fundamentais? O igualitarista admitiria simplesmente que a própria existência de uma fase de acumulação viola, sem dúvida, a exigência do *maximin*; mas defenderia também a ideia segundo a qual essa violação seria necessária para a instalação de instituições capazes de assegurar a maximização do respeito pelo *maximin*. Eis a consequência lógica de um igualitarismo consequencialista. Para além disso, esta defesa igualitarista consequencialista permite evitar tensões ligadas ao abandono por parte de Rawls de uma estrita prioridade das liberdades em benefício de um *maximin* alargado ou de um princípio de cobertura das necessidades fundamentais.

Este argumento não tem nada de absurdo. E aproxima-se, aliás, de um problema semelhante ao da justificação de uma fase de acumulação, a saber, o problema da defesa das reformas que introduzem discriminações entre *coortes* – ou entre uma parte importante delas. Certos tipos de reformas engendram, assim, de um modo mais manifesto do que outros, uma injustiça entre duas (ou dois grupos de) *coortes*, as que irão e as que não irão beneficiar dos frutos da reforma[29]. É o caso da supressão do serviço

---

[29] Ver também T. Campbell, «Formal Justice and Rule-Change», *Analysis*, vol. 33, 1973, p. 113--118. O autor analisa o problema em termos de violação da justiça formal, o que levanta a questão de uma prioridade da justiça material em relação à justiça formal. A nossa análise coloca-se, pelo contrário, desde já no terreno da justiça material.

SERÁ O CRESCIMENTO INJUSTO?

militar. Os últimos a serem chamados, sendo-lhes ou não concedido um adiamento, põem em evidência o carácter arbitrário da escolha da data da supressão[30]. É também o caso das chamadas cláusulas órfãs presentes em certas convenções colectivas: outorgam condições de trabalho mais desfavoráveis para os trabalhadores contratados depois de uma determinada data[31]. É, finalmente, o caso das campanhas de regularização dos emigrantes clandestinos que, pelo seu carácter isolado, introduzem discriminações entre as *coortes* de chegada.

Nem todas as reformas introduzem necessariamente discriminações significativas entre *coortes*. Algumas estratégias permitem, aliás, reduzir o impacto discriminatório dessas reformas. No caso do serviço militar, poder-se-ia indemnizar os membros ainda vivos das *coortes* que tiveram de se submeter a ele. Trata-se de uma medida pesada mas provavelmente justa se considerarmos o serviço militar como um fardo e se avaliarmos a sorte das pessoas unicamente do ponto de vista deste problema específico. No caso das campanhas de regularização, poder-se-ia substituir as medidas «*one-shot*» por uma legislação cujo campo de aplicação fosse contínuo. No entanto, parece bem mais difícil tornar não discriminatórias as cláusulas "órfãs". Pode-se, como é evidente, proibi-las (como foi o caso no Québec), ou demonstrar que, no fim das contas, essas cláusulas não fazem mais do que compensar as enormes vantagens geralmente ligadas ao facto de pertencermos a uma *coorte* mais recente[32].

Porém, a estratégia igualitarista consequencialista constitui, precisamente, uma alternativa suplementar para justificar certas reformas. É possível, sem dúvida, que estas gerem desigualdades entre *coortes*, mas que o seu efeito cumulativo seja tal que as desigualdades tanto intra- como intergeracionais sejam reduzidas. A introdução de programas de discriminação positiva em benefício de uma minoria étnica desfavorecida gera, sem dúvida, discriminações, nomeadamente entre os membros dessa minoria que podem hoje beneficiar deles e aqueles que nunca terão essa sorte, pelo

---

[30] F. Chambon, «L'amertume des derniers jeunes appelés au service national», *Le Monde*, 23--24 de Abril de 2000, p. 8; J. Isnard, «Le gouvernement met fin par anticipation à l'existence du service militaire», *Le Monde*, 28 de Junho de 2001, p. 6.

[31] P. Volovitch, «Les clauses "orphelin" interdites», *Chronique internationale de l'IRES*, nº 64, Maio de 2000, p. 10-16.

[32] Voltaremos a abordar este ponto no capítulo 5. Consideraremos também o problema dos sistemas de pensão por repartição que suscitem dificuldades análogas às reformas citadas acima.

PENSAR A JUSTIÇA ENTRE AS GERAÇÕES

facto de serem hoje, por exemplo, demasiado idosos. Contudo, essa discriminação pode ser considerada aceitável em virtude do seu impacto positivo final sobre a redução das desigualdades[33]. Uma reforma, mesmo que viole o *maximin* intergeracional, não é, portanto, necessariamente injusta para um igualitarista, pelo menos na medida em que este aceite passar para um igualitarismo consequencialista.

Serão as democracias ricas mais estáveis?

Mostrámos, assim, que é possível, respeitando, se não a letra, pelo menos o espírito da teoria rawlsiana, propor pelo menos duas defesas da fase de acumulação, uma liberal simples e a outra igualitarista consequencialista. Cada uma destas duas defesas assenta numa premissa factual comum. É preciso que exista alguma ligação entre, por um lado, a acumulação das riquezas e entre, por outro lado, a existência e a estabilidade das instituições justas, enquanto já que estas permitem garantir o respeito ora do princípio de igual liberdade (no caso da defesa liberal simples), ora do domínio do *maximin* (no caso da defesa igualitarista consequencialista). O que conta, assim, para o rawlsiano não é somente a eventual miséria material de uma geração; é também a incapacidade, decorrente desse facto, de essa geração conseguir estabelecer instituições justas. Isto levanta a pergunta seguinte: a tese empírica – pressuposta pelas nossas duas defesas –, segundo a qual existe efectivamente uma relação entre a riqueza material e a estabilidade das instituições justas, é defensável?

Qual é, antes de tudo, a posição de Rawls? Nos seus trabalhos recentes consagrados à justiça internacional, o autor remete, por um lado, para as sociedades oneradas (*burdened*), definindo-as como sendo aquelas em que faltam as «tradições políticas e culturais, o capital humano e a experiência, e muitas vezes os recursos materiais e as tecnologias necessárias para que sejam bem ordenadas[34]». Acrescenta que «essas sociedades não são todas pobres, e tão-pouco são todas ricas as sociedades bem ordenadas. Uma sociedade beneficiando de poucos recursos naturais e de poucas riquezas pode ser bem ordenada a partir do momento em que as suas tradições

---

[33] Compare-se com T. Nagel, «Rawls and Liberalism», in S. Freeman (ed.), *The Cambridge Companion to Rawls*, Cambridge, Cambridge University Press, 2003, p. 84, nota 3.
[34] Rawls, *The Law...*, *op. cit.*, p. 106.

SERÁ O CRESCIMENTO INJUSTO?

políticas, o seu sistema jurídico e as suas estruturas de propriedade e de classe, assim como as suas crenças e a sua cultura religiosa e moral subjacentes, sejam capazes de sustentar uma sociedade liberal ou decente[35]». Por outro lado, escreve também: «Sigo a perspectiva de Mill segundo a qual o objectivo da poupança é tornar possível uma estrutura de base da sociedade justa; uma vez preenchida esta condição, é possível que a poupança real (ou seja um aumento líquido de capital real) já não seja necessária.[36]» Assim, se Rawls estima que a poupança intergeracional só é exigida na medida em que é necessária para sustentar instituições justas, afirma ao mesmo tempo que uma sociedade não tem de ser obrigatoriamente rica do ponto de vista material para ser bem ordenada.

Embora seja provavelmente difícil estabelecer uma relação de *necessidade* entre um certo nível de riqueza material e a existência ou a possibilidade de instituições justas, Przeworski avançou o argumento, com base em dados empíricos, de uma relação de tipo *probabilístico* entre o nível de riqueza material (indicada pelos níveis de rendimento *per capita*) e as hipóteses de sobrevivência de instituições *democráticas*. Przeworski constata assim que, para além de um certo patamar de riqueza material, as instituições democráticas são mais susceptíveis de subsistir[37]. Por que será que é assim? Imaginemos dois partidos políticos com posições opostas durante um período de eleições, um defendendo os ricos e o outro os pobres. Um dos dois partidos vai perder as eleições; coloca-se, então, a pergunta seguinte: por que é que o partido vencido irá respeitar os resultados da votação em vez de instalar uma ditadura? Segundo Przeworski, a resposta é a seguinte:

> «[...] nos países ricos, mesmo aqueles que são derrotados nas eleições têm demasiado a perder ao correr o risco do fracasso na luta pela ditadura. Nas sociedades pobres, há pouco para distribuir, de modo que o partido que se erga contra a democracia e seja derrotado tem pouco a perder. Mas nas sociedades

---

[35] Ibid., p. 106. Ver também p. 107. Note-se que quando as riquezas de um país provêm em grande parte de rendimentos sobre recursos naturais (ex: petróleo), isto tem tendência a afectar negativamente o sistema político e o crescimento económico. Ver p. ex.: L. Wantchekon, *Why Do Resource Dependent Countries Have Authoritarian Governments?*, 2000, disponível em www.yale.edu/polisci/wantchekon.

[36] Rawls, *The Law...*, *op. cit.*, p. 107, nota 33.

[37] A. Przeworski, 2005. «Democracy as an equilibrium», *Public Choice*, vol. 123 (3), pp. 253-273, 2001; ver também: A. Przeworski, M. Alvarez, J. A. Cheibub & F. Limongi, «What Makes Democracies Endure?», *Journal of Democracy*, vol. 7, 1996, p. 39-55.

PENSAR A JUSTIÇA ENTRE AS GERAÇÕES

ricas, a diferença entre o bem-estar dos que são derrotados nas eleições e o bem-estar dos que seriam oprimidos por uma ditadura é importante. Assim, mesmo que os rendimentos esperados por um certo grupo no caso de uma rebelião sejam mais elevados do que os rendimentos que podem esperar numa democracia, a perspectiva de fracassar na luta pela ditadura é muito pior numa sociedade afluente. Com o aumento dos rendimentos por cabeça, a lotaria ditatorial torna-se mais incerta do que a lotaria democrática.[38]»

Por outras palavras, seguindo a teoria de Przeworski, quanto mais uma sociedade for afluente, maior será a diferença entre «ser perdedor no jogo democrático» e «ser perdedor na luta pela ditadura». Mas esta relação probabilística entre riqueza material e democracia só nos permite percorrer uma parte do caminho. Temos ainda que estabelecer uma relação entre democracia e instituições justas nas suas duas dimensões, ou seja na sua aptidão para assegurar, respectivamente, o «respeito pelas liberdades fundamentais» e a «implementação de uma política de *maximin*».

No que respeita à relação entre «democracia» e «respeito pelas liberdades fundamentais», ela pode resultar simplesmente da definição que adoptarmos do termo «democracia» ou provir de uma demonstração empírica de uma forte correlação (de natureza causal ou não) entre a existência de eleições livres e periódicas, por um lado, e o respeito por essas liberdades fundamentais, por outro lado, tais como o direito à integridade física ou a liberdade de expressão. Przeworski utiliza uma definição pouco exigente de democracia[39]. Porém, é provável que se associe mais comummente o respeito pelas liberdades fundamentais à existência de instituições democráticas. Assim, os resultados postos em evidência poderiam, pelo menos, vir a sustentar a defesa liberal simples da fase de acumulação.

A relação entre «democracia» e redistribuição do tipo «*maximin*» é muito mais difícil de estabelecer. Há literatura recente que se interroga sobre as razões pelas quais as democracias não adoptam políticas tão redistributivas quanto se poderia esperar[40]. Isto não exclui, todavia, que as

---

[38] Przeworski, *Democracy...*, *op. cit.*, p. 11.

[39] A. Przeworski, *in litt.* (Out. 2003). São assim considerados como democráticos Estados que excluem certos partidos (como o PC na Alemanha Federal durante a Guerra Fria) ou que seriam objecto de suspeitas de fraudes correntes.

[40] I. Shapiro, *The State of Democratic Theory*, Princeton, Princeton University Press, 2003, cap. 5; J. Roemer, «Does Democracy engender equality?», 2002, http://pantheon.yale.edu/~jer39/DEJ.10.02 .pdf

democracias possam ser, apesar de tudo, mais redistributivas do que os regimes não democráticos. No entanto, os dados comparativos disponíveis sobre a distribuição dos rendimentos por cabeça depois da taxação e as transferências entre democracias e não-democracias não confirmam de modo algum esta hipótese[41].

A situação pode ser resumida da maneira seguinte. Por um lado, a defesa igualitarista consequencialista da fase de acumulação parece, simultaneamente, mais directa e mais compatível com o texto de Rawls. Mas a sua premissa empírica, que postula uma relação significativa entre riqueza material média e redistribuição, afigura-se difícil de defender. Por outro lado, a defesa liberal simples é mais indirecta, ao mesmo tempo que se enquadra um pouco menos no texto rawlsiano. Tem, contudo, o grande mérito de parecer poder ser defendida do ponto de vista empírico, de modo indirecto, graças ao argumento de Przeworski.

III. Fase de cruzeiro e proibição da poupança

Uma coisa é interrogarmo-nos sobre a possibilidade de justificar uma fase de acumulação. Rawls não é totalmente explícito sobre este ponto; mas vimos que a sua teoria, e de modo geral as teorias liberais igualitárias, não estão desprovidas de recursos nesta matéria. A defesa liberal simples parece, deste ponto de vista, constituir um candidato bastante sério. Uma segunda questão coloca-se, contudo: será que, uma vez que tenhamos entrado na fase de cruzeiro, o princípio proposto por Rawls é aceitável? Responderemos pela negativa, o que constituirá o principal contributo do presente capítulo e nos permitirá também apercebermo-nos da natureza especificamente distributiva que pode assumir uma teoria liberal--igualitária da justiça entre as gerações. Postulemos a este propósito que já atingimos hoje as condições materiais capazes de sustentar instituições justas e que, portanto, já demos início à fase de cruzeiro.

Porquê proibir a poupança?

Como vimos, o princípio defendido por Rawls para a fase de cruzeiro é o de uma proibição da despoupança. Trata-se, portanto, como no caso da teoria

---

[41] A. Przeworski, *in litt.* (Out. 2003).

da reciprocidade indirecta, de um princípio semi-fechado que não proíbe a poupança líquida[42]. Temos de deixar aos nossos filhos pelo menos tanto quanto recebemos; mas também somos livres de lhes deixar mais. Pelo menos, esta é a posição explicitamente adoptada por Rawls. Quanto a nós, pelo contrário, uma teoria liberal-igualitária deve defender um princípio fechado (em vez de semi-fechado) na fase de cruzeiro: nem despoupança, nem poupança! Robert Solow, economista americano, propôs na sua época uma interpretação de Rawls que também vai neste sentido[43].

Porque é que seria *injusto* transferir para a geração seguinte mais do que a nossa própria geração recebeu? O próprio Rawls considera, admitamos, que «para além de um certo nível, [uma abundância de riqueza] arrisca-se antes a ser um obstáculo, na melhor das hipóteses, uma distracção sem significado e, na pior, uma tentação de facilidade e de vazio[44]». Contudo, se avaliarmos o impacto de um nível de vida material elevado em relação à nossa capacidade para perseguir uma certa concepção *da vida boa*, Rawls não vê como uma injustiça o facto de transmitirmos à geração seguinte mais do que aquilo que recebemos. A nosso ver, Rawls está errado. Porém, a ideia de uma regra fechada pode parecer aberrante à primeira vista. Parece que não há nada mais admirável do que os pais que apertam o cinto para assegurarem aos filhos uma vida melhor do que aquela a que eles próprios podem aspirar. Será que é possível detectar algo de injusto neste comportamento que alguns não hesitam – e, muitas vezes, com razão – em qualificar como altruísta?

A resposta é afirmativa. De facto, um defensor do *maximin* deve preocupar-se com o destino do mais desfavorecido, qualquer que seja a geração a que este pertence. Ora, não há *a priori* nenhuma razão para excluir os membros mais desfavorecidos da geração actual. É precisamente aqui que intervém a lógica do nosso princípio fechado de justiça intergeracional.

---

[42] Ver também Rawls, *The Law...*, *op. cit.*, p. 107.
[43] Ver R. Solow, «Intergenerational Equity and ExhaustibleResources», *Review of Economic Studies*, 1974, p. 29-45, nomeadamente p. 30 («O princípio do *maximin* diz-nos que o consumo por cabeça tem de ser o mesmo para todas as gerações»). Solow propõe portanto um cenário estacionário (mas não explicitamente uma proibição da poupança) como interpretação de Rawls. Pelo contrário, quando exprime a sua própria posição, adopta um princípio semifechado: R. Solow, «An almost practical step toward sustainability», *Ekistics*, vol. 62, p. 15-20. Ver também Fleurbaey & Michel, *Quelle justice...*, *op. cit.*, p. 57 e *Quelques réflexions...*, *op. cit.*, p. 723.
[44] Rawls, *Théorie...*, *op. cit.*, p. 332.

Postulemos, assim, que cada geração aplica no seu seio, ou seja no plano intra-geracional, uma redistribuição que respeita a exigência do *maximin*. Colocada esta hipótese, precisamos de uma regra em fase de cruzeiro que permita que o mais desfavorecido, qualquer que seja a geração a que pertence, seja mais favorecido que o mais desfavorecido em qualquer outro mundo alternativo. Ora, é a nossa regra fechada que, nesta situação, melhor responde a esta exigência. Assim, se uma geração dispuser de um excedente em relação ao que recebeu da geração precedente, esta mais-valia deveria ser distribuída prioritariamente em benefício dos membros mais desfavorecidos da geração actual, mais do que em benefício dos membros da geração seguinte. Se cada geração aplicar o *maximin* no plano intra-geracional, e se a geração actual ficar pelo plano intergeracional de regra fechada aqui defendida, os membros mais desfavorecidos da geração seguinte estarão, apesar de tudo, numa situação melhor do que *teriam estado* os membros mais desfavorecidos da geração actual se a geração seguinte tivesse recebido a mais-valia acima descrita.

Para esclarecer este ponto, tomemos o exemplo da taxação das heranças. Os igualitaristas manifestam a este propósito pelo menos dois tipos de preocupação[45]. A primeira preocupação – a mais clássica – consiste em sublinhar que não há nenhuma razão para que uma criança nasça com mais recursos do que outra, e pela única razão de que teria pais mais ricos do que outra. Suponhamos, então, que o conjunto dos membros de uma geração começa a sua existência nos mesmos *starting-blocks*, armados do mesmo leque de recursos internos e externos. Mesmo nesse mundo, um segundo tipo de preocupações poderia vir ao de cima: será aceitável que a geração seguinte comece a sua vida com um saco bem mais volumoso do que aquele com que nós próprios começámos a nossa? A preocupação igualitarista precedente consistia em perguntar: «Não deveria eu legar os meus bens ao mais desfavorecido entre os membros da geração seguinte, em vez de os dar aos meus próprios filhos?» A preocupação que agora abordamos consiste em perguntar: «Não deveria eu dar os meus bens em benefício do mais desfavorecido de hoje, em vez de os legar aos meus próprios filhos ou aos filhos dos outros?»

---

[45] Ver Bruce Ackerman, *Social Justice and the Liberal State*, New Haven, Yale University Press, 1980, p. 205, nota 5.

PENSAR A JUSTIÇA ENTRE AS GERAÇÕES

Podemos agora ver nitidamente que o argumento a favor de uma obrigação fechada («nem despoupança, nem poupança») não tem nada a ver com o conservadorismo, nem com o carácter pretensamente inevitável do egoísmo geracional, nem mesmo com uma vontade de uniformização a sorte das diferentes gerações. Trata-se de um argumento tirado da justiça intergeracional que também se distingue de quatro outros argumentos importantes. Em primeiro lugar, não o confundamos com o argumento igualitarista estrito que se opõe ao crescimento na medida em que este contribuiria para o aumento das desigualdades *intra*-geracionais[46]. Diferencia--se também de um outro argumento de justiça que consiste, desta vez, em opor-se às políticas de estado que favorecem o crescimento económico, por causa da sua falta de *neutralidade* em relação às diversas concepções da «vida boa»[47]. Isto remete-nos para um terceiro argumento, também distinto do nosso, que considera por sua vez que o crescimento não é injusto, mas *vão*, quando não danoso do ponto de vista da nossa capacidade de perseguir uma certa concepção da vida boa[48]. Por fim, o nosso argumento não procede da afirmação segundo a qual o crescimento, pelo menos em algumas das suas formas, não seria *sustentável*[49]. O nosso argumento distingue-se, portanto, de outros argumentos «anti-crescimento» tirados quer de considerações de justiça (igualdade intra-geracional, exigência de neutralidade), quer de outras preocupações (determinada concepção da vida boa, objectivo de sustentabilidade).

A. As excepções à regra fechada

A regra fechada «nem despoupança, nem poupança» que aqui defendemos comporta, como é evidente, excepções e pode ser susceptível de objecções.

---

[46] Sobre as possíveis premissas empíricas deste raciocínio: S. Kutznets, «Economic Growth and Income Inequality», *American Economic Review*, vol. 45, 1955, p. 1-28. Para uma excelente discussão: Piketty, *L'Économie...*, *op. cit.*, p. 18 sq.

[47] P.-Y. Bonin, «Neutralité libérale et croissance économique», *Dialogue*, vol. 36, 1997, p. 683-703.

[48] Ver por exemplo Y. Illich, Energie et Equité, Paris, Seuil, 1973; Y. Illich (com a colab. de L. Giard e V. Bordet), *Némésis médicale. L'expropriation de la santé*, Paris, Seuil, 1975, cap. 3.

[49] Ver D. Meadows et al., *The Limits to Growth. A report for the Club of Rome's Project on the Predicament of Mankind*, Nova Iorque, Universe Books; J. Pezzey & M. Toman, «Introduction», in Pezzey & Toman (eds), *The Economics of Sustainability*, Aldershot, Ashgate, 2002, p. XI-XXXII.

SERÁ O CRESCIMENTO INJUSTO?

Mencionemos algumas. Importa antes de tudo lembrar que a tese aqui defendida pressupõe que o *maximin* seja respeitado de modo mais ou menos estrito no plano *intra*-geracional, o que está longe de ser o caso em numerosas sociedades. Cabe-nos a nós garantir que seja assim no seio da nossa geração, e das seguintes, quer adoptando um comportamento exemplar nesta matéria, quer explicitando incansavelmente as razões pelas quais pensamos que o *maximin* representa o que a justiça exige. Caso o *maximin* seja persistentemente desrespeitado, pode ser admissível que nos afastemos da nossa regra fechada, num sentido ou noutro, com o objectivo de garantir que a sorte do mais desfavorecido, qualquer que seja a geração a que pertence, venha a ser a melhor possível. Alguns afirmarão, por exemplo, que no caso de sociedades ou de gerações inteiras, amplamente indiferentes à sorte dos mais desfavorecidos, será o crescimento que, apesar de tudo, representará o melhor instrumento para melhorar a sua sorte.

A nossa regra fechada postula também que *não* há unanimidade entre os membros da geração actual em favor da adopção de uma taxa positiva de poupança intergeracional. É evidente que, se todos, incluindo os mais desfavorecidos entre nós (e, nomeadamente, aqueles que, entre eles, não têm filhos), estivessem dispostos a apertar o cinto em favor dos membros da geração seguinte, não haveria nada de injusto no facto de transferirmos à geração seguinte mais do que aquilo que recebemos. Poupar para os nossos filhos não tem nada de injusto a partir do momento em que não o façamos à custa dos mais desfavorecidos da nossa geração. A premissa empírica do nosso argumento exige, portanto, que pelo menos alguns entre os mais desfavorecidos da nossa geração, estando perfeitamente a par do que está em jogo, assinalem o seu desacordo quanto à adopção de uma taxa de poupança geracional positiva[50]. Esta premissa parece-nos plausível, mesmo se for verdade que os mais desfavorecidos são também aqueles que têm tendência a ter mais filhos e, portanto, aqueles que mais dispostos terão que ser a apertar o cinto.

A regra «nem despoupança, nem poupança» deixa também de lado a importante questão da incerteza[51]. A prudência pode certamente justificar

[50] Ver Rawls, *Théorie...*, *op. cit.*, p. 183 (ideia de um direito de veto dos mais desfavorecidos).
[51] Sobre os problemas de incerteza e de justiça entre as gerações: Birnbacher, *La Responsabilité...*, *op. cit.* E para o tratamento filosófico de um exemplo concreto, o do enterramento dos resíduos nucleares: K. S. Shrader-Frechette, *Burrying Uncertainty. Risk and the Case Against Geological Disposal of Nuclear Waste*, Berkeley e Los Angeles, University of California Press, 1993.

PENSAR A JUSTIÇA ENTRE AS GERAÇÕES

um certo grau de poupança[52] e, portanto, algum afastamento em relação à proibição da poupança. Importa, no entanto, sublinhar que a regra defendida aqui significa também que temos de nos assegurar que essa prudência não seja excessiva, pois far-se-ia então à custa dos mais desfavorecidos da nossa geração. A existência de uma sobreposição das gerações permite, aliás, alguns reajustamentos quando as incertezas de curto prazo são importantes. É evidente que as incertezas são gigantescas, sobretudo a médio e longo prazo. Contudo, a sua existência não basta para nos impedir de pensar no que a justiça exigiria na sua ausência, nem para nos obrigar a considerar que qualquer tentativa para desenvolver uma teoria da justiça entre as gerações está condenada a tornar-se obsoleta.

Existe, por fim, uma outra excepção à nossa regra fechada que convém sublinhar. De facto, é inevitável que os igualitaristas adoptem um critério por cabeça quando consideram a justiça internacional ou a justiça intergeracional. Uma vez esse passo dado, é claro que, se decidirmos reproduzir-nos de tal modo que a população da geração seguinte venha a ser significativamente mais numerosa do que a geração actual, teremos de adoptar uma taxa positiva de poupança, para que os membros da geração seguinte possam dispor em princípio de tanto quanto pudemos nós próprios dispor em média (por cabeça)[53]. E se, pelo contrário, estivermos a prever um declínio demográfico, uma taxa adequada de despoupança será, não só autorizada, mas exigida, tendo em conta a nossa preocupação com a sorte do mais desfavorecido[54]. Porém, utilizar um critério por cabeça traz consigo alguns problemas, nomeadamente quando se trata de analisar o impacto da exigência de uma poupança positiva sobre a sorte dos membros mais desfavorecidos da geração actual. De maneira implícita, trata-se da questão de saber se será injusto para com os membros mais desfavorecidos da geração actual fazer crescer uma população. Contudo, seja como for, temos de observar que as consequências desse critério por cabeça não

---

[52] Ver por exemplo P. Van Parijs, *Refonder la solidarité*, Paris, Le Cerf, 1996, p. 74-75.

[53] Para uma discussão sobre Malthus e as nossas obrigações intergeracionais em relação à dimensão demográfica: D. Collard, «The generational contract in classical and neoclassical thought», in R. E. Backhouse & J. Creedy (eds.), *From Classical Economics to the Theory of the Firm: Essays in Honour of D. P. O'Brien*, Elgar, 1999, 139-153, p. 146 sq. Para uma posição contrária àquela que é aqui defendida: E. Rakowski, *Equal Justice*, Oxford, Oxford University Press, 1991, p. 152-153.

[54] Ver sobre este ponto: Rakovski, *Equal...*, *op. cit.*, p. 152.

SERÁ O CRESCIMENTO INJUSTO?

se enquadram como seria desejável na lógica da reciprocidade indirecta, segundo a qual, em princípio, não se esperaria que fôssemos obrigados a transmitir mais do que aquilo que recebemos. Isto ilustra uma das divergências possíveis entre a teoria igualitarista e a teoria da reciprocidade indirecta, mesmo que convenha – como vimos no fim do capítulo anterior – mostrar-se moderado nessa matéria.

A hipótese da desvantagem exógena

Abordemos agora duas excepções suplementares. Suponhamos por um instante – e contrariamente à realidade – que dispúnhamos simultaneamente de uma informação completa sobre o que fôssemos legar à geração seguinte e o que viverá essa geração. Importa-nos então voltar ao problema das mudanças exógenas (*i.e.*, que não resultam da acção humana). Estas ajudar-nos-ão a perceber uma diferença chave que separa uma teoria do *maximin* igualitarista de uma teoria baseada na reciprocidade indirecta ou em premissas lockianas. Partamos do caso de uma «desvantagem exógena previsível». Imaginemos a terra povoada por uma pequena população. Os seus habitantes têm conhecimentos climatológicos que lhes permitem antecipar com certeza o facto de que dali a cinquenta anos uma perturbação meteorológica importante, que resultaria da queda de um meteorito ou de um período de glaciação, irá afectar de modo considerável o nível de recursos da geração seguinte[55]. A desvantagem resultante para a geração seguinte seria exógena, no sentido em que não teria sido causada pela geração actual, nem poderia ter sido atenuada por uma qualquer acção desta.

Nestas circunstâncias, a justiça como reciprocidade seria incapaz de justificar obrigações suplementares que incumbissem à geração actual, para além da satisfação da exigência de não-despoupança. A mesma situação verifica-se no caso dos defensores do provérbio índio ou dos herdeiros de Locke. Ora, não se passa o mesmo de com uma teoria igualitarista, que revela aqui plenamente a sua natureza distributiva. Para percebermos bem o que está em jogo, partamos de uma analogia. Se eu for fisicamente deficiente

---

[55] Ver por exemplo a teoria de Milankovitch sobre a influência das variações dos movimentos da Terra em relação às mudanças climáticas a longo prazo: M. Milankovitch, *Kanon der Erdbestrahlung und seine Anwendung auf des Eizeitenproblem*, Belgrado, Academia real da Sérvia, 1941. Como outro bom exemplo, pensemos nos terramotos previsíveis.

por causa de circunstâncias independentes da minha vontade, a justiça *comutativa* (ou seja, aquela que se baseia na noção de reciprocidade) só me dará auxílio se essa deficiência tiver sido causada por outrem. Se for estritamente fruto da natureza, só uma teoria distributiva seria capaz de justificar que o resto da sociedade me dê uma compensação por essa desvantagem, apesar de não ter responsabilidade na existência da deficiência mencionada.

A situação é a mesma quando passamos do exemplo da pessoa com deficiência a um contexto intergeracional apresentando uma situação de «desvantagem exógena previsível» de que seria vítima a geração seguinte. Neste caso, teríamos de nos afastar da proibição da poupança, e assim abrir uma excepção à nossa regra fechada. De facto, no caso de uma desvantagem exógena previsível que afectasse a geração seguinte, a geração actual teria de adoptar uma taxa de poupança positiva de modo a podermos esperar que a geração seguinte não venha a encontrar-se numa situação menos vantajosa do que a geração actual. Em consequência deste esforço de poupança, é possível que a geração actual se encontre, no fim de contas, numa situação menos vantajosa do que a geração anterior se esta já não for capaz de contribuir para o esforço de poupança. Quanto à ideia de justiça como reciprocidade, ela seria incapaz de justificar este handicap. Mais ainda, pode dar-se também a situação inversa. No caso de uma desvantagem exógena que afecte a geração actual e não as seguintes (pelo menos não na mesma medida), um certo grau de despoupança seria, não só autorizado mas até exigido, em nome da prioridade dos mais desfavorecidos.

A hipótese da desvantagem exógena permite-nos compreender uma razão possível pela qual muitos entre nós teriam tendência, à partida, para abordar os problemas de justiça entre as gerações sob o ângulo da justiça comutativa, mesmo se recusassem adoptar uma abordagem semelhante para tratar outros problemas de justiça. Esta hipótese relativa à nossa percepção dos problemas intergeracionais faz todo o sentido se fizermos uma analogia com a justiça intra-geracional. É possível identificar três tipos de causas de deficiências: a natureza (ex.: nasci cego sem que ninguém pudesse evitá-lo), outra pessoa (que me fez perder a vista por um acto voluntário), ou eu próprio (que teria furado os olhos). Imaginemos que os eventos naturais sejam, de alguma maneira, incapazes de causar deficiências. Subsistiriam então duas fontes possíveis de deficiências, e nenhum espaço para a justiça distributiva igualitarista. Assim, nesse mundo, teríamos ou de suportar as consequências dos actos que realizamos livremente (aqui, o de

SERÁ O CRESCIMENTO INJUSTO?

furar os olhos), ou de compensar os danos causados a outrem (aqui, tornar outra pessoa cega). Os igualitaristas, pelo menos aqueles que aceitam a distinção entre escolha e circunstâncias, limitam efectivamente o campo da redistribuição a uma compensação das desvantagens involuntárias.

Voltemos agora ao caso intergeracional. Se considerarmos que aquilo de que dispõe a geração seguinte resulta ou do que lhe deixámos, ou do que ela livremente decidiu fazer com isso, não há então nenhum espaço para uma dimensão propriamente distributiva da justiça intergeracional. Só quando consideramos a possibilidade de desvantagens exógenas é que a dimensão distributiva conduz a resultados distintos[56]. Por conseguinte, a hipótese avançada aqui sobre o facto de termos tendência a considerar a justiça entre as gerações em primeiro lugar em termos de justiça comutativa, consiste em postular que perdemos muitas vezes de vista a possibilidade de «transferências» intergeracionais exógenas.

Regresso à bomba-relógio

A ideia de desvantagem exógena leva-nos também de volta ao caso – já discutido no primeiro capítulo – da bomba-relógio, ou seja de uma desvantagem sofrida pela geração seguinte e causada por uma geração hoje desaparecida. O argumento defendido em seguida é simples. É possível, a nosso ver, tratar os casos das bombas-relógio de maneira análoga àquela que os igualitaristas deveriam usar para o caso da desvantagem exógena. A desvantagem resultando da acção de uma geração hoje fora de alcance teria assim de ser tratada como se fosse fruto de um fenómeno natural independente da acção humana. Por outras palavras, trata-se de alargar a abordagem adoptada no contexto de desvantagens exógenas àquelas que resultariam da acção de gerações passadas que hoje são insolventes. Assim, no caso das bombas-relógio, poderíamos também justificar um desvio em relação à nossa regra fechada. Explicitemos esta ideia.

---

[56] Uma objecção possível consistiria em defender a ideia segundo a qual tudo o que a geração seguinte irá sofrer lhe foi, na verdade, transmitido pela geração actual, e portanto tudo do que dispomos resultaria de transferências endógenas. Esta representação confronta-se, porém, nomeadamente com a ideia segundo a qual seria possível que eventos naturais futuros fossem previsíveis sem que esperássemos necessariamente – em termos de obrigação moral – que a geração actual previsse efectivamente estes eventos futuros. Porquê então considerar que estes eventos fazem parte do que a geração actual transmitiu à seguinte?

PENSAR A JUSTIÇA ENTRE AS GERAÇÕES

Imaginemos uma geração já desaparecida que tenha desencadeado na sua época a contagem decrescente de uma bomba que iria explodir nas mãos da geração seguinte, sem que a geração actual seja capaz de evitar, de alguma forma, essa explosão. A geração actual não seria, portanto, de modo algum responsável, causal ou moralmente, pela explosão futura dessa bomba. Assim sendo, se esperarmos da parte dela algum esforço, não poderá ser com base num princípio de responsabilidade pelas consequências dos seus actos. Do ponto de vista da geração que nos sucede, a explosão dessa bomba é causada por outrem, mas um outrem que está hoje ausente e insolvente. Como, então, tratar o caso dessa bomba? Temos de voltar à intuição dos igualitaristas, segundo a qual é contrário a uma ideia muito fundamental de respeito igual das pessoas não compensar aquelas que teriam uma sorte bem menos desejável do que outras por razões independentes da sua vontade. No caso presente, se considerarmos as gerações actuais e futuras, nenhuma delas é responsável pela explosão futura da bomba. Devemos, então, considerar essa explosão (provindo de uma acção humana passada) de maneira análoga àquela que usaríamos para tratar a queda previsível de um meteorito.

Por outras palavras, o contexto intergeracional coloca-nos perante um caso particularmente irreversível de insolvência ligado simplesmente à morte dos autores de acções danosas (no caso do exemplo apresentado, aqueles que colocaram a bomba). Nestes casos, cabe à geração actual contribuir para cobrir o dano previsível para a geração seguinte. É evidente que não terá de compensar o dano por inteiro, como teria que fazer se o tivesse causado. Contudo, em nome da justiça distributiva, esperar-se-á que implemente uma taxa de poupança positiva de modo a que possamos esperar que a sorte da geração seguinte não seja nem pior, nem melhor do que o da geração actual. Este problema de insolvência, que encontramos, aliás, em numerosas circunstâncias de justiça entre contemporâneos[57], convida-nos a emendar os nossos princípios gerais de justiça distributiva,

---

[57] No contexto intergeracional, o caso dos fundos de indemnização (em relação, por exemplo, a acidentes petrolíferos) pode ser analisado nestes termos. Podemos entendê-los como fundos que adiantam dinheiro antes de se virar contra os autores, uma vez estabelecidas as responsabilidades de cada um. Contudo, podemos entendê-los também como o fruto de uma exigência de justiça distributiva se integrarmos o facto de sabermos de antemão que alguns dos seus autores serão incapazes de pagar, nomeadamente na ausência de um regime de seguro obrigatório como existe, por exemplo, para os automobilistas.

pois a sociedade no seu conjunto tem de compensar não apenas as vítimas das circunstâncias independentes da vontade dos seus membros, mas também as vítimas de acções voluntárias de alguns dos seus membros de quem sabemos que nunca cumprirão as suas obrigações de compensação. E no que respeita ao princípio fechado de justiça entre as gerações, os casos das bombas-relógio são, portanto, casos em que uma poupança positiva pode ser não só autorizada, como até exigida.

B. Duas objecções

Antes de concluirmos este capítulo, temos de abordar duas objecções à proposta igualitarista de uma regra fechada. A primeira consiste em objectar que o igualitarismo aqui defendido seria demasiado radical pelo facto de não deixar aos indivíduos nenhuma esfera privada em que pudessem ser feitas escolhas fora da lógica igualitarista. É a objecção da herança privada. A outra consiste em avançar o argumento segundo o qual, em certos casos, o crescimento poderia fazer-se de uma maneira que beneficiasse também a primeira geração.

A herança privada

A possibilidade da herança privada constitui um problema-chave para os igualitaristas. É difícil perceber por que é que seria justo que uma criança comece a sua vida com condições familiares (financeiras e outras) muito melhores do que as de outra. Sendo que não se escolhe a família na qual nascemos, trata-se de uma circunstância cujas eventuais desvantagens consecutivas deveriam ser tidas em conta. A existência de abonos de família ou o acesso a um ensino subsidiado visam, sem dúvida, atenuar – em parte – o fosso que separa os filhos dos ricos dos filhos dos pobres. E a taxação das heranças vai no mesmo sentido. Para além disso, os igualitaristas têm de se perguntar, por um lado, se uma taxação excessiva das heranças não seria contraproducente do ponto de vista dos mais desfavorecidos, tendo em conta o risco de reduzir a praticamente nada o volume efectivo da poupança privada. Por outro lado, não será legítimo que as pessoas, possam não só beneficiar da propriedade privada, mas sobretudo que, do ponto de vista moral, possam dispor dela, nem que seja parcialmente, para fins

PENSAR A JUSTIÇA ENTRE AS GERAÇÕES

que não se enquadrariam na exigência igualitarista de prioridade do mais desfavorecido[58]?

Há pelo menos duas maneiras de reagir a esta objecção. Primeira hipótese, podemos exigir de cada um que se comporte no conjunto das suas acções de maneira conforme às exigências do igualitarismo. Isto não implica necessariamente que se espere do Estado a proibição de comportamentos diferentes através de meios jurídicos mais ou menos constrangedores; significa simplesmente que, se a pessoa se comportar de modo diferente, estará a cometer uma injustiça. Neste caso, ficaríamos pela nossa regra fechada, mesmo no caso da herança privada.

Segunda hipótese, podemos estimar que até mesmo um igualitarista não tem de se comportar em conformidade com a sua doutrina em todas as esferas da sua existência. Isto significa que uma poupança líquida no plano intergeracional poderia passar pela herança privada. Sendo assim, um certo grau de crescimento económico poderia passar por essa via. Contudo, no que respeita às políticas de Estado, ficaríamos pela proibição da poupança. Isto tornaria assim a nossa proposta menos radical; mas garantiria também a possibilidade de ficarmos pela regra fechada no campo das acções do Estado, deixando ao mesmo tempo aberta a possibilidade de um crescimento que passe pelo volume tido como aceitável de herança privada. Assim, nas duas hipóteses, a regra fechada poderia continuar a ser defendida, mas com um campo de aplicação reduzido no segundo caso.

Melhorias à Pareto[59] no plano intergeracional

A segunda fonte de perplexidade provém de tentativas[60] de demonstrar que não haveria, pelo menos em certas circunstâncias, incompatibilidade

---

[58] Esta objecção é levantada, por exemplo, por L. Solum, «To Our Children's Children's Children: The Problems of Intergenerational Ethics», *Loyola of Los Angeles Law Review*, vol. 35 (1), p. 231-232.

[59] Conceito de economia introduzido pelo economista italiano Vilfredo Pareto. Em termos simples, uma economia é «eficiente à Pareto» quando não é possível aumentar o bem-estar de qualquer um dos indivíduos que a compõem sem reduzir o de outro(s). Uma «melhoria à Pareto» consiste, portanto, no aumento do bem-estar de um ou mais indivíduos sem que ao mesmo tempo se reduza o de outro(s).

[60] Para duas tentativas neste sentido: J. Silvestre, «Progress and conservation under Rawls's *maximin* principle», *Social Choice and Welfare*, vol. 19, p. 1-27; C. Wolf, «Intergenerational Justice and Just Savings», a publicar em *Values, Justice and Economics* (G. Gaus, C. Dawn Favor

entre crescimento e *maximin*, mesmo supondo que o problema da herança privada seja por um momento deixado de lado. Uma destas tentativas – a de Joaquim Silvestre – assenta na hipótese de externalidades intergeracionais positivas, cuja supressão não beneficiaria ninguém, ou seja, nem, evidentemente, a geração seguinte, nem os membros mais desfavorecidos da geração actual. Não podemos aqui entrar no detalhe da sua argumentação, mas a intuição principal é a seguinte: no que respeita à produção de certas formas de capital, não seria em benefício de ninguém querer aniquilá-las antes da passagem para a geração seguinte. Como escreve Silvestre:

> «O capital acumulado tem de ser deixado para trás [...] se, quando um determinado bem tiver sido criado, já não for possível esgotá-lo completamente nem transformá-lo num fluxo de consumo. [...] é particularmente verdade em relação a diversas formas de conhecimento, que revestem o carácter de bens públicos não rivais e não esgotáveis.»[61]

Se todos os bens produzidos fossem desta natureza, não faria sentido nenhum querer ficar pela nossa regra de «nem despoupança, nem poupança». O crescimento seria um efeito secundário das nossas actividades económicas cujo evitamento não beneficiaria ninguém. Imaginemos, no entanto, que só uma parte dos bens seja dessa natureza e que, em relação a muitos outros (ex.: o petróleo), o facto de privar deles a geração seguinte pudesse claramente ser um benefício para da geração actual. A questão que se coloca, então, a um argumento como o de Silvestre é a seguinte: se no saco de bens que cada geração transmite à seguinte, somente uma minoria de bens fosse fonte de tais externalidades intergeracionais, é possível para a geração actual, se esta conhecer a existência e o tamanho destas externalidades, compensá-las transferindo um pouco menos dos outros tipos de bens que noutras circunstâncias teria transferido, de modo a que a regra fechada seja respeitada. Por outras palavras, se pudéssemos mostrar empiricamente que os tipos de bens com as propriedades sublinhadas por Silvestre representam uma proporção do saco de bens a transferir que nos permita compensar perfeitamente o valor das externalidades produzidas com o consumo de bens de outro tipo

---

& J. Lamont eds.). Para uma discussão de problemas conexos, Gosseries, *What Do We Owe...*, *op. cit.*, p. 333-334.

[61] Silvestre, *Progress...*, *op. cit.*, p. 8.

pelo valor correspondente, o argumento de Silvestre não exigiria então, de modo algum, o abandono da nossa regra fechada.

*

* *

O presente capítulo visava pôr em evidência as consequências de uma teoria liberal igualitária, e da de Rawls em particular, no domínio da justiça entre as gerações. Mostrámos, nomeadamente, que era possível justificar a ideia de uma fase de acumulação mantendo-nos coerentes com essa doutrina liberal igualitária. Ao mesmo tempo, defendemos a ideia segundo a qual seria, pelo contrário, injusto em princípio adoptar na fase de cruzeiro uma taxa de poupança diferente de zero (o que designámos como princípio fechado). A ideia pode parecer bastante contra-intuitiva para muitos de nós: o crescimento faz parte da paisagem, como o sol ou a chuva. Contudo, pensamos que a proibição do crescimento é pura e simplesmente o que a justiça exige. Ao mesmo tempo, mostrámos também que a teoria liberal igualitária nos convidava para a adopção de princípios claramente distintos não só daqueles recomendados pelo utilitarismo, mas também daqueles que o defensor da reciprocidade indirecta, do provérbio índio ou da abordagem lockiana se mostraria disposto a advogar. O exemplo das desvantagens exógenas previsíveis é, deste ponto de vista, significativo.

Longe de nós, todavia, a ideia de conferir à regra fechada o estatuto de um princípio a toda a prova. Assinalámos excepções a esta regra e indicámos, por outro lado, duas fontes de perplexidade que nos deveriam convidar a uma reflexão mais aprofundada, a primeira sendo, a nosso ver, mais significativa do que a segunda. O edifício depende então em parte da validade de certas premissas empíricas. Não podemos excluir totalmente, por exemplo, que os mais desfavorecidos estejam dispostos, em certas circunstâncias, a juntar-se à ideia de uma poupança geracional, o que faria com que a condição de unanimidade pudesse ser satisfeita e a regra fechada abandonada. Contudo, o argumento também depende da nossa resposta a questões normativas. Assim, que lugar dar à herança privada numa sociedade liberal-igualitária? Temos agora de enfrentar algumas problemáticas concretas: a das reformas, a da conservação da biodiversidade, e a dos indicadores disponíveis para determinar se, sim ou não, transferimos efectivamente à geração seguinte mais ou menos do que aquilo que recebemos.

Capítulo quinto
Conservação da biodiversidade e reformas:
dois casos práticos

Defendemos uma teoria liberal-igualitária da justiça entre as gerações. Seguindo a exigência do equilíbrio reflectido, esta teoria tem agora de ser confrontada com a prática, sob a forma de duas problemáticas: a da conservação da biodiversidade e a do financiamento das reformas.

I. Porquê conservar a biodiversidade?

A terra abunda em recursos não renováveis. No entanto, o debate público não se deixa enganar: o seu esgotamento por uma ou várias gerações constitui um desafio para as exigências da justiça. William Stanley Jevons, lógico e economista inglês, já tinha identificado a natureza do problema em meados do século XIX, com o caso do carvão:

> «A questão coloca-se de saber se estamos autorizados a aproveitar de tudo aquilo que um uso generoso do carvão ofereceria ou se, pelo contrário, temos de mostrar alguma preocupação com os nossos netos. [...] Se o consagrássemos à melhoria da condição de cada um, da habitação; e se fôssemos capazes de o utilizar de modo a erradicar a pobreza e a implementar bibliotecas e outras instituições, ou o que for que pudesse melhorar o poder e o carácter do nosso povo, então penso que nunca nos poderiam acusar de ter utilizado o carvão demasiado rapidamente.[1]»

[1] W. S. Jevons, *The Coal Question. An Inquiry Concerning the Progress of the Nation, and the Probable Exhaustion of our Coal-Mines*, Nova Iorque, Kelley, 1865, (A. Flux ed.), citado in Collard, *The*

PENSAR A JUSTIÇA ENTRE AS GERAÇÕES

Hoje em dia, já não é tanto com o estado dos recursos de carvão que nos preocupamos, será antes com o dos campos de petróleo. Não há dúvida de que, qualquer dia, estes recursos esgotar-se-ão[2]. E alguns adiantam já que só nos restaria urânio convencional para menos de um século, e muito menos ainda se virmos aumentar de modo significativo a capacidade do parque nuclear existente[3].

O problema colocado pelas energias fósseis ilustra, na realidade, uma dificuldade mais geral. Em que medida a obrigação de transmitir à geração seguinte um conjunto de bens de valor equivalente implicaria também que a composição deste saco tenha de ser da mesma natureza? Segundo os defensores do que se poderia chamar a «sustentabilidade forte», convém, de facto, não só transferir um conjunto de bens de valor total pelo menos equivalente mas também colocar limites à possibilidade de substituir bens de certo tipo por outros bens de outra natureza[4]. De acordo com os defensores desta posição, uma geração não tem liberdade total para compensar o esgotamento do capital físico e/ou natural com um aumento do capital social, humano, institucional, tecnológico ou financeiro[5].

Será que dispomos de argumentos que permitam justificar estes limites de substituibilidade? É claro que qualquer objecto é *único* e, num sentido

---

Generational..., *op. cit.*, p. 149 (tradução nossa). Ver também Collard, *The Generational...*, *op. cit.*, nota 10, p. 148 (redução da dívida pública contra esgotamento dos recursos).

[2] Ver por exemplo, para uma estimativa recente: A. Coghlan, «"Too little" Oil for Global Warming», *NewScientist.com*, 1 de Outubro de 2003; ver também Beckerman & Pasek, *Justice, Posterity...*, *op. cit.*, p. 102-104.

[3] H. Reeves, «L'énergie nucléaire a-t-elle un avenir ?», *Le Monde*, 2 de Abril de 2003, p. 1 e 13. Ver também: Comissão europeia, *Towards a European Strategy for the Security of Energy Supply* (Livro verde, documento técnico) (http://europa.eu.int/comm/energy_transport/doctechnique/ doctechlv -en. pdf), p. 34-38. Note-se que a fissão nuclear recorria nomeadamente ao tório, mais abundante do que o urânio.

[4] Sobre a «sustentabilidade forte/fraca»: B. Norton, «Ecology and Opportunity: Intergenerational Equity and Sustainable Options», in A. Dobson (ed.), *Fairness and Futurity. Essays on Environmental Sustainability and Social Justice*, Oxford, Oxford University Press, 1999, p. 118 sq. Sobre a substituibilidade: D. Birnbacher, «Limits to Substitutability in Nature Conservation», in M. Oksanen & J. Pietarinen (eds.), *Philosophy and Biodiversity*, Nova Iorque, Cambridge University Press, a publicar.

[5] O Fundo Permanente do Alasca (www.apfc.org) e o Fundo governamental petrolífero norueguês (http://odin.dep.no/fin/engelsk/p10001617/index-b-n-a.html) ilustram a possibilidade de uma substituição directa entre capital físico e capital financeiro. Ver também http://www. norges-bank.no/english/petroleum_fund/reports/2003-01/q103.pdf.

180

mínimo, *insubstituível*. Contudo, se um Van Gogh não pode ser substituído por uma cópia perfeita, este não é certamente o caso dos recursos fósseis, por exemplo. Para além disso, o simples facto de um recurso ser *esgotável* não justifica o facto de se proibir o seu consumo; nestas condições, nenhuma geração, actual ou vindoura, poderia *alguma vez* tocar nesse recurso, o que seria absurdo a partir do momento em que reconhecermos nele um valor quase exclusivamente instrumental. Um certo grau de substituição *tem*, portanto, de ser admitido. A substituibilidade não poderá, contudo, ser completa. Substituir capital físico por conhecimento técnico tem os seus limites. Não vivemos (ainda) de modo totalmente desmaterializado. Temos, portanto, de nos assegurar de que preservamos uma certa proporção de capital *físico* no bolo transferido à geração seguinte.

Por fim, é verdade que qualquer objecto é potencialmente rico em funções ainda *desconhecidas*. Compramos um jornal para lê-lo e uma bicicleta para nos deslocarmos; mas as utilizações alternativas destes objectos são potencialmente infinitas. A referência a funções desconhecidas não é, de modo algum, absurda. Porém, num contexto de raridade em que importa escolher entre a preservação de um determinado objecto e a de outro, não devemos conferir a este argumento um peso muito significativo. Ele é, todavia, muito utilizado em certos debates, nomeadamente no da biodiversidade. Este argumento de ignorância do tipo «nunca se sabe...» não pode ser admitido. Muitas vezes só o é pela negação da existência da raridade. Ora, proteger uma espécie entra em concorrência espacial, temporal ou financeira com muitas outras actividades, quer se trate da construção de fábricas ou do financiamento de hospitais. Importa, portanto, para cada tipo de objecto cuja transferência intergeracional esteja em jogo, examinar ao mesmo tempo se nenhum outro objecto seria capaz de desempenhar a mesma função e determinar, em caso negativo, se essa função importa mais do que outra função que poderia ser desempenhada por um outro objecto que, por causa da exigência da raridade, não poderia ser preservado ao mesmo tempo que o primeiro.

Ambiente, natureza, biodiversidade[6]

Quando estimamos que uma determinada espécie ou a biodiversidade em geral tem de ser conservada no interesse das gerações futuras, de que falamos exactamente? Importa distinguir a este propósito três tipos de políticas. A protecção do ambiente visa assegurar a manutenção de condições ambientais físico-químicas compatíveis com a saúde humana. Por outras palavras, o ambiente tem de estar o menos poluído possível. A conservação da natureza visa, também ela em princípio, a manutenção de um *status quo*. Contudo, as razões são diferentes. Não se trata tanto de preservar um ambiente tal como é porque postulamos que é assim que é para nós mais benéfico e menos nocivo (a água transparente, o ar puro...); o *status quo* é, antes, desejável porque implica – em princípio – um congelamento das intervenções humanas. A ideia consiste assim na preservação de espaços virgens sem qualquer marca humana. A estes dois tipos de políticas – protecção do ambiente e conservação da natureza – acrescenta-se um terceiro: a preservação da biodiversidade. Voltaremos aos objectivos susceptíveis de a justificar. O que importa, porém, aqui é ilustrar o facto de estas três políticas não coincidirem perfeitamente, requisitando, pois, justificações distintas.

Assim, reduzir o nível de poluição de um ambiente não implica necessariamente uma diversificação da sua fauna e flora. Passar, por exemplo, de uma agricultura convencional a uma agricultura biológica é, sem dúvida, positivo do ponto de vista da redução das poluições; mas se esta passagem não for acompanhada por uma transição de um ambiente com numerosas sebes para culturas que, sendo biológicas, sejam efectuadas em vastos terrenos emparcelados, a diversidade biológica local ficará certamente reduzida. Da mesma maneira, o recurso a modos de produção de energia próprios não é sempre entendido de maneira positiva pelos defensores da natureza. A construção de barragens para a produção de energia hidroeléctrica, grande consumidora de espaço, provoca a perda irremediável de

---

[6] Note-se que não é particularmente enquanto recurso não renovável que abordamos a biodiversidade, mas mais como um bem entre outros, não obrigatoriamente não renovável a longo prazo, mas cuja conservação entra certamente em concorrência com a de outros bens susceptíveis de serem transmitidos à geração seguinte.

habitats riquíssimos em espécies[7]. E a instalação de parques eólicos pode também ter um impacto – se bem que limitado – sobre algumas espécies de aves[8]. Inversamente, o aumento da poluição também pode, em certas circunstâncias, gerar um *crescimento*, pelo menos a nível local, da biodiversidade. O exemplo clássico é o dos relvados seminaturais que se desenvolvem em solos em que a poluição por metais pesados permitiu a instalação de espécies e subespécies vegetais adaptadas a este tipo de terrenos (metalófitas). Chernobyl constitui, aliás, um outro exemplo ilustrativo. Sendo uma das piores catástrofes ambientais do fim do século XX – que obrigou nomeadamente uma importante população humana a deixar um vasto território –, ao que parece, permitiu ao mesmo tempo a certas espécies selvagens reconstituir ali os seus efectivos[9]. Por isso, proteger o ambiente no sentido definido acima não é nem suficiente, nem mesmo – em determinadas condições – positivo do ponto de vista estrito da preservação da biodiversidade.

Da mesma maneira, um ambiente natural não significa necessariamente um ambiente diversificado. Os ecossistemas árticos, embora amplamente intocados, não são particularmente ricos em espécies. Para além disso, a conservação da biodiversidade nas reservas naturais das regiões temperadas europeias passa muitas vezes por intervenções humanas que tentam reproduzir, através de outras técnicas, os efeitos de antigas práticas agro-pastoris, factor importante de diversificação das nossas paisagens no passado. Assim, os biótopos mais ricos em espécies na Europa Ocidental são, muitas vezes, fruto de séculos de pastagem extensiva por rebanhos ovinos, que bloqueiam num estádio juvenil a evolução natural da vegetação que, de outro modo, se teria desenvolvido em florestas. E algumas das técnicas utilizadas para preservar a biodiversidade própria destes lugares ditos «semi-naturais» não são, aliás, sempre recomendáveis em matéria de redução de poluição, pois, em alguns casos, trata-se de usar herbicidas selectivos – se bem que com fraca remanência – com vista a reduzir a

---

[7] Ver L. Sax, «Le petit poisson contre le grand barrage», *Revue juridique de l'environnement*, vol. 5 (4), 1978, p. 368-373.

[8] Ver R. Langston & J. Pullan, «Windfarms and Birds: An Analysis of the Effects of Winfarms on Birds, and Guidance on Environmental Assessment Criteria and Site Selection Issues», Estrasburgo, Conselho da Europa, Convenção de Berna, 2002, documento T-PVS/Inf (2002) 30.

[9] A. Dorozynski, «Tchernobyl : les animaux prennent le pouvoir», *Science & Vie*, nº 900, Setembro de 1992, p. 50 sq.

proliferação de certas espécies vegetais menos interessantes do ponto de vista da diversidade local. Por fim, as introduções de espécies são objecto de debates intensos entre os naturalistas, que tentam demonstrar o seu carácter nocivo para outras espécies e, portanto, para a diversidade das espécies indígenas em geral. Porém, o vigor destes debates provém mais de uma vontade de defender o carácter indígena das populações animais e vegetais do que de uma preocupação com a diversidade destes ecossistemas. É assim que temos de entender a ênfase colocada sobre as espécies invasoras (o *mexilhão-zebra* nos Grandes Lagos americanos ou a alga tropical *Caulerpa taxifolia* no Mediterrâneo) no debate sobre as introduções de espécies[10]; e é assim também que temos de interpretar a atitude muito diferente dos naturalistas quando descobrem uma nova espécie que (re) colonizou naturalmente uma região (a cegonha preta na Bélgica) ou quando descobrem pela primeira vez uma espécie que teria sido introduzida pelo homem (o periquito-de-colar em numerosas cidades europeias)[11].

A diversidade desejada é, sem dúvida, antes de tudo, uma diversidade «natural» – o crescimento da diversidade pela criação de organismos geneticamente modificados não corresponderá exactamente às aspirações dos defensores da biodiversidade. Para além disso, entre as razões que existem para preservar a biodiversidade, podemos encontrar a ideia de um ambiente, se não saudável, pelo menos equilibrado e produtivo. No entanto, como acabámos de mostrar, as políticas de protecção do ambiente, de conservação da natureza e de preservação da biodiversidade não remetem para os mesmos objectivos. Se a legitimidade da primeira não parece ser posta em causa, a das duas outras é-o muito mais. Falta-nos aqui espaço para examinar a questão da defesa do carácter *natural* dos nossos meios ambientes[12]. Permitam-nos, contudo, assinalar aquilo que consideramos ser um falso problema para esta segunda política do ponto de vista da justiça intergeracional. Poderíamos imaginar, entre as cláusulas a respeitar na

---

[10] Ver por exemplo: http://www.invasivespecies.gov/

[11] No mesmo sentido, ver a tentativa de diferenciação entre perturbação natural e antrópica: J. B. Callicott, «Do Deconstructive Ecology and Sociobiology Undermine Leopold's Land Ethic», *Environmental Ethics*, vol. 18 (4), 1996, p. 353-372; J. Lepart, «La crise environnementale et les théories de l'équilibre en écologie», in C. & R. Larrère (eds.), *La Crise environnementale*, Paris, INRA, 1997, p. 131-143.

[12] Sobre este ponto: A. Gosseries, «L'éthique environnementale aujourd'hui», *Revue Philosophique de Louvain*, vol. 96 (3), 1998, p. 395-426.

definição do que convém transmitir à geração seguinte, uma *cláusula de naturalidade* segundo a qual uma determinada percentagem do capital físico transmitido deveria ser constituído por espaços naturais. Brian Barry, filósofo britânico, avançou o argumento que enuncia que uma cláusula desta natureza leva a resultados absurdos quando se adopta um critério de justiça entre gerações «por cabeça»[13]. De facto, se admitirmos o crescimento da população mundial, deveríamos aumentar o capital transferido à geração seguinte, inclusive a parte constituída pelo capital natural. Não seria então absurdo exigir que esse capital natural seja aumentado artificialmente? De modo algum: bastaria que retirássemos as nossas actividades humanas de certos espaços para permitir à natureza ganhar terreno.

A. Sobre a biodiversidade e sobre os homens[14]

Depois de circunscrito, de forma precisa, o objectivo de uma política de conservação da biodiversidade, qual é a possibilidade de o justificar? A referência ao interesse das gerações futuras não é suficiente desse ponto de vista, nomeadamente quando levamos em conta a existência de solicitações sociais concorrentes, quer se trate da utilização dos fundos para o financiamento de hospitais ou de escolas, ou da utilização do espaço para a implementação de terrenos de desporto ou cemitérios. As estratégias são múltiplas. Podemos, todavia, isolar dois grandes conjuntos de argumentos: o primeiro remete para os benefícios – no sentido lato – da biodiversidade para os seres humanos e o segundo ultrapassa esta abordagem dita *antropocêntrica*. Para começar, examinemos brevemente dois argumentos do primeiro tipo.

Biodiversidade, produtividade, estabilidade

O primeiro argumento assenta na relação entre biodiversidade, produtividade e estabilidade. Embora seja objecto de debate, podemos razoavelmente

---

[13] B. Barry, «Sustainability and Intergenerational Justice», in A. Dobson (ed.), *Fairness and Futurity. Essays on Environmental Sustainability and Social Justice*, Oxford, Oxford Univ. Press, 1999, p. 108.

[14] Para uma discussão sobre as possíveis definições da biodiversidade: B. Norton, *What Are We Trying to Save and why: Toward a Policy-relevant Definition of "Biodiversity"*, texto dactilografado não publicado, 2003.

admitir que, quanto mais um ecossistema for rico em espécies, mais a quantidade de biomassa produzida pela comunidade de espécies que o compõem será elevada, graças a um efeito de «amostra» (aumento das hipóteses de ter espécies produtivas) e, ao mesmo tempo, a uma melhor cobertura das condições heterogéneas de habitat (diversidade das profundidades dos solos ou das condições de temperatura)[15]. Pensemos, assim, no facto de quanto mais a diversidade das espécies polinizadoras aumentar numa região frutícola, mais a taxa de polinização dessas árvores crescerá, permitindo, por exemplo, a presença de besouros uma polinização a temperaturas muito baixas. Para além disso, existem boas razões para pensar que uma maior diversidade no seio de uma comunidade composta de diferentes espécies, mesmo que pareça ter tendência a aumentar as variações de efectivos das espécies consideradas individualmente, gera também uma estabilidade temporal da biomassa do conjunto dessa comunidade. Este impacto estabilizador da diversidade seria imputável nomeadamente a um efeito portfólio, bem conhecido dos investidores na Bolsa («não arriscar tudo num só negócio»), em particular quando se trata de comunidades vivas com alto nível de diversidade[16].

Estes argumentos estão fundamentados no plano científico. Contudo, o seu alcance normativo é limitado. De facto, é raro que as pessoas se preocupem com a biomassa agregada de um ecossistema natural (e com a constância dessa biomassa), pois geralmente só utilizamos algumas das espécies presentes nele, ou seja, uma determinada espécie vegetal pela densidade da madeira, outra pelos seus frutos saborosos ou outra ainda para alimentar o gado. Ora, depois de identificadas essas espécies, os argumentos citados acima certamente não bastam para nos obrigar a preferir ecossistemas naturais diversificados a outros, criados pela mão do homem e, por hipótese, bem mais pobres em termos de espécies. Da mesma maneira, não bastam para constituir uma exposição a favor das culturas mistas em vez das monoculturas, pois estas apresentam outras vantagens.

---

[15] Ver D. Tilman, «The Ecological Consequences of Changes in Biodiversity: A Search for General Principles», *Ecology*, vol. 88 (5), 1999, p. 1455-1474; C. Lehman & D. Tilman, «Biodiversity, Stability, and Productivity in Competitive Communities», *The American Naturalist*, vol. 156 (5), 2000, p. 534-552; D. Tilman & al., «Diversity and Productivity in a Long-Term Grassland Experiment», *Science*, vol. 294, 2001, p. 843-845.
[16] Ver Lehman & Tilman, *Biodiversity...*, *op. cit.*, p. 548.

Biodiversidade e ópera

Na realidade, esse tipo de argumento, da mesma forma que outros que dizem respeito, por exemplo, à utilidade actual ou potencial de certas espécies[17], têm, a nosso ver, apenas um alcance limitado. Na verdade, se considerarmos os benefícios da biodiversidade para o homem, o argumento «estético» dá, sem dúvida, melhor conta das razões efectivas pelas quais os defensores da biodiversidade se mobilizam. Um ambiente rico em espécies seria, então, como um museu de artes plásticas cheio de objectos, uns mais belos do que os outros, ou como a representação de uma ópera que transforma a existência daquele que a ela assiste. A questão das subvenções na compra de reservas naturais colocar-se-ia, então, nos mesmos termos do que a das subvenções das óperas. Como interpretar esta posição? É possível que aqueles que passeiam, de binóculos à volta do pescoço, nas reservas naturais, pertençam a uma fracção bastante favorecida da população[18], tal como aqueles que têm meios para comprar uma assinatura na ópera. Isso torna ainda mais aguda a questão da legitimidade das subvenções, acrescentando ao problema da neutralidade[19] do Estado em relação às concepções da vida boa uma dimensão de justiça distributiva. Contudo, a pergunta central é a seguinte: o financiamento pelo Estado da compra de reservas ou da produção de óperas será compatível com a sua necessária neutralidade, mesmo que esta seja limitada[20]?

---

[17] Ver D. Pearce, & D. Moran, *The Economic Value of Biodiversity*, Gland/Cambridge, IUCN, 1994 (http://biodiversityeconomics.org/pdf/topics-608-00.pdf)

[18] Ver por exemplo M. Sagoff, «On Preserving the Natural Environment», *The Yale Law Journal*, vol. 84, 1974, p. 210-212.

[19] Note-se que, no contexto intergeracional, a ideia de neutralidade conta mais para tomarmos decisões *no seio* de uma geração quanto ao que iremos transferir à seguinte, do que como uma exigência intergeracional estritamente falando, pois prende-se com preferências que formamos por via da educação. Por outras palavras, a exigência de neutralidade de uma geração para com a seguinte é mais limitada na medida em que as preferências dessa geração que se nos segue são parcialmente, e inevitavelmente, dependentes das nossas.

[20] Assim, justificar uma defesa da biodiversidade confronta-se com a mesma dificuldade do que uma defesa do carácter natural do nosso meio ambiente, na medida em que poderíamos pensar que a substituição da primeira pela segunda tinha precisamente como meta definir um objectivo menos dependente das concepções particulares da vida boa das pessoas.

PENSAR A JUSTIÇA ENTRE AS GERAÇÕES

Em relação à ópera, Ronald Dworkin, filósofo e jurista americano, responde pela afirmativa[21]. Começa por considerar o argumento segundo o qual o desenvolvimento da ópera teria repercussões difusas sobre o conjunto das culturas de uma determinada sociedade, um argumento análogo ao modo como se tenta justificar as despesas faraónicas geradas pela aventura espacial. Se todos beneficiassem, inclusive os mais desfavorecidos, tornar-se-ia certamente menos problemático que fossem consagradas despesas públicas a este empreendimento. Se assim fosse, e se não nos mostrássemos dispostos a contribuir, seríamos uns aproveitadores (*free-riders*). Todavia, o argumento das «repercussões difusas» é pouco plausível no caso da ópera[22]. Dworkin recorre então a um argumento alternativo. Existe, sem dúvida, um desacordo *intra* e *inter*geracional quanto à importância da ópera ou da biodiversidade. Porém, o problema adquire uma natureza mais radical se imaginarmos uma geração inteira que não se tenha nunca confrontado com a ópera e que, em consequência, não manifeste nenhuma preocupação com esta forma de arte. Como escreve Dworkin:

> «Nós, que conhecemos a ópera, tiramos dela prazer – pelo menos, será o caso de uma parte de nós – e ficaríamos com pena se, de repente, desaparecesse. No entanto, isto deve-se ao facto de a estrutura da nossa cultura ter uma enorme consequência para as pessoas que estão plenamente imersas nela, e não somos capazes de tirar nenhuma conclusão acerca dos estados de bem-estar das pessoas cuja cultura seria inteiramente diferente. Um gosto pela ópera distingue-se, assim, de certas matérias-primas – o petróleo – de que se absteriam as gerações futuras. Se postularmos que os seus desejos são semelhantes aos nossos – elas querem aquecimento, luz e transportes –, podemos afirmar que o facto de não disporem de petróleo lhes proporcionaria menos do que aquilo que quereriam, mesmo que nunca tivessem ouvido falar do petróleo. Não podemos, porém, dizer o mesmo de pessoas cuja cultura se distinguiria da nossa: não podemos afirmar que os seus desejos são como os nossos, porque os desejos de que se trata aqui estão intimamente ligados à cultura que, por hipótese, não é a deles. Uma vez que o nosso ambiente intelectual fornece os óculos através dos quais identificamos as experiências que ganham valor aos nossos olhos, não podemos colocar esse ambiente na escala como se fosse uma das experiências que ele nos permite identificar,

---

[21] R. Dworkin, «Can A Liberal State Support Art?», in *A Matter of Principle*, Cambridge (MA), Harvard University Press, 1985, p. 221-233.
[22] Para o detalhe desta rejeição: Dworkin, *ibid.*, p. 226-227.

CONSERVAÇÃO DA BIODIVERSIDADE E REFORMAS: DOIS CASOS PRÁTICOS

para ser comparado com outras e considerado como tendo mais ou menos valor do que elas.»[23]

Assim, o desaparecimento da ópera só afectaria aqueles que, entre as pessoas que pudessem ter dela alguma experiência, tivessem vindo a conferir a essa forma de arte uma importância nas suas vidas. Contudo, para além disso, se não tivéssemos tido o cuidado de transmitir à geração seguinte o conhecimento e o gosto pela ópera, é mais do que provável que os seus membros não viessem a sentir qualquer tipo de frustração, pois nunca teriam sido confrontados com ela. Como justificar, nesse contexto, não apenas a subvenção da ópera dentro da nossa geração, mas também *a fortiori* a obrigação da sua transmissão à geração seguinte? É aqui que intervém o argumento central da «riqueza da estrutura cultural». É, sem dúvida, difícil justificar neste quadro a obrigação de garantir a transferência à geração seguinte de uma determinada prática cultural, quer se trate da ópera, da arte do haiku ou da arte da pesca com isco artificial. O que seria mais importante é que cada geração transferisse à seguinte um leque suficientemente vasto de práticas culturais, aquilo que Dworkin designa como uma estrutura cultural rica. Isto não se justifica com a ideia que esse mundo lhes conferiria mais bem-estar ou que iria mais ao encontro das suas preferências. O postulado é, antes, que «é melhor para as pessoas disporem de complexidade e profundidade nas formas de vida que lhes estão abertas[24]». Se dermos valor à possibilidade de as pessoas escolherem, as condições têm de lhes permitir ter à disposição uma variedade de opções suficiente para lhes garantir uma verdadeira escolha. Que o Estado se deva preocupar com a preservação da ópera, ou pelo menos com a conservação de uma prática mínima dessa arte, não teria assim necessariamente que ver com um julgamento de valor sobre a importância relativa da ópera em relação a outras práticas artísticas; resultaria simplesmente da ideia segundo a qual a ópera é uma das formas que garantem um leque de oferta cultural suficientemente rico e diversificado.

Assim, segundo Dworkin, «herdámos uma estrutura cultural, e temos uma certa obrigação, simplesmente em nome da justiça, de transmitir uma

---

[23] Dworkin, *ibid.*, p. 227-228 .
[24] Dworkin, *ibid.*, p. 229.

estrutura tão rica quanto aquela que encontrámos[25]». Poderemos, com certeza, afirmar que a pretensão à neutralidade que move este argumento não é plenamente satisfeita[26]; mas o que importa mais aqui é verificar em que medida este argumento em favor da defesa da ópera pode ser transposto para o problema da conservação da biodiversidade[27]. Temos de sublinhar aqui duas fontes possíveis de perplexidade acerca da passagem do argumento de Dworkin em defesa da transmissão de uma certa diversidade cultural a um argumento que defenda a transferência de uma diversidade natural mínima[28].

A primeira coisa que devemos ter em atenção é que, uma vez transposto o argumento, o equivalente da biodiversidade não é a própria diversidade cultural, mas uma das suas componentes, ou seja a ópera. Por outras palavras, a obrigação de transferir uma estrutura com opções que tenha um tamanho suficiente conduziria, não a conferir importância à possibilidade de escolha entre um vasto leque de espécies vivas, mas antes à possibilidade de escolha entre um ambiente que seja mais ou menos rico em espécies. Assim, quando as diversas línguas e culturas podem ser concebidas como o mesmo número de opções, a diversidade biológica constitui aqui *uma* das opções da estrutura rica a transferir à geração seguinte. Contudo, uma vez que é mais difícil empobrecer um ecossistema do que enriquecê-lo quando um certo número das suas espécies tiver desaparecido, é de facto a existência de um ecossistema rico numa parte, pelo menos, dos nossos territórios que melhor garante a possibilidade dessa escolha. Assim, ainda que esta primeira fonte de perplexidade nos obrigue a ter em atenção uma primeira diferença entre diversidade cultural e diversidade natural, isto não significa, contudo, que a conservação da biodiversidade seja menos defensável do que a conservação da ópera.

---

[25] Dworkin, ibid., p. 233. Note-se que, ao contrário do que vimos acima (cap. 1, nota x), Dworkin considera aqui que faz sentido falar de justiça intergeracional.

[26] Para uma crítica excelente: P. da Silveira, «¿Puede un liberal subvencionar el arte?», *Prisma*, nº 8, 1997, p. 50-71.

[27] É duvidoso que o próprio Dworkin aceite esta transposição. Segundo ele, os argumentos que se prendem com o valor instrumental de uma espécie ameaçada soam a falso; usa como prova o facto de que, entre aqueles que estariam empenhados em salvá-la, muitos provavelmente nunca a cheguem a ver, ou até nem procurem vê-la. Dworkin, *Life's Dominion...*, *op. cit.*, p. 75.

[28] Para outros argumentos sobre esta questão: I. Boran, «Global Linguistic Diversity, Public Goods, and the Principle of Fairness», in W. Kymlicka & A. Patten (eds.), *Language Rights and Political Theory*, Oxford-Nova Iorque, Oxford University Press, 2003, especialmente p. 192-193.

Uma segunda fonte de perplexidade reside no facto de que, como indica pertinentemente Dworkin, transmitir uma diversidade de práticas culturais equivale a transmitir diferentes modelos de óculos que, quando postos, nos oferecem perspectivas muito diferentes sobre o mundo. Poderíamos, pelo contrário, considerar a biodiversidade como pertencendo ao registo do que há *para ver*, e não do que nos permite *ver* de uma certa forma. Por outras palavras, a diversidade cultural prender-se-ia com a variedade dos modelos de óculos disponíveis. A diversidade biológica, por sua vez, remeteria para o que haveria para ver com esses óculos. Contudo, mais uma vez, esta perplexidade não nos conduz a rejeitar a aplicabilidade do argumento ao caso da biodiversidade. Por um lado, as obras de arte transferidas de uma geração para a outra pertencem tanto ao registo daquilo que se vê como ao do que nos permite ver de outra maneira. Por outro lado, algumas pessoas sublinharam que as comunidades vivas mais ricas podem, através do que dão a ver, transformar o nosso olhar sobre nós próprios e, por vezes até, o conteúdo dos nossos valores[29]. Assim, a aplicabilidade do argumento de Dworkin ao caso da biodiversidade também resiste a esta segunda forma de perplexidade.

O argumento de Dworkin revela-se, pois, como uma maneira de defender a conservação da diversidade, mas é relativamente neutro em relação às concepções da vida boa. Escaparíamos, assim, à objecção segundo a qual não se pode obrigar uma sociedade inteira a aderir aos caprichos de um determinado grupo de fanáticos dos ecossistemas diversificados. Contudo, ao mesmo tempo, a biodiversidade tem de partilhar o espaço com uma série de outras opções possíveis que constituem a estrutura cultural diversificada. Como é evidente, este argumento ainda não nos diz nada, por um lado, sobre a importância que a conservação de uma determinada riqueza da estrutura cultural poderia ter em relação a outros objectivos, como a transmissão de conhecimentos médicos, e, por outro lado, sobre a importância relativa a atribuir a cada uma das opções que constituem essa estrutura cultural. É, portanto, singularmente frágil.

---

[29] Sobre a noção de valor transformador: R. Norton, *Why Preserve Natural Variety?*, Princeton, Princeton University Press, 1987.

Existe uma alternativa não antropocêntrica?

Os argumentos que negam à biodiversidade um valor outro para além do instrumental (*i. e.* susceptível de ser proveitoso para os humanos de uma maneira ou de outra) não nos permitem atribuir ao objectivo de conservação da diversidade das formas de vida a preeminência que alguns gostariam de lhe conferir. Poderíamos concluir que a importância da biodiversidade, apesar de real, tem de ser reequacionada para ocupar um lugar menos significativo. Contudo, também podemos optar por nos debruçarmos sobre abordagens não antropocêntricas. Com esta expressão não designamos abordagens que tentariam renunciar ao ponto de vista do homem. Trata-se, antes, de admitir a possibilidade de nós – seres humanos –, quando elaboramos a nossa lista de valores, reconhecermos aos seres vivos não humanos, ou a alguns deles, um valor intrínseco maior ou menor Por outras palavras, tratar-se-ia de aceitar que, nos nossos sistemas de valor, uma galinha ou um golfinho também podem ser considerados como fins, e não apenas como meios.

B. O último homem, o gradualismo e o anti-especismo

Depois de pensar no assunto, muitos de nós admitirão que não há nada de absurdo em tentar ultrapassar o antropocentrismo dos valores. Reflictamos assim por um momento sobre a situação hipotética dita «do último homem[30]». Um vírus desconhecido dizimou toda a população humana e temos a certeza (imaginando que seja epistemologicamente defensável) de que os extraterrestres não existem. Estou, eu próprio, infectado pelo vírus e sei que só me restam alguns segundos de vida. Já não preciso de alimento, estou cego e já não sou capaz de sentir nem prazer nem dissabor. Uma lebre passa por acaso à minha frente e tenho a possibilidade de a matar. Seria este gesto moralmente condenável? Uma resposta negativa fecharia provavelmente a porta a uma abordagem não antropocêntrica. Porém, tudo indica que muitos de nós estariam inclinados a responder pela afirmativa a essa pergunta, o que constituiria o arranque de uma

---

[30] Sobre o argumento do último homem: Routley, Is There a Need..., *op. cit.*; para uma situação hipotética análoga: Nozick, *Anarchy...*, *op. cit.*, p. 56. Para aplicar este tipo de teste ao exame do valor das línguas, basta substituir os animais citados por um dicionário de uma dessas línguas.

possível teoria não antropocêntrica. Não se trataria, claro, de nada mais do que de um arranque, já que os obstáculos que surgiriam no caminho de quem procurasse uma teoria completa seriam numerosos. Mencionemos brevemente um destes obstáculos que, iremos vê-lo, tem uma ligação com a nossa problemática.

Quando se tenta elaborar uma teoria não antropocêntrica, uma das primeiras perguntas que surge é a da comparação da importância moral relativa de uma mosca e de uma baleia. Parece inevitável entrar na construção de uma escala de valores em que, com base na presença ou não de tal (conjunto de) capacidade(s) julgada(s) moralmente pertinente(s), atribuir-se-ia à baleia uma importância moral maior do que à mosca. Ora, a adopção desta abordagem *gradualista* ainda não nos diz nada sobre o problema de saber se estaríamos dispostos a abandonar o *especismo*. Segundo esta doutrina, quaisquer que sejam as características de um determinado indivíduo, o simples facto de pertencer a uma determinada espécie – neste caso, a espécie humana – atribuir-lhe-ia um valor intrínseco superior ao de organismos pertencendo a outras espécies[31]. Por outras palavras, para um especista, uma pessoa que esteja num coma irreversível tem mais valor do que um chimpanzé que goze de todas as suas capacidades físicas e mentais. E, de um ponto de vista mais geral, um membro muito deficiente de uma espécie dita «superior» tem sempre, então, um valor superior ao de um outro organismo em pleno uso das suas faculdades mas que tenha o azar de pertencer a uma espécie ligeiramente inferior.

O especismo não parece mais recomendável do que o racismo. O problema é que, quando se ultrapassa o antropocentrismo (que diz que só os humanos têm a possibilidade de lhes ser reconhecido um valor intrínseco), e se abandona o especismo (que diz que o facto de pertencer a uma espécie específica basta para dar lugar a uma diferença de valor), é muito difícil construir uma teoria minimamente convincente. Sem especismo, não parece, por exemplo, possível preservar uma proibição absoluta do canibalismo, a não ser pela adopção de uma abordagem vegetariana. Assim, porque é que deveríamos proibir um louco de comer uma pessoa vítima de um coma irreversível ou um embrião descongelado se autorizarmos simultaneamente toda a gente a comer vaca ou tubarão? As capacidades efectivas destes são, na verdade, certamente muito mais importantes do

---

[31] Para uma crítica do especismo: P. Singer, *Animal Liberation*, Londres, Thornsons, 1991, 2ª ed.

PENSAR A JUSTIÇA ENTRE AS GERAÇÕES

que as dos primeiros. De um ponto de vista mais geral, a adopção do gradualismo conjuntamente com o abandono do especismo ameaça a igualdade entre os homens, por exemplo entre uma mulher na flor da idade e um idoso que tivesse perdido o uso da maior parte das suas faculdades. Não bastará, com certeza, para abandonar a ideia de uma teoria não antropocentrista, que a alternativa antropocentrista seja, também ela, insatisfatória; mas mostra, contudo, a que dificuldades nos expomos quando enveredamos por esse caminho.

O que importa mostrar aqui é que, supondo que estas dificuldades possam ser resolvidas, uma defesa não antropocentrista da diversidade biológica se expõe, apesar de tudo, a dificuldades específicas importantes. Dispomos a este respeito de duas vias principais. A primeira consiste em atribuir às próprias espécies um valor moral. Se privilegiarmos o individualismo moral, ou seja, a ideia segundo a qual é em primeiro lugar com os indivíduos, e não com os grupos ou os estados de prazer, que a moral tem de se preocupar, a outorga de um valor moral à espécie enquanto tal só poderá efectuar-se se esse valor for inferior ao dos indivíduos que a compõem. Quanto a considerar as espécies como indivíduos, essa proposta colide com problemas ontológicos[32]. Para além disso, se aplicarmos esta ideia à espécie humana cujos *membros* são, também eles, considerados como indivíduos, o seu impacto é particularmente difícil de mostrar. É difícil ver como é que uma ética que se distribua por diferentes níveis de integração (o gene, o organismo, a espécie...) poderá desembocar num sistema minimamente coerente e operacional!

Organismos e locutores

Resta uma segunda via, que consiste em interessarmo-nos pela protecção das espécies na medida em que esta beneficia os organismos *que a constituem*. Retomemos, por um momento, o fio da nossa comparação com a diversidade cultural, e em particular com a diversidade linguística. Consideremos o caso de uma língua em perigo. Dois tipos de argumentos, pelo menos, podem ser utilizados para tentar justificar a sua conservação. O primeiro remete para aquilo que os não-locutores são susceptíveis de

---

[32] Sobre o conceito de «espécie»: M. Ereshefsky (ed.), *The Units of Evolution. Essays on the Nature of Species*, Cambridge-Londres, MIT Press, 1992.

retirar dessa língua que não falam. O facto, por exemplo, de viver num universo linguisticamente diversificado é entendido por muitos de nós como uma riqueza, inclusive por aqueles que são unilingues. O segundo tipo de argumento prende-se, pelo contrário, com uma preocupação com o destino dos *últimos locutores* dessa língua, nomeadamente quando se trata da sua língua materna. Transposto para o caso das espécies em perigo, o primeiro tipo de argumento remete para aquele que desenvolvemos acima: o interesse dos humanos pela biodiversidade. E quanto a um paralelo com o argumento do segundo tipo? Exigiria, sem dúvida, uma passagem para uma abordagem não antropocêntrica e para uma preocupação com o destino dos últimos representantes da sua espécie. Notemos, no entanto, que, da mesma forma que a morte de uma língua não é, de modo algum, incompatível com a morte natural dos seus últimos locutores, o desaparecimento de uma espécie não pressupõe de modo algum a morte prematura dos seus representantes. Claro, no caso das línguas em perigo, o seu desaparecimento não pressupõe a ausência de descendência biológica dos últimos locutores. Supõe unicamente que estes últimos se exprimam com os seus filhos numa língua que não seja aquela que é ameaçada. Pelo contrário, o desaparecimento de uma espécie de baleias supõe nitidamente a ausência de descendência biológica. No entanto, se a perspectiva de uma ausência de descendência pode parecer pior do que a antecipação do desaparecimento de uma língua materna, a suposta dissemelhança de percepção do futuro nos homens e nas baleias compensa provavelmente essa diferença.

A situação é, portanto, a seguinte. No caso da «morte das línguas», os argumentos ao mesmo tempo mais aceitáveis num debate público, e, provavelmente, os mais fortes, são aqueles que se prendem com uma preocupação com os membros das minorias linguísticas em jogo – pelo menos nos casos em que não é voluntariamente que abandonam a transmissão da sua língua[33]. Ora, é provavelmente o inverso que se passa no caso das espécies ameaçadas. Tendo em conta os obstáculos maiores que uma posição não antropocêntrica deveria ultrapassar neste domínio, temos provavelmente de nos contentar com argumentos que remetam para os benefícios que os humanos podem retirar da biodiversidade, ou seja, argumentos

---

[33] Ver M. Blake, «Language *Death and Liberal Politics*», in W. Kymlicka & A. Patten (eds.), *Language Rights and Political Theory*, Oxford-Nova Iorque, Oxford University Press, 2003, p. 221 sq.

PENSAR A JUSTIÇA ENTRE AS GERAÇÕES

relativamente frágeis, como vimos. De facto, o argumento dos últimos locutores tem um equivalente quando passamos das línguas às espécies: uma baleia poderá ter interesse em que a sua espécie não desapareça. Todavia, este argumento é bem mais frágil no caso das baleias do que no quadro da preocupação com os últimos locutores de uma língua em perigo.

Espécie ameaçada ou espécie superior?

Uma abordagem não antropocêntrica que se centre directamente nas espécies, ou que faça derivar o valor da sobrevivência dessas espécies dos benefícios retirados pelos seus membros, confronta-se, para além disso, com uma dificuldade maior. Qual? Para um gradualista, é evidente que o valor moral de uma espécie não pode ser desligado do nível de capacidade dos seus membros (a baleia importa mais do que a mosca). Uma espécie de cabra parece, assim, ter mais valor do que uma espécie vegetal. Porém, é possível ao mesmo tempo que essa espécie vegetal esteja bem mais ameaçada do que a espécie caprina. E é até possível – o caso não é imaginário[34] – que a ameaça provenha directamente da extensão das populações dessas cabras, que se alimentariam dos últimos rebentos daquela planta raríssima. Imaginemos, então, que a única maneira de salvar essa espécie vegetal consiste em eliminar uma parte da população das cabras. Para os não antropocêntricos gradualistas, que só atribuiriam valor a uma espécie na medida em que serviria os representantes que a constituem, tratar-se-ia de um acto inaceitável.

Para explorarmos mais adiante esta posição, substituamos a espécie vegetal por uma espécie de gazelas, e a população de cabras por uma população de seres humanos que poderia finalmente conhecer condições de vida decentes se fosse capaz de cultivar as terras pertencentes ao parque nacional no limite do qual vive. A única solução seria, então, considerar que a sobrevivência de uma espécie (plantas ou gazelas) importaria mais, não só do que a sobrevivência individual dos seus próprios membros, mas também do que a sobrevivência de outra espécie (cabras ou homens). Porém, mesmo no caso das cabras, esta posição parece difícil de aceitar.

---

[34] H. Rolston III, «Duties to endangered species», in R. Elliot (ed.), *Environmental Ethics*, Oxford, Oxford University Press, 1985, p. 67.

Eis, portanto, um dos obstáculos que uma teoria não antropocêntrica tem de ultrapassar se quiser contribuir para defender o valor da biodiversidade. Esta abordagem sofre, portanto, não só com o facto de não poder ser partilhada por todos, mas também com as suas próprias incoerências. Mesmo aqueles que estejam dispostos a adoptar posições não antropocêntricas quando se trata do sofrimento animal, sejam elas o vegetarianismo ou a defesa dos direitos dos primatas, não estarão necessariamente prontos a assumir as consequências (supondo que sejam identificáveis) em matéria de conservação da biodiversidade. Em suma, se o problema geral encontrado pela estratégia gradualista dos anti-especistas for o da extensão desse gradualismo dentro da espécie humana, a dificuldade prende-se aqui em particular com a nossa incapacidade de decidir sobre a importância relativa do grau de desenvolvimento de um organismo em relação ao tamanho da ameaça de desaparecimento que pesa sobre a espécie à qual pertence. Logo, só justificações instrumentais do valor da biodiversidade parecem ser pertinentes, qualquer que seja, aliás, a fragilidade que parece afectá-las. A biodiversidade importa portanto, e sem dúvida muito, mas provavelmente não tanto quanto se poderia pensar.

II. Reformas intergeracionalmente justas[35]

Os sistemas de pensões implementados nos nossos países em meados do século XX confrontam-se hoje com uma crise de financiamento que resulta da conjunção de vários factores, nomeadamente demográficos. Esta crise constitui a ocasião para um questionamento mais amplo sobre a necessidade ou não de manter as diversas características desses sistemas. O debate levanta as questões factuais da definição de cenários prospectivos, da análise de impacto económico e da viabilidade política de cada uma das fórmulas consideradas. Mobiliza também uma série de questões de justiça.

---

[35] Para uma excelente discussão recente: E. Schokkaert & P. Van Parijs, «Social Justice and the Reform of Europe's Pension Systems», *Journal of European Social Policy*, vol. 13 (3), 2003, p. 245--263, assim como «Just pensions: reply to Myles, Oksanen and Fornero», *Journal of European Social Policy*, vol. 3 (3), 2003, p. 276-279. Ver também P. Johnson, C. Conrad & D. Thomson (eds.), *Workers Versus Pensioners: Intergenerational Justice in an Ageing World*, Manchester-Nova Iorque, Manchester University Press, 1989; A. Masson, «Quelle solidarité intergénérationnelle?», *Notes de la Fondation Saint-Simon*, nº 103, 1999.

PENSAR A JUSTIÇA ENTRE AS GERAÇÕES

Voltaremos aos factores que estão na origem da crise actual do financiamento dos sistemas de pensões e às medidas que permitem responder-lhe. Sublinhemos, no entanto, que só nos concentraremos aqui nas dimensões de justiça *intergeracional* levantadas por essa crise. Excluímos, portanto, o exame detalhado de outras questões suscitadas por este debate, que não são nem menos prementes nem menos delicadas. Mencionemos brevemente, contudo, duas delas, ambas ligadas à diferença de esperança de vida média entre diferentes categorias.

Em primeiro lugar, os trabalhadores com salário elevado têm geralmente uma esperança de vida superior à dos trabalhadores com baixos salários. Poderíamos, é claro, pensar que, sendo o nível de contribuições feitas durante a vida activa e o das prestações recebidas a partir do momento da reforma proporcionais ao nível de salário, o sistema é neutro do ponto de vista distributivo. Os ricos têm pensões mais elevadas, mas também contribuíram mais durante a sua vida activa. Na realidade, se levarmos em conta as diferenças de esperança de vida entre ricos e pobres, a ilusão dessa neutralidade desvanece. Em França, são de facto os pobres que financiam em parte as pensões dos ricos, e não o inverso. É verdade que os salários elevados recebem como consequência de contribuições maiores, uma pensão mensal mais elevada, mas também a recebem durante um maior número de anos o seu nível de contribuição não permite cobrir inteiramente. Como escreve o economista Thomas Piketty, «para um franco de contribuições feitas durante a vida activa, os quadros superiores recebem durante a sua reforma uma pensão total que é 50% mais elevada do que a recebida pelos operários[36]». Logo, temos de esperar legitimamente que uma teoria liberal-igualitária proponha reformas que tenham como objectivo inverter a direcção destas transferências.

Da mesma forma, as mulheres têm tendência a viver mais tempo do que os homens. Nos nossos regimes de pensões, elas não têm, no entanto, nenhuma obrigação de contribuir durante mais tempo. Também não têm direito, num nível igual de contribuições, a uma pensão mensal mais baixa do que a dos homens. Imaginemos agora um mundo sem desigualdades entre homens e mulheres, em termos de salários com igual qualificação, de acesso a carreiras com a mesma duração... Este mundo não é o nosso, longe disso. Contudo, se existisse, teríamos de considerar seriamente uma

---

[36] Piketty, *L'Économie...*, *op. cit.*, p. 113.

CONSERVAÇÃO DA BIODIVERSIDADE E REFORMAS: DOIS CASOS PRÁTICOS

diferenciação parcial dos regimes de pensões homens-mulheres, para pormos fim a uma redistribuição homens-mulheres que já nada justificaria, ou seja, uma redistribuição que vai dos menos favorecidos para os mais favorecidos em termos de esperança de vida[37]. Esta última proposta poderá parecer machista, tal como o facto de pôr em causa os direitos adquiridos dos pensionistas hoje em dia poderá ser visto como uma maneira de privilegiar os jovens. Contudo, levar a sério as teorias da justiça implica também que estejamos prontos para defender propostas susceptíveis de ir contra as ideias mais comuns.

Assim, embora a dimensão intergeracional do problema das reformas seja manifesta, não é certamente a única em causa, nem mesmo talvez política e socialmente a mais importante. Escolher entre um sistema público ou privado, entre um sistema (parcialmente) obrigatório ou não, entre uma uniformização ou não dos regimes dos trabalhadores dos sectores público e privado são tantas outras questões cruciais[38]. Limitar-nos-emos aqui a indicar a natureza dos problemas propriamente intergeracionais que estão em jogo, e a maneira como uma teoria liberal-igualitária é susceptível de nos orientar nessa matéria.

Repartição ou capitalização?

Uma das questões amplamente discutidas neste debate consiste em saber se não seria oportuno passar parcial ou totalmente de um sistema de reformas por repartição a um sistema por capitalização. No primeiro caso, uma geração, na altura em que é activa, paga as pensões de outra geração que, na mesma altura, está na idade da reforma. Espera, evidentemente, que a geração seguinte faça a mesma coisa quando ela própria estiver na idade da reforma. No segundo caso, cada geração põe de lado dinheiro enquanto

[37] Para uma proposta neste sentido: Schokkaert & Van Parijs, *Social justice...*, *op. cit.*, p. 257-258 e *Just pensions...*, *op. cit.*, p. 278-279. A questão filosófica – mais difícil do que poderá parecer – suscitada por esta tomada de posições consiste em saber até onde a ideia segundo a qual teríamos uma vida mais longa faria de nós pessoas mais favorecidas.

[38] Mencionemos uma questão discutida com menos frequência: será que se deveria modalizar o montante das contribuições em função do número de filhos, para termos em conta o facto de ter mais filhos como uma contribuição em género para o futuro das pensões? Ver A. Leparmentier, «Pour assurer votre retraite, faites le plus possible d'enfants allemands», *Le Monde*, 5 de Abril de 2001, p. 1.

está na idade activa, no intuito de financiar mais tarde as pensões de que necessitará quando estiver na idade da reforma. Se considerarmos o problema nestes termos no primeiro caso uma geração financia as pensões de outra (repartição), enquanto no segundo cada geração financia ela própria, através da poupança, a sua própria pensão (capitalização). Nos dois casos, existe uma promessa de uma acção futura. Ou um terceiro (o Estado e/ou um fundo de pensões) compromete-se a restituir-me o dinheiro proveniente do meu trabalho no futuro (capitalização), ou a sociedade no seu conjunto compromete-se a que a geração seguinte me dê no futuro uma parte dos rendimentos do seu trabalho, da mesma forma que eu próprio o faço em benefício da geração dos reformados de hoje (repartição). Esta abordagem sublinha imediatamente a natureza intergeracional do problema.

Voltemos agora às causas da crise actual. São, em primeiro lugar, demográficas. Por um lado, uma geração do *baby-bust* (aquela que nasceu durante a segunda metade dos anos 1970, período que corresponde a uma queda da natalidade) segue a *coorte* do *baby-boom* nascida logo a seguir à guerra. Isto bastaria para modificar a proporção relativa de reformados e de activos, reduzindo a fracção destes. Entretanto, por outro lado, com o aumento da esperança de vida de cerca de um ano por década[39] na Europa, a proporção dos reformados fica ainda mais ampliada. A descida da natalidade e o aumento da esperança de vida conjugam-se, portanto, naquilo que parece ser um cocktail explosivo. A estes acresce um terceiro factor: uma taxa de actividade menor durante a vida, ao que parece, para a geração do baby-bust do que para a do baby-boom (desemprego, pré-reforma). No caso de se conservarem idênticas as características dos sistemas de pensões (duração e nível de contribuição, idade média efectiva da reforma, valor das prestações), é fácil prever um aumento do peso do financiamento das pensões da geração do baby-boom, que terá de ser suportado por uma população reduzida de activos provenientes do baby-bust.

O sistema de reforma por capitalização será mais sensível às evoluções demográficas e do mercado de emprego acima mencionadas? Não. Num sistema por capitalização, o que uma geração põe de lado para a sua velhice não se compõe nem de lenha para aquecimento, nem de conservas de fruta ou de peixe seco. São activos financeiros, cujo valor dependerá, portanto,

---

[39] B. Raffelhüschen, «Generational Accounting in Europe», *The American Economic Review*, vol. 89 (2), 1999, p. 167.

CONSERVAÇÃO DA BIODIVERSIDADE E REFORMAS: DOIS CASOS PRÁTICOS

do estado da economia na altura em que serão mobilizados, quando chegar a idade da reforma. Ora, o estado da economia está, evidentemente, dependente dos factores mencionados acima, em particular do tamanho relativo da população de activos. Como escreve o economista britânico Nicholas Barr, «nos dois casos, os reformados dependem das gerações futuras, porque os dois sistemas assentam as pensões em títulos sobre a produção futura em vez de títulos sobre a acumulação da produção actual[40]». Vemos, assim, que a apresentação da distinção feita acima entre repartição e capitalização é parcialmente enganosa. É claro que, para um indivíduo, financiar uma pensão por capitalização consiste em poupar com o objectivo de garantir um determinado nível de consumo durante a reforma. Contudo, do ponto de vista colectivo, a função de um sistema de pensões, mesmo por capitalização, consiste em financiar uma certa repartição dos frutos da produção futura entre trabalhadores e reformados[41]. Com a excepção do facto – não negligenciável – de, no sistema por repartição, a parada inicial ser menor, tendo as primeiras gerações contribuído pouco ou nada para o seu financiamento[42], não há razão nenhuma para esperar que um sistema por capitalização seja menos vulnerável às mudanças descritas acima do que um sistema por repartição.

Refeições gratuitas

No entanto, mantendo-se as mesmas circunstâncias, a existência dessas primeiras gerações que contribuem pouco ou nada para o financiamento do sistema, ao mesmo tempo que beneficiam dele plenamente, constitui uma primeira objecção possível ao sistema por repartição. O facto de as primeiras gerações terem beneficiado aquando da implementação dos regimes de pensões de uma «refeição (total ou parcialmente) gratuita» não implicará

---

[40] N. Barr, *The Economics of the Welfare State* (2ª ed.), Londres, Weidenfeld & Nicolson, 1993, p. 215 (tradução nossa). Ver também Schokkaert & Van Parijs, *Social justice...*, *op. cit.*, p. 253 e J.-P. Fitoussi, «Retraites: le vrai problème, c'est le chômage», *Le Monde*, 6 de Março de 2001, p. 17.
[41] Barr, *The Economics...*, *op. cit.*, p. 220.
[42] Ver R. Musgrave, «A Reappraisal of Financing Social Security [1981]», in *Public Finance in a Democratic Society. Vol II: Fiscal Doctrine, Growth and Institutions (Collected Papers)*, Nova Iorque, New York University Press, 1986, p. 105; D. Shapiro, «Can Old-Age Social Insurance be Justified?», *Social Philosophy & Policy*, vol. 14 (2), 1997, p. 119.

PENSAR A JUSTIÇA ENTRE AS GERAÇÕES

que têm por isso de ser qualificadas como gerações «papa-jantares»[43]? Haverá aqui um exemplo de *free-riding* intergeracional problemático do ponto de vista de uma teoria da justiça? Enquanto no caso das gerações ferroviárias debatido no capítulo 3, o *free-riding* se efectuava à custa dos esforços do conjunto das gerações precedentes, tratar-se-ia neste caso de *free-riding* à custa dos trabalhadores actuais e futuros.

Pelo menos dois argumentos podem ser invocados para responder a esta objecção. Em primeiro lugar, esta refeição gratuita pode constituir o arranque necessário para a implementação de um sistema de pensões capaz de agir em benefício dos mais desfavorecidos[44]. Não temos, no entanto, nenhuma certeza a este respeito. Mesmo que, como vimos, o sistema de pensões tal como existe em França constitua parcialmente um instrumento de redistribuição dos pobres para os ricos, poderia subsistir um argumento paternalista segundo o qual este sistema seria, apesar de tudo, positivo para os mais pobres. Sendo obrigatório, garantiria a estes um fim de vida mais decente do que se os mais desfavorecidos fossem livres de prover como bem entendessem às necessidades da sua velhice. Porém, esta função pode certamente ser desempenhada por um sistema por capitalização obrigatório. A questão que fica consiste em perguntar o que teria sido dos membros mais desfavorecidos dessas gerações da «refeição gratuita» na ausência da implementação do regime actual. Se pudéssemos mostrar que os «velhos pobres» da época teriam vivido uma vida mais miserável, sem essa «refeição gratuita», do que a dos pobres hoje em dia com esse sistema de pensões por repartição, mesmo que seja modificado, a objecção da «refeição gratuita» perderia certamente uma grande parte da sua força.

O segundo argumento não se concentra nos membros mais desfavorecidos de uma determinada geração, mas avança, pelo contrário, a hipótese segundo a qual a geração que, *no seu conjunto,* beneficiou da primeira «refeição gratuita» foi também aquela que, por causa da grande depressão dos anos trinta e da Segunda Guerra Mundial, atravessou circunstâncias particularmente desfavoráveis. Este argumento da depressão e da guerra

---

[43] Note-se que este argumento não funciona cada vez que, em vez de financiar o consumo, a refeição gratuita vise alimentar trabalhadores cuja produção beneficiará principalmente a geração seguinte. Para esta justificação implícita de um financiamento por repartição das artes ditas «superiores»: Dworkin, *A Matter...*, *op. cit.*, p. 226. Ver também *infra*: a questão da dívida pública.

[44] Ver Shapiro, *Can Old-Age...*, *op. cit.*, p. 121-122; Piketty, *L'Économie...*, *op. cit.*, p. 113.

encontra, por exemplo, um eco recente em dois autores belgas, o economista Erik Schokkaert e o filósofo Philippe Van Parijs, para quem «a "refeição gratuita" oferecida aos reformados da época representou, antes, um modesto jantar bem merecido para uma *coorte* que atravessou a depressão e a guerra e teve de se confrontar, para além disso, com uma considerável depreciação das suas poupanças. A taxa implícita que atravessou os tempos até aos nossos dias não é fruto de um pecado original que deveria suscitar o nosso ressentimento, mas antes uma implicação sensata da justiça intergeracional»[45]. Este argumento sustenta que, mesmo que a preocupação com este problema da "refeição gratuita" não seja, em geral, ilegítima, a suspeita de injustiça revela-se neste caso infundada, em razão de circunstâncias históricas.

O argumento clássico da depressão e da guerra assenta numa intuição válida: a justiça de um sistema de pensões não pode ser determinada sem uma avaliação do *conjunto* das circunstâncias próprias de cada geração e do conjunto das transferências efectuadas de uma geração para a outra – voltaremos a isto. Contudo, surgem pelo menos três perguntas. Em primeiro lugar, supondo que aceitamos o argumento da depressão e da guerra para as primeiras gerações que beneficiaram de uma «refeição gratuita», este torna-se menos plausível à medida que avançamos no tempo. Ora, a maturidade de um sistema por capitalização só é atingida depois de uma quarentena de anos. Não seria, portanto, uma mas várias gerações a beneficiar de uma refeição total ou parcialmente gratuita. Logo, o historiador neozelandês David Thomson não estará talvez totalmente enganado quando afirmou, em meados dos anos 1990 – em tom de provocação, sem dúvida –, que «a maioria dos idosos de hoje e o conjunto dos de amanhã só têm uma relação ténue com a depressão e a guerra, tendo nascido tarde para servirem nas forças armadas, terem sido empregados enquanto civis ou terem sofrido um desemprego sério. Uma maioria crescente dos idosos do fim do século só pode reivindicar um vago "estive lá" no que diz respeito à depressão e à guerra e, em breve, também já não será algo que poderão reivindicar»[46]. Para além disto, o impacto da guerra foi muito diferente

---

[45] Schokkaert & Van Parijs, *Social justice...*, *op. cit.*, p. 254 (tradução nossa); no mesmo sentido: P. Pestieau, «Peut-on mesurer les inégalités intergénérationnelles ?», *L'Observatoire*, nº 29, 2000, p. 70.

[46] D. Thomson, *Selfish Generations: How Welfare States Grow Old*, Cambridge, The White Horse Press, 1996, p. 227.

conforme os países, e afectou de modo variável as *coortes* em causa[47]. Por fim, mesmo que esta pergunta possa parecer indecente, em particular quando é colocada por alguém que nunca conheceu a guerra, importa avaliar a medida em que a depressão e a guerra que alguns conheceram têm mais peso que outros factores que afectam as gerações com idade para trabalhar hoje em dia (taxa de desemprego elevada). Voltaremos a este assunto[48].

A regra de Musgrave

O sistema de pensões por repartição poderia também valer-se de uma defesa em termos de princípios. Não é verdade que permite uma partilha mais justa dos riscos associados a choques económicos não previsíveis? É o argumento defendido, por exemplo, por Schokkaert e Van Parijs quando afirmam que, neste sistema, «é possível que as gerações com menos sorte, quando chegadas à idade da reforma, beneficiem de um rendimento mais importante proveniente das gerações mais jovens (mais favorecidas) do que aquele que teriam retirado da sua própria poupança. Da mesma maneira, é possível, quando um choque não previsível atinge a geração mais jovem, que esta reduza as suas transferências para os reformados[49]». Podemos, no entanto, perguntar se um sistema por capitalização (que poderia perfeitamente ser obrigatório e/ou público) não seria igualmente capaz de levar a cabo essa repartição dos riscos, ao recorrer simplesmente no primeiro caso a um modo de taxação que afecte principalmente os activos (e ao usar o produto dessa fiscalidade a favor dos mais velhos naquela altura) e, no segundo caso, a uma redução da fiscalidade que pesa sobre os activos.

Mas ainda que a ideia de partilha dos riscos não constitua, provavelmente, um argumento decisivo a favor do sistema por repartição, ela não deixa de ser essencial. Está, aliás, estreitamente relacionada com a nossa questão de justiça. Na realidade, o que importa, sejam as reformas financiadas por capitalização ou por repartição, é dispor de directrizes claras sobre a maneira de tratar o problema dos riscos que afectam de modo não

---

[47] Sobre o caso dos Estados-Unidos: L. Chauvel, «Génération sociale et socialisation transitionnelle. Fluctuations cohortales et stratification sociale en France et aux États-Unis au XXe siècle» (tese de agregação), Paris, IEP, 2003, (http://louis.chauvel.free.fr/HDR151003c.pdf), p. 131.

[48] Ver *infra*, «O lugar das pensões».

[49] Schokkaert & Van Parijs, *Social Justice, op. cit.*, p. 249 (tradução nossa).

uniforme as diferentes gerações. Conhecemos nesta matéria dois tipos de sistemas puros que implicam uma repartição diferente dos riscos entre as diversas gerações: um sistema com «prestações garantidas» (ou *com taxa de substituição garantida*) e um outro com «contribuições definidas» (ou *com taxa de contribuição fixa*). *A priori*, cada um dos dois modelos é compatível com cada um dos dois modos de financiamento (repartição e capitalização), apesar de o primeiro ser tradicionalmente associado aos sistemas por repartição. No modelo com *prestações garantidas*, garantimos aos futuros reformados que, em troca das suas contribuições actuais, terão direito a prestações garantidas, definidas como uma determinada proporção do seu salário actual, e isso mesmo em caso de evoluções futuras desfavoráveis da demografia e/ou da economia. Num cenário desfavorável, cabe à geração activa no momento da reforma desses futuros reformados fazer um esforço suplementar para que a promessa de prestações garantidas seja cumprida.

Inversamente, o sistema com *taxa de contribuição fixa* não garante à geração actual de contribuintes qual será efectivamente o nível das suas pensões uma vez chegada à idade da reforma. Num sistema por capitalização, esse nível poderá variar em função da evolução da taxa real de juros do capital, ou seja da taxa de juros ajustada à inflação. E num sistema por repartição, será determinado pelos valores obtidos por uma taxa de contribuição pre-definida imposta aos activos de amanhã. Por outras palavras, o nível das pensões futuras já não é definido como uma determinada proporção dos salários de hoje, mas em função de um determinado nível de imposição dos salários de amanhã[50]. Nesta perspectiva, o risco é aqui inteiramente suportado pelos reformados de amanhã.

Podemos, portanto, afirmar, sem simplificação excessiva, que, em função do sistema escolhido (taxa de substituição ou de contribuição fixa), a responsabilidade pelos custos suplementares (ou o benefício de lucros inesperados) ligados às evoluções económico-demográficas incumbirá maioritariamente a uma só geração (em princípio, e respectivamente, à segunda e à primeira)[51]. Ora, poderíamos desejar evitar este impacto dife-

---

[50] Sobre a distinção entre estes dois sistemas: R. Musgrave, *A Reappraisal...*, *op. cit.*, p. 104; J. Myles, «What Justice Requires: Pension Reforms in Ageing Societies», *Journal of European Social Policy*, vol. 13 (3), 2003, p. 264-265.

[51] Se considerarmos um sistema por capitalização, por exemplo, a realidade é provavelmente mais complexa. Imaginemos pensões geridas pela empresa. O sistema garante um determinado nível de prestações futuras em função do salário actual do trabalhador. No caso de uma

PENSAR A JUSTIÇA ENTRE AS GERAÇÕES

renciado sobre as diferentes gerações, por motivos de viabilidade política dos sistemas de pensões, mas também por motivos de justiça. É este o objecto da proposta original do economista americano Richard Musgrave[52]. Em vez de definir o valor das pensões futuras como uma proporção do rendimento actual (taxa de substituição fixa) ou em função de uma determinada taxa de contribuição imposta ao rendimento dos futuros activos (taxa de contribuição fixa), tratar-se-ia de manter *constante* para cada período a relação entre, por um lado, as prestações líquidas por cabeça de que beneficiariam os reformados de amanhã e, por outro lado, o rendimento líquido por cabeça dos activos de amanhã[53]. Este modelo, dito «da posição relativa fixa», difere do sistema com taxa de substituição fixa, pois a pensão média de um futuro reformado não é determinada como sendo uma proporção do salário médio do activo *actual*, mas como uma proporção do salário médio dos *futuros* activos. E afasta-se do modelo com taxa de contribuição fixa por este ser insensível às evoluções de tamanho relativo das populações de activos e de reformados. Em caso de envelhecimento da população, a regra de Musgrave requer *ao mesmo tempo* um aumento da taxa de contribuição (o que não seria autorizado pelo modelo com taxa fixa de contribuição) e uma diminuição do nível das prestações (o que não seria autorizado pelo modelo com taxa de substituição fixa), sendo o objectivo manter constante durante os diferentes períodos a posição relativa dos activos e dos reformados[54]. O peso relacionado com as mudanças

evolução desfavorável da economia, serão certamente os trabalhadores futuros da empresa que suportarão uma parte do peso suplementar ligado ao financiamento dessas prestações garantidas. Contudo, é possível que estas dívidas suplementares se traduzam também em diminuições de dividendos ou aumentos do preço dos produtos; neste caso, o impacto geracional será menos fácil de determinar, pois accionistas e consumidores poderão pertencer a cada uma das gerações em causa.

[52] Ver Musgrave, *A Reappraisal...*, *op. cit.*; J. Myles, «A new social contract for the elderly?», in G. Esping-Andersen, D. Gallie, A. Hemerijck & J. Myles, *Why We Need a New Welfare State*, Oxford, Oxford University Press, 2002, p. 130-172; e Myles, What Justice Requires..., *op. cit.*

[53] Musgrave, *A Reappraisal...*, *op. cit.*, p. 109. Compare-se os três critérios apresentados aqui com os critérios analisados por M. Fleurbaey, «Retraites, générations et catégories sociales : de l'équité comme contrainte à l'équité comme objectif», *Revue d'économie financière*, vol. 68, 2002, p. 91-112.

[54] Myles, *What Justice...*, *op. cit.*, p. 264.

demográficas e as incertezas nas evoluções da economia fica, portanto, melhor repartido entre as diferentes gerações[55].

Defender a regra de Musgrave não significa necessariamente afastar-se de uma lógica de justiça «entre vidas completas» e adoptar uma abordagem «instantaneísta» cujo principal objectivo seria uma equalização do destino das pessoas, seja qual for a sua idade, em qualquer momento[56]. Basta lembrar aqui que a adopção da regra da «posição relativa fixa» não pressupõe de modo algum que a relação em jogo se aproxime o mais possível de um. Assim, a adopção da regra de Musgrave seria perfeitamente compatível com o facto de os reformados terem um nível de vida duas vezes inferior ao dos activos[57]. O que importa, contudo, é que essa diferença de nível de vida, seja ela qual for, permaneça *constante* de um período para o outro. Se for assim, esta desigualdade «por períodos» (ou *intra-período*) não provoca necessariamente, sob a hipótese de que todos passamos pelas diferentes classes de idades em questão, desigualdades agregadas «entre vidas completas» (*intergeracionais*). E até podemos considerar que – mantendo-se tudo o resto constante – a conservação por ajustamentos contínuos dessa constância da posição relativa constitui, provavelmente, a melhor garantia na prática de uma maior igualdade entre vidas completas e, portanto, entre *coortes*[58].

A objecção dos direitos adquiridos

A regra de Musgrave constitui um ponto de partida muito interessante. Se examinássemos o sistema de pensões de maneira isolada, ou seja, independentemente de todas as outras transferências intergeracionais que as nossas sociedades possam conhecer, o respeito por essa regra implicaria, certamente, a necessidade de ajustamentos nos nossos sistemas de

---

[55] Ver Myles, *A New...*, *op. cit.*, p. 141. Observa a este propósito que as pensões francesas complementares ditas «do segundo pilar» (AGIRC, ARRCO) apresentam características que lhes permitiriam seguir uma lógica de posição relativa fixa.

[56] Ver a esse propósito a noção de vida completa (Introdução) e a nota 70 *infra* (sobre Chauvel).

[57] O próprio Musgrave sugere, por exemplo, um rácio de 0,33 (*A Reappraisal...*, *op. cit.*, p. 109).

[58] Goodin, *Treating Likes...*, *op. cit.*, p. 196-197, propõe directamente uma versão «entre *coortes*» do critério «entre períodos» de Musgrave. Trata-se de definir uma taxa de substituição média de forma que possa ser mantida constante de uma *coorte* para a outra. O critério de Musgrave pode ser visto como um substituto deste critério, cujo mérito seria a sua maior operacionalidade no contexto da informação irremediavelmente imperfeita sobre o nosso futuro.

reformas. Esses ajustamentos estão em curso em vários países europeus. Incidem sobre diferentes variáveis, nomeadamente a duração e o nível mensal (das contribuições e das prestações). Podemos, assim, aumentar o valor das contribuições mensais dos activos e/ou reduzir o valor das pensões mensais dos reformados. E é possível aumentar a duração de contribuição dos activos, reduzindo por essa via a duração durante a qual essas pessoas irão beneficiar no futuro da sua reforma. Pelo contrário, não é possível reduzir a duração durante a qual os que já estão reformados beneficiarão da reforma. Por conseguinte, em função da proporção de cada uma destas três medidas-chave teoricamente possíveis (nível de contribuição, duração da contribuição, nível das prestações), o impacto sobre uma geração ou sobre a outra revela-se muito diferente.

Ora, constatamos que a única maneira de fazer participar seriamente a geração actual de reformados no esforço de ajustamento consiste, para além das duas outras medidas[59], num ajustamento para baixo do valor das suas pensões mensais. Porém, esta estratégia, distributivamente justa se ficarmos pela regra de Musgrave, confronta-se com o argumento dos «direitos adquiridos»: «uma pensão foi-nos prometida em troca das nossas contribuições; essa promessa tem de ser cumprida». Este argumento constitui um primeiro obstáculo sério para a instalação da regra da posição relativa fixa. Poderá ser ultrapassado? O argumento dos direitos adquiridos assenta sobre, pelo menos, duas premissas. A primeira – factual – diz que a promessa feita aos reformados era a de prestações com um nível garantido antecipadamente. A não ser por via de descobertas históricas inesperadas, parece difícil pô-la em questão. Contudo, a segunda premissa – desta vez, normativa – consiste em afirmar que, em princípio, qualquer promessa tem de ser cumprida e que, seja como for, as circunstâncias próprias do caso das pensões não permitem que se derrogue esse princípio.

Porém, se aceitarmos – nem que seja provisoriamente – considerar essa promessa como distributivamente injusta (desfavoreceria injustamente uma geração à custa de outra), a questão será então a de saber o que poderá justificar a prioridade de um dos princípios da justiça comutativa (*pacta sunt servanda*) em relação às exigências da justiça distributiva (aqui,

---

[59] Note-se ainda que uma solução estritamente intra-geracional para o problema das reformas não é concebível. Ver T. Piketty, «Les riches peuvent-ils payer les retraites?», *Le Monde*, 11 de Junho de 2003, p. 14.

CONSERVAÇÃO DA BIODIVERSIDADE E REFORMAS: DOIS CASOS PRÁTICOS

na sua dimensão intergeracional). Por outras palavras, será que podemos ser prisioneiros de uma promessa cujo objecto é contrário à justiça distributiva? Por outro lado, ainda que o autor e o executor designado da promessa pertençam, é claro, ao mesmo Estado ou à mesma empresa, não são nem a mesma pessoa, nem membros da mesma geração. Consideremos a este respeito o caso de três mulheres pertencendo a três gerações diferentes: Mariana (a avó), Maria (a mãe) e Alícia (a filha). Num sistema de pensões por repartição, Mariana obtém por parte de Maria uma reforma, prometendo a esta que Alícia a fará beneficiar, por sua vez, de uma pensão equivalente quando chegar à idade da reforma. Se abordássemos as relações entre estas três pessoas nos termos da reciprocidade indirecta, uma transferência efectuada por Mariana a favor de Maria comprometeria moralmente Maria em favor de Alícia. Pelo contrário, na lógica do sistema de financiamento por repartição, Mariana compromete Alícia com Maria, em vez de comprometer Maria com Alícia. Assim, é preciso determinar se a justiça comutativa prevalece sobre a justiça distributiva em quaisquer circunstâncias; mas cabe-nos também determinar se uma promessa feita por outrem (os nossos avós, neste caso) em nosso nome, sem que tenhamos sido consultados, nos vincula. Temos de constatar que, nestas duas questões normativas, as teorias da justiça encontram-se extremamente desamparadas. Isto basta para mostrar que o argumento dos direitos ditos «adquiridos» não deixa de colocar sérios problemas.

Gerações, escolhas e circunstâncias

O argumento dos direitos adquiridos é invocado na fase de transição, aquando da passagem de um regime com prestações garantidas para um outro regime, por exemplo, com posições relativas fixas. Este argumento, como vimos, não pode ser considerado como um obstáculo insuperável à implementação da regra de Musgrave. Importa, contudo, examinar a segunda objecção, que consiste em perguntar se a regra de Musgrave corresponde, uma vez posta em prática – na fase de cruzeiro –, ao que requer a justiça distributiva. Esta regra de suavização divide efectivamente o impacto dos riscos de maneira contínua. Contudo, a ideia de risco sugere que as nossas economias em particular e as nossas vidas em geral só são afectadas por factores sobre os quais não temos nenhum poder. Ora, a

PENSAR A JUSTIÇA ENTRE AS GERAÇÕES

teoria liberal-igualitária da justiça mobilizada na presente obra pressupõe a distinção entre escolha e circunstância, sem a qual não faria sentido atribuir uma responsabilidade moral aos agentes. E, se postularmos que esta abordagem faz sentido, ela deveria ter consequências no debate sobre as pensões e na avaliação da pertinência da regra de Musgrave. Consideremos duas variáveis importantes para este problema: a taxa de fecundidade e a produtividade horária no trabalho[60]. Conjecturemos que, em cada caso, a situação de uma geração resulta de decisões unânimes tomadas no seu seio.

Imaginemos em primeiro lugar que, mantendo-se tudo o mais constante, o conjunto dos franceses está de acordo com as escolhas institucionais e individuais que resultam na baixa taxa de natalidade que conhecemos, com as suas consequências sobre o financiamento dos nossos sistemas de reformas. Tratar-se-ia, assim, de uma escolha da geração actual relativa ao tamanho da geração seguinte. Esta poderia portanto, legitimamente, reivindicar uma redução das prestações de reforma da geração actual, tendo em conta a exigência de igualdade entre gerações e o facto da escolha da geração precedente (a de uma determinada taxa de fecundidade) gerar para a geração actual consequências desfavoráveis (financiar as reformas de uma importante população de reformados). Pelo menos, este poderia ser o argumento se fizermos caso omisso de qualquer contexto.

Imaginemos o caso inverso de uma geração que teria transferido à seguinte, através de investimentos pesados em termos de capital humano e tecnológico, condições de trabalho tais que, com o mesmo esforço, a geração seguinte possa produzir muito mais do que a geração precedente, e assim compensar sem qualquer problema, através deste crescimento da produtividade, o excesso de peso ligado a uma proporção crescente de reformados. Porém, apesar do que recebeu, a geração actual decidiria por hipótese pôr pouco entusiasmo no trabalho, muito menos do que a precedente. As pensões seriam, portanto, muito pesadas em termos de financiamento, por causa da fraca produtividade do trabalho. Ora, a regra de Musgrave é indiferente aos motivos de um eventual decréscimo dos rendimentos de uma geração. Se esta trabalhar menos por escolha própria, quando teria podido trabalhar muito mais sem nenhum esforço superior ao

---

[60] Ver Schokkaert & Van Parijs, *Social Justice...*, *op. cit.*, p. 252 e *Just Pensions...*, *op. cit.*, p. 277; Myles, *What Justice...*, *op. cit.*, p. 265-266.

210

da geração precedente, as pensões desta estarão, também elas, reajustadas para baixo, o que se afigura injusto.

Estes dois exemplos levantam, em primeiro lugar, o problema da articulação da nossa responsabilidade individual com as escolhas colectivas efectuadas pela geração à qual pertencemos. Será possível, por exemplo, imputar-me as consequências de uma baixa taxa de fecundidade, quando lutei – sem sucesso – pela implementação de um leque de medidas que permitissem, àqueles que o desejem, ter mais filhos do que têm no contexto actual? Imputar ao conjunto de uma geração o peso das consequências de escolhas que só são, no melhor caso, fruto das decisões da maioria dos seus membros será provavelmente injusto para com a minoria em causa. Contudo, não o fazer seria pelo menos tão injusto para com o conjunto dos membros da outra geração, que teria de pagar pelas consequências dessas escolhas, na elaboração das quais ainda teve menos hipótese de participar. Uma teoria da responsabilidade colectiva é, portanto, necessária. O seu desenvolvimento será sem dúvida uma das tarefas a cumprir pelos defensores de uma teoria da justiça entre as gerações.

Estes dois exemplos permitem-nos também sublinhar que a regra de Musgrave, apesar de parecer constituir um avanço real, será provavelmente insuficiente. A situação das gerações em jogo resulta, sem dúvida, de riscos que dificilmente poderemos imputar a outra geração, mas também de consequências de escolhas deliberadas de uma determinada geração. Vimos que as teorias da justiça intergeracional têm tendência a perder de vista a possibilidade de desvantagens exógenas provindo, não da transferência efectuada pela geração precedente, mas de um facto natural ulterior. A regra de Musgrave só poderia ser justa para um igualitarista sensível à distinção «escolha/circunstância» se o conjunto das evoluções económicas e sociais fosse o resultado de forças que ninguém seria capaz de inflectir, o que não será certamente o caso. Logo, importa desenvolver ferramentas que nos permitam, por exemplo, determinar qual a proporção da produtividade horária média de uma geração que proviria do capital humano e tecnológico recebido, e qual a que proviria de escolhas sobre o entusiasmo que uma pessoa quer pôr no trabalho e sobre as privações que estaria disposta a aceitar para o efeito. Uma tarefa, sem dúvida, complexa, mas necessária se levarmos a sério as exigências de uma teoria da justiça.

PENSAR A JUSTIÇA ENTRE AS GERAÇÕES

O lugar das pensões

As dificuldades levantadas acima não são negligenciáveis. A sua resolução constitui uma tarefa necessária. Contudo, importa acrescentar uma última, e crucial, consideração. A dívida implícita transferida de uma geração a outra pelas promessas de pensões futuras constitui somente uma das transferências existentes, entre várias outras, entre gerações. E o destino *geral* de cada uma das gerações representa um elemento-chave na avaliação de um determinado modo de financiamento das pensões. Trata-se da ideia subjacente ao argumento da depressão e da guerra. E é também um elemento pertinente quando avaliamos as consequências de uma abordagem igualitarista «por cabeça» no que respeita à questão das pensões. Uma população em declínio aumentará, sem dúvida, o peso do financiamento das reformas que pesam sobre os ombros dos activos; mas facilita também a transferência de um bolo de riquezas equivalente por cabeça à geração seguinte[61]. Coloca-se então a pergunta seguinte: não será empiricamente justificado considerar que, apesar do financiamento das pensões actuais ser pesado para os ombros dos activos de hoje e de amanhã, só contrabalança o aumento geral daquilo que os activos actuais terão afinal recebido em relação aos seus antepassados? O peso das pensões sobre a nova geração – aparentemente injusto se considerado isoladamente – permitiria, assim, atingir melhor os objectivos de uma regra de justiça fechada («nem mais, nem menos»). Estamos muito longe de dispor hoje em dia das ferramentas de análise necessárias para uma avaliação integrada do destino de cada uma das gerações em causa, nomeadamente em termos de capital transmitido. Apresentemos, ainda assim, três ferramentas de análise possíveis que nos permitem, cada uma, apreender uma das dimensões do problema.

O primeiro método é a *contabilidade geracional*. Preocupa-se com calcular de modo agregado as transferências *públicas* explícitas (a dívida pública) e implícitas (a dívida ligada aos regimes de pensões e de seguros de doença) que se efectuam de uma geração para a outra[62]. Não há nada

---

[61] Este argumento encontra-se por exemplo em Myles, *What Justice...*, *op. cit.*, p. 266.
[62] Ver A. Auerbach, J. Gokhale & L. Kotlikoff, «Generational Accounts: A Meaningful Alternative to Deficit Accounting», in D. Bradford (ed.), *Tax Policy and the Economy*, vol. 5, Cambridge (MA), The MIT Press, 1991, p. 55-110.

de necessariamente injusto em transferir uma dívida pública à geração seguinte[63]: será verdade se uma geração herdou essa dívida da geração precedente, sem ter de modo algum contribuído para isso; mas também será verdade se essa dívida, apesar de ter sido aumentada pela nossa geração, serviu para financiar investimentos que irão beneficiar exclusiva ou principalmente as gerações seguintes (escolas, infraestruturas desportivas, etc.). A contabilidade geracional permite-nos avançar nessa direcção, pois visa comparar a medida em que uma *coorte*, no conjunto da sua existência, contribuiu para o financiamento dos orçamentos do Estado e a medida em que retirou benefícios desse contributo. Se a diferença for superior ou inferior a zero[64], existe um desequilíbrio geracional. Vimos que a justiça intergeracional entendida num sentido propriamente distributivo não exige que o valor dessa diferença seja igual a zero para cada geração (as transferências intergeracionais líquidas podem ser permitidas, ou até exigidas, pela justiça), nem que esse valor, seja qual for, permaneça constante de uma geração à outra[65].

A contabilidade geracional fornece-nos um primeiro instrumento de medida precioso. Uma pesquisa feita à escala europeia, cujos resultados foram publicados em 1999, mostrava, por exemplo, que, apesar da dívida pública líquida *explícita* deixada à geração seguinte em França se elevar a 35,6% do produto interno bruto (PIB), a dívida pública líquida *real*, tal como identificada através da contabilidade geracional, elevava-se na realidade a 81,3% do PIB. Inversamente, a dívida pública explícita líquida da Bélgica atingia em 1999 o valor record de 122,2% do PIB, mas a sua dívida pública líquida verdadeira elevava-se na realidade a somente 18,8% do PIB, ou seja, bem menos do que a da França[66]. Outro valor significativo, a dívida pública explícita líquida da Finlândia mostra na realidade um saldo positivo para o ano de 1999 elevando-se a 8,4% do PIB, mas a contabilidade geracional revela, pelo contrário, uma dívida de 253,2% do PIB no mesmo ano[67]. Estes

---

[63] Ver sobre este tema: J. Ferguson (ed.), *Public Debt and Future Generations*, Chapel Hill, The University of North Carolina Press, 1964.

[64] Para uma definição técnica das contas geracionais: Raffelhüschen, *Generational accounting...*, *op. cit.*, p. 168. Podemos também abordar o problema dividindo em vez de subtraindo, traduzindo-se então o desequilíbrio por um número diferente de um em vez de zero.

[65] *Supra*, cap. 4.

[66] Ver Raffelhüschen, *Generational accounting...*, *op. cit.*

[67] *Ibid.*

PENSAR A JUSTIÇA ENTRE AS GERAÇÕES

números dão uma ordem de tamanho útil. Contudo, o método tem, apesar de tudo, os seus limites. Em primeiro lugar, a contabilidade geracional não leva sempre em conta o conjunto das despesas públicas (educação) e não inclui como benefícios para as gerações seguintes as infraestruturas públicas que lhes legamos[68]. Depois, não integra o conjunto dos fluxos financeiros que transitam de uma geração para a outra através da família[69] e do mercado. Por fim, não considera as transferências intergeracionais não financeiras, como as de um ambiente saudável ou de um determinado saber.

Apesar do seu carácter muito parcial, a contabilidade geracional vai no mesmo sentido que a avaliação dos sistemas de pensões, o de uma transferência de uma dívida à geração seguinte – se bem que importa sublinhar que não há razão para esperar da primeira geração a seguir que apure sozinha essa dívida integralmente. O veredicto da análise de *coortes* de Louis Chauvel, jovem sociólogo francês, confirma este diagnóstico desfavorável[70]. A sua metodologia é diferente. Com base numa série de indicadores socioeconómicos tais como a diferença de salários em função da idade, a taxa de partidas para férias, ou a taxa de suicídio, conclui que poderíamos esperar que, se não fizermos nada, a geração que nasceu a partir do meio dos anos

[68] L. Osberg, «Meaning and Measurement of Intergenerational Equity» in M. Corak (ed.), *Government Finances and Generational Equity*, Ottawa, Statistics Canada, 1998, p. 133.

[69] Sobre a parte ocupada pelas transferências pais-filhos nas transferências intergeracionais: F. Modigliani, «The Role of Intergenerational Transfers and Life Cycle Saving in the Accumulation of Wealth», *The Journal of Economic Perspectives*, vol. 2 (2), 1988, p. 15-40; L. Kotlikoff, «Intergenerational Transfers and Savings», *The Journal of Economic Perspectives*, vol. 2 (2), p. 41-58; A. Laferrère, «La part héritée de la fortune : entre un quart et la moitié», in *Les Ménages. Mélanges en l'honneur de Jacques Desabie*, Paris, INSEE, 1988, p. 417-429; Arrondel & Masson, *Altruism, Exchange...*, op.cit., 2002, p. 17-18.

[70] Ver Chauvel, *Le Destin...*, *op. cit.* e *Génération sociale...*, *op. cit.* Note-se que Chauvel, apesar da sua atenção para com a análise de *coortes*, defende um princípio de justiça intergeracional não directamente baseado numa igualdade entre vidas completas, mas mais de tipo intraperíodo: «[...] a única regra da justiça entre as gerações [é] aquela que permite [...] aos contemporâneos de uma época, reformados ou não, sofrer em conjunto os tormentos ou partilhar os benefícios da história social do conjunto dos concidadãos» (*Le Destin...*, *op. cit.*, p. 257). Assinalámos acima que uma igualação intraperíodo constante pode ser vista como uma garantia de igualação intercoortes. Note-se que um certo grau de igualação intraperíodo pode, para além disso, fazer sentido como tal, por exemplo se estimarmos que, uma vez abaixo de um certo patamar de bem-estar, a igualação entre vidas completas já não basta para satisfazer as exigências da justiça. Ver também a nossa introdução, secção IV.

cinquenta se encontre ao fim ao cabo globalmente mais desfavorecida do que aquela que a precedeu[71]. Insiste a esse respeito no facto de, sem ter de pôr em causa o que poderíamos designar como a «lei do progresso geracional a longo prazo», ser inegável que esta não pode ser vista como sinónima de uma evolução *linear* que beneficie automaticamente, e numa medida equivalente, cada uma das *coortes* sucessivas. Ora, encontrar-nos--íamos precisamente num momento da história em que esta linearidade teria sido quebrada, e isto em detrimento dos activos de hoje.

A contabilidade geracional e a análise de *coortes* de Chauvel vão, então, no mesmo sentido. No entanto, poderíamos ao mesmo tempo ser interpelados pelo aumento fantástico do PIB por cabeça durante os dois últimos séculos[72]. O PIB é, porém, um indicador insuficiente. Por exemplo, não leva em conta duas dimensões essenciais, o capital humano e o eventual esgotamento dos recursos naturais ou a degradação das condições ambientais. Surge, então, o conceito de *poupança verdadeira* desenvolvido nos anos 1990 pelo economista Kirk Hamilton[73]. Esta noção corresponde à poupança interna líquida, mais as despesas efectuadas no campo da educação e menos o esgotamento dos recursos energéticos, fósseis e florestais, assim como os danos causados pelo $CO2$. Ora, se tomarmos o caso de França em 1999, a poupança verdadeira, calculada pelo Banco Mundial, era positiva, elevando-se a 14,6% do PIB[74]. O que fazer então com os resultados fornecidos por estes três métodos?

---

[71] Ver em particular: *Génération sociale...*, *op. cit.*, cap. 2. Para uma análise convergente sobre a evolução do Estado social na Nova-Zelândia e na Grã-Bretanha: Thomson, *Selfish Generations...*, *op. cit.*

[72] Ver para um argumento articulando evolução do PIB e justiça intergeracional: Beckerman & Pasek, *Justice...*, *op. cit.*, cap. 6; ver também Piketty, *L'Économie...*, *op. cit.*, p. 16-17.

[73] Ver D. Pearce, K. Hamilton & G. Atkinson, «Measuring Sustainable Development: Progress on Indicators», *Environment and Development Economics*, vol. 1 (1), 1996 p. 85-102. Ver também K. Hamilton & M. Clemens, «Genuine Savings Rates in Developing Countries», *The World Bank Economic Review*, vol. 13 (2), 1999, p. 333-356; P. Dasgupta, «Valuing Objects and Evaluating Policies in Imperfect Economies», *The Economic Journal*, vol. 111, 2001, p. C1-C29; e sobretudo K. Arrow, P. Dasgupta et al., *Are We Consuming Too Much?*, Set. 2003, 27 p. (URL: http://www.econ.cam.ac.uk/faculty/dasgupta/toomuch.pdf). Para uma abordagem que se concentre unicamente na dimensão ambiental, ver C. Azar & J. Holmberg, «Defining the Generational Environmental Debt», *Ecological Economics*, vol. 14, 1995, p. 7-19.

[74] Ver: http://www.worldbank.org/data/wdi2001/pdfs/tab315.pdf

Defesa da taxa de substituição garantida

As três ferramentas de análise apresentadas acima só nos fornecem indicações fragmentárias. Tentemos agora uma generalização, mas insistamos no facto de o argumento que se segue visar em primeiro lugar alimentar o debate e depender fortemente da validade de premissas empíricas que não apresentam a firmeza que desejaríamos que tivessem. Tomemos três *coortes*, a dos jovens activos de hoje (G2), a dos seus pais que estão prestes a ir para a reforma (G1) e a dos seus avós, dos quais muitos já faleceram (G0). Duas premissas empíricas têm primeiro de ser satisfeitas para que o argumento funcione. Em primeiro lugar, temos de poder razoavelmente esperar que, no fim da sua vida, G1 tenha transferido a G2 mais capital (por cabeça) do que ela própria tinha recebido de G0. A taxa de poupança verdadeira de 14,6 pontos de PIB para França em 1999 sugere, depois de extrapolado durante vários anos, que esta primeira premissa empírica está em vias de ser cumprida. Notemos contudo que a poupança verdadeira não nos dá indicação directa sobre a duração de vida útil dos bens produzidos durante o ano de 1999 (logo, sobre o seu impacto em termos de stock transmitido por cabeça de uma geração para a outra), nem sobre o impacto geracional desta poupança (que gerações ao fim ao cabo terão dela beneficiado), sendo a última consideração crucial se lembrarmos a hipótese de não-linearidade do progresso geracional de Chauvel. Notemos, para além disso, que, como sublinha um artigo recente redigido por um grupo de autores (nomeadamente pelo economista K. Arrow), o valor positivo de poupança verdadeira apresentado por um país como França se explica em parte pela «incapacidade das nações mais pobres de fixar o preço dos seus recursos e das suas exportações devoradoras de recursos, a nível do seu custo social[75]». Postulemos contudo que a primeira premissa é verdadeira.

A segunda premissa empírica necessária ao argumento é a seguinte: o aumento do stock transferido por G1 a G2 em relação ao stock que tinha sido herdado por G1 de G0 é superior às dívidas geradas por G1 à custa de G2 no quadro do financiamento do sistema actual de pensões. A contabilidade geracional não nos dá o montante do défice anual das pensões, pois diz respeito à dívida pública agregada sobre a vida completa de uma *coorte*. Contudo, com base nas simulações do Conselho de Orientação das

---

[75] Arrow *et al.*, *Are We Consuming...*, *op. cit.*, p. 27 (tradução nossa).

Reformas francês, podemos adiantar que «o défice [do] sistema de pensões atingirá 4 pontos de PIB por ano em 2040 se não tomarmos nenhuma medida, e mais de 6 ponto de PIB se anularmos as medidas Balladur e voltarmos a 37,5 anos para todos[76]». Imaginemos portanto durante uns momentos que a nossa segunda hipótese empírica é, também ela, verdadeira.

Como é que a nossa regra fechada de justiça («nem poupança, nem despoupança») se traduz, então, em matéria de pensões? Implica na realidade que, se tiverem de ser feitos ajustamentos com o intuito de assegurar a viabilidade dos sistemas de pensões (algo de que não duvidamos), cabe sobretudo aos activos da geração G2 fornecer o esforço necessário, e muito menos aos membros da geração G1. Isto contradiz, então, a regra de Musgrave e implica a conservação da regra da *taxa de substituição garantida*, ou seja, dos «direitos adquiridos». Esta conclusão é inesperada, especialmente sendo defendida por um membro da geração G2. Como entendê-la?

Primo, o argumento consiste simplesmente em afirmar que, num contexto em que podemos esperar que G2 tenha em princípio recebido mais por cabeça de G1 do que G1 tinha recebido de G0, o facto de fazer cair o peso das reformas sobretudo sobre os membros de G2 conduz à inflexão desta transferência positiva, o que lembra o argumento de Schokkaert e Van Parijs quando defendem a justiça da refeição gratuita das gerações que conheceram a grande depressão e a guerra. Contudo, é somente depois de adoptar a regra geral fechada de justiça intergeracional que a conservação do regime de taxa de substituição fixa aparece já não como um problema de que teríamos de demonstrar o carácter inofensivo tendo em conta o volume total das transferências intergeracionais, mas como uma mais-valia para contrabalançar por pouco que seja a injustiça dessas transferências.

Secundo, as variações da taxa de fecundidade são, sem dúvida, capazes de afectar o dinamismo de uma economia. Porém, numa sociedade com uma demografia em declínio, e uma vez que se adopte um critério «por cabeça», podemos avançar o argumento segundo o qual será mais fácil e provável que uma geração transfira à seguinte mais capital por cabeça do que ela própria herdou à medida que o tamanho da população diminui. Ora, em caso de demografia em declínio, o sistema com taxa de substituição fixa tem precisamente tendência a ser também mais favorável para os reformados. E o inverso é igualmente verdade em caso de crescimento demográfico

---

[76] Piketty, «Les riches...», *op. cit.*

PENSAR A JUSTIÇA ENTRE AS GERAÇÕES

galopante. Isto indica que o regime com taxa de substituição garantida é particularmente apropriado para contribuir para a satisfação de uma regra de justiça fechada. *Tertio*, o presente argumento converge perfeitamente com o dos direitos adquiridos. No entanto, enquanto este constitui, a nosso ver, uma base muito frágil para defender os direitos dos reformados de hoje, o presente argumento de justiça distributiva constitui um fundamento muito melhor. Em vez de entrarem em conflito uma contra a outra, justiça comutativa e justiça distributiva convergiriam assim nesse ponto. Contra todas as expectativas, é, portanto, de um argumento de justiça distributiva que podemos esperar a melhor defesa da conservação das prestações prometidas aos reformados! Eis pelo menos a hipótese que importa agora submeter à perspicácia de ciências sociais como a sociologia e a economia.

*
* *

Os dois casos práticos que examinámos ilustram dois tipos muito diferentes de interacção entre a teoria geral e as suas aplicações. No caso da conservação da biodiversidade, precisamos antes de tudo, não de atribuir um valor aos benefícios dessa conservação, mas de identificar a sua natureza exacta. As dificuldades situam-se ao mesmo tempo a montante e a jusante dos números. A montante primeiro, porque é essencial perceber por que razão conservar a diversidade biológica importaria mais do que o facto de determinar a medida dessa importância. A jusante, na medida em que a adopção de argumentos não antropocêntricos tem de ser, também ela, considerada. O leitor poderá não ter ficado satisfeito com o resultado dessa discussão. Contudo, nos casos em que o debate filosófico fica enredado em aporias tenazes, o trabalho essencial que importa levar a cabo consiste simplesmente em tentar identificar a natureza dos problemas em jogo. Em vez de admitir um fracasso, temos de ver aqui um convite para continuar a reflexão.

A questão das reformas constitui, pelo contrário, um prolongamento natural das teorias gerais examinadas nos capítulos 3 e 4, nomeadamente porque se deixa mais facilmente apreender a partir dos dados numéricos. A natureza provisória da conclusão prende-se com incertezas metodológicas e factuais – nomeadamente acerca do impacto do número positivo de poupança verdadeira apresentado em França – mais do que com defeitos da própria teoria filosófica. Esta problemática suscita no entanto perguntas delicadas para as teorias da justiça, como demonstrou o exame da objecção dos direitos adquiridos ou o acento colocado sobre a compatibilidade da regra de Musgrave com uma abordagem em termos de vidas completas. E sobretudo, a questão das reformas permite-nos ilustrar uma consequência que resulta directamente da adopção da regra fechada: a sua capacidade de defender – se as hipótese empíricas avançadas se revelarem correctas e pertinentes – um regime com taxa de substituição garantida e, portanto, – nas circunstâncias próprias de França – os direitos pretensamente adquiridos dos reformados. Por fim, o exame desta questão permitiu-nos ver que a distinção «repartição/capitalização» não irá, provavelmente, constituir a distinção-chave que nos permitirá compreender as questões propriamente intergeracionais suscitadas pela crise de financiamento dos nossos sistemas de pensões. Se esta distinção desempenhar o seu papel no debate público, será provavelmente mais por causa de características geralmente associadas a cada um destes dois regimes mas que não lhes são de modo algum consubstanciais (público/privado, obrigatório/facultativo, taxa de substituição garantida/taxa de contribuição definida...).

Conclusão

A justiça entre as gerações é um objecto filosófico singular, pouco explorado e desconcertante. Rawls estava certo quando escreveu que «submete as teorias éticas a provas muito difíceis, para não dizer impossíveis, de ultrapassar[1]». Muito raramente dispomos de uma visão integrada da problemática intergeracional, pois as razões práticas que nos levam a interessar-nos por ela prendem-se com registos muito diferentes. Pensemos na revolta de um reformado a quem se considera diminuir a pensão, no desespero de um ambientalista perante o desaparecimento de uma espécie ou na aflição dos pais de uma criança doente, vítimas de um erro de diagnóstico médico. Tentámos fornecer uma análise fina da contribuição filosófica e das ligações estreitas que unem estas diversas temáticas. É claro que encontrámos novas perguntas, mas também trouxemos uma série de esclarecimentos e adquirimos algumas convicções. Quais?

Levar a sério a não-identidade

Mostrámos que é difícil defender a ideia de obrigações morais para com aqueles que já faleceram e para com aqueles que nunca serão os nossos contemporâneos. Esta dificuldade resulta da ligação entre a existência de uma pessoa e a sua aptidão para sofrer um dano. No caso dos mortos, esta ligação é *directa* se aceitarmos ao mesmo tempo que as nossas acções não podem ter um impacto causal sobre o passado e que os mortos não existem num sentido moralmente pertinente. Mesmo aqueles que pensam que os

---

[1] J. Rawls, *Théorie...*, *op. cit.*, p. 324.

mortos continuam a existir neste sentido não deveriam automaticamente deduzir que teríamos obrigações de justiça para com eles, susceptíveis de afectar o conteúdo das nossas obrigações para com o futuro.

A ligação entre existência e susceptibilidade de sofrer um dano é, por sua vez, mais *indirecta* no caso das pessoas futuras que nunca serão nossas contemporâneas. Admitamos que as nossas acções sejam susceptíveis de ter um impacto causal no futuro; mas a não-existência da suposta vítima, ausente no acto tido como danoso, é o que nos impede – excepto nos casos de queda abaixo do patamar de dignidade – de usar aqui um conceito de dano em relação a essa pessoa. O problema da não-identidade tem, portanto, consequências radicais para a nossa teoria. Também tem consequências para uma multidão de outras questões éticas, tais como as da clonagem humana, do recurso aos «bebés-medicamentos» ou da escolha de uma idade ideal para a reprodução. Pensemos nisto cada vez que invocarmos o interesse da futura criança nesses debates.

Estas conclusões parecem fechar a porta a qualquer ideia de justiça entre as gerações que não esteja inserida num muito curto prazo. Nada disso. É claro que os mortos estão relativamente ausentes desta teoria, qualquer que seja, aliás, a nossa posição metafísica em relação a eles. No entanto, a estratégia dita «de recuperação» permite-nos reconstruir o conjunto das nossas obrigações relativas às gerações futuras mais afastadas através do prisma das nossas obrigações para com as gerações que se seguem directamente à nossa e das quais seremos, pelo menos numa certa altura da nossa vida, contemporâneos. Trata-se com certeza de uma via estreita, que se torna possível pela sobreposição das gerações. É, todavia, a única, a nosso ver, que satisfaz plenamente as implicações do problema dito de «não-identidade».

Livrar-se do modelo da reciprocidade indirecta

Resta dar substância a esta teoria da justiça intergeracional. Uma abordagem apresenta-se-nos naturalmente, a da reciprocidade indirecta. Se o modelo da reciprocidade for correcto, será à geração dos nossos filhos, e não à dos nossos pais ou aos mais desfavorecidos da nossa geração, que deveremos retribuir. Esta teoria revela nesta matéria uma robustez inesperada. A objecção do dom, segundo a qual estaríamos livres de dispor

CONCLUSÃO

como bem entendemos daquilo que herdámos, é problemática. Contudo, a reinterpretação proposta do argumento de Bourgeois fornece-nos uma estratégia de defesa. Se pelo menos algumas das gerações passadas transferiram aquilo que herdaram em benefício do *conjunto* das gerações futuras, não caberá a nenhuma das gerações seguintes dispor como bem entenderem do objecto dessas transferências. Cada uma delas não será assim mais do que a usufrutuária de um capital cuja propriedade nua[2] lhe escapa pelo menos em parte. Este modelo permite, assim, passar de uma propriedade «privada» geracional a uma colectivização intergeracional progressiva do que herdamos. Por outro lado, mesmo que tenhamos assumido como dom o que não o era, a referência à noção de *free-riding* intergeracional leva-nos ao respeito pelo modelo de reciprocidade indirecta.

Uma das fraquezas da teoria da reciprocidade indirecta, porém, surge onde não a esperaríamos. Resulta do postulado implícito segundo o qual seríamos titulares de obrigações para com os mortos. Se abandonarmos esta ideia, deveremos passar ou ao provérbio índio ou à abordagem lockiana que estabelecem à partida uma propriedade colectiva intergeracional da herança da humanidade (*empréstimo* dos nossos filhos, em vez de *herança* dos nossos pais), ou a uma abordagem não comutativa da justiça que não pressupõe obrigações para com os mortos. A teoria liberal-igualitária consiste numa abordagem desse tipo, e Rawls propõe-nos uma versão possível dela. Corresponde provavelmente melhor, aliás, à maneira como alguns de nós consideram a justiça *intra*-geracional, aspecto que se torna essencial na procura de uma teoria capaz de articular de modo coerente as dimensões *inter*- e *intra*-geracionais.

Esta teoria liberal-igualitária tem de responder a, pelo menos, dois desafios. Tem, em primeiro lugar, de justificar a fase de acumulação, sem a qual ficaríamos sujeitos ao nível de vida dos homens pré-históricos. A ideia de uma obrigação de poupança intergeracional durante essa fase viola efectivamente a exigência de melhoria do destino da geração mais desfavorecida. A solução provém aqui de um recurso à ideia de prioridade das liberdades fundamentais em relação ao objectivo de melhoria do destino do mais desfavorecido. Esta defesa liberal justifica portanto uma obrigação de poupança para as primeiras gerações enquanto esta for necessária para

---

[2] A propriedade nua corresponde aos atributos da plena propriedade, menos os do usufruto.

PENSAR A JUSTIÇA ENTRE AS GERAÇÕES

garantir a implementação de instituições capazes de assegurar a justiça em geral e – mais especificamente – o respeito pelas liberdades fundamentais.

Segundo desafio: tem de defender a fase de cruzeiro. Em relação a isto, e ao contrário de Rawls, pensamos que a prioridade dada aos mais desfavorecidos (o *maximin*) implica uma proibição da poupança (no sentido lato). Será, portanto, o crescimento inter-geracionalmente injusto? Sim, a partir do momento em que certas condições estejam satisfeitas, como o respeito intergeracional do igualitarismo do *maximin* por parte de cada geração, e a ausência de unanimidade em favor do crescimento. A intuição subjacente a esta tese é simples: se dispusermos de algo mais em relação ao que recebemos da geração anterior, a justiça exige que o utilizemos em benefício dos mais desfavorecidos da nossa própria geração, em vez de o fazer em benefício da geração seguinte. Esta será a única condição para que o nosso mundo intergeracional seja aquele em que o mais desfavorecido, qualquer que seja a geração a que pertence, esteja na melhor situação possível.

Esta teoria implica, portanto, regras muito diferentes daquelas que provêm da lógica de reciprocidade indirecta. Em vez de uma simples proibição da despoupança, exige uma obrigação de poupança intergeracional na fase de acumulação e, em princípio, uma proibição da poupança intergeracional em fase de cruzeiro. Além disso, o recurso à ideia de desvantagem exógena permite ilustrar a natureza propriamente distributiva desta teoria. Na fase de cruzeiro, se for possível prever que a geração seguinte irá ser vítima no fim da vida de uma catástrofe natural sem precedentes que reduza fortemente o seu leque de oportunidades, temos de eliminar a proibição da poupança. Cabe-nos neste caso substituí-la pela obrigação de transferir mais a essa geração do que aquilo que recebemos da precedente, de modo a fazer com que a nossa geração e a seguinte possam, ao fim e ao cabo, dispor cada uma de circunstâncias equivalentes.

Assim, a reciprocidade indirecta não tem o monopólio da justiça intergeracional. Existem outras teorias que se distinguem dela, tanto pela sua lógica como pelas regras práticas que convidam a respeitar. E a teoria liberal-igualitária não é nem a menos plausível, nem a menos rica dentre elas. A proibição do crescimento por motivo de injustiça intergeracional não pode ser posta de lado sem mais nem menos.

CONCLUSÃO

A prova da prática

É impossível julgar uma teoria sem a aplicar à prática. É por isso que fazemos constantemente referência a ela. Quando abordámos as dificuldades colocadas pelo «caso Perruche», tentámos mostrar que a solução teórica proposta não implicava de modo algum uma improcedência da queixa em resposta às dificuldades de Lionel, de Nicolas e dos seus pais. Pareceu-nos também essencial consagrar um capítulo a duas problemáticas geralmente associadas à justiça entre as gerações: a conservação da biodiversidade e a reforma das pensões.

As teorias da justiça entre as gerações oferecem-nos poucas indicações sobre a natureza dos elementos que têm de ser incluídos no bolo legado à geração seguinte. Rawls insiste, sem dúvida, na importância de transferir instituições justas. Contudo, preocupa-se desde logo com o esclarecimento do que, de um ponto de vista mais quantitativo, a justiça exige. Perante uma questão como a da conservação da biodiversidade é, portanto, noutro lado que temos de procurar argumentos. Propusemos alguns, tendo previamente sublinhado as diferenças entre preservação da biodiversidade, protecção do ambiente e conservação da natureza.

O primeiro conjunto de argumentos remete para o valor instrumental (no sentido lato) da biodiversidade para o homem. Insistimos na exigência de neutralidade mínima que tem de ser satisfeita pelo Estado. Como justificar a salvação de uma espécie em vez do financiamento de cuidados de saúde, por exemplo, sabendo que nos encontramos num contexto de raridade? O argumento de Dworkin de transferência de uma riqueza equivalente à estrutura cultural oferece-nos alguma base de apoio; mas permanece, apesar de tudo, muito frágil, e o facto de colocar a biodiversidade ao lado da ópera ou da pelota basca acaba por conceder à primeira uma importância bastante contingente.

A alternativa consiste em desenvolver argumentos não antropocêntricos. De modo geral, uma teoria que concede um valor intrínseco a um coelho ou a um cavalo merecer ser seguida, apesar de ter de se confrontar com numerosos obstáculos, como vimos. Muitas vezes esquecemos, pois, que uma teoria que renuncia a reconhecer um valor intrínseco aos organismos que não pertencem à espécie *homo sapiens* tem também de se confrontar com dificuldades igualmente sérias. Todavia, os obstáculos com os quais se confronta uma teoria não antropocêntrica multiplicam-se

PENSAR A JUSTIÇA ENTRE AS GERAÇÕES

quando nos debruçamos sobre o estatuto moral das espécies enquanto tais. Em particular, faz-nos falta uma teoria que nos permita escolher entre, por um lado, os interesses dos membros de uma espécie ameaçada mas com fracas capacidades (uma mosca rara) e, por outro lado, os de uma espécie numerosa, mas cujas capacidades seriam, de longe, superiores (um ser humano). O modo de defesa não antropocêntrico da conservação das espécies ameaçadas não nos parece, portanto, credível no estado actual.

No âmbito da reforma das pensões, a teoria geral é-nos mais directamente útil. A distinção entre repartição e capitalização é menos central do que poderia parecer à primeira vista para a avaliação dos nossos sistemas de financiamento das reformas através do prisma da justiça intergeracional. Apresentámos a regra de Musgrave que tudo o resto sendo constante, poderá constituir um princípio de justiça interessante para um liberal- -igualitário. A objecção dos direitos adquiridos que podemos levantar à sua adopção não nos parece, em princípio, convincente. Contudo, o facto de a regra de Musgrave ignorar a distinção entre escolhas e circunstâncias geracionais é mais problemático.

Mais ainda, a teoria da proibição da poupança na «fase de cruzeiro» é susceptível de nos fornecer um argumento particularmente sólido em favor daquilo que os reformados que provêm do baby-boom reivindicam quando recorrem à ideia de direitos adquiridos. Esta dimensão aparece quando alargamos a nossa avaliação daquilo que é efectivamente transferido de uma geração à outra para além do campo das reformas e dos programas sociais. Se for correcto afirmar que a geração dos jovens trabalhadores de hoje receberá no fim da vida um bolo de capital (entendido no sentido lato) mais volumoso do que aquele que a geração dos jovens reformados de hoje herdou, então o facto de colocar o peso das reformas sobretudo sobre os ombros dos primeiros não seria mais do que uma compensação justa. Esta tese assenta, como é evidente, em premissas empíricas que temos de verificar atentamente. Porém, as medidas disponíveis, por exemplo, em termos de genuína poupança para França, sugerem que esta tese poderia muito provavelmente afigurar-se como válida. Assim sendo, reduzir as prestações de reforma dos reformados seria injusto por causa deste contexto geral que se prevê ser favorável à *coorte* dos activos de hoje, e não por causa da existência de supostos direitos adquiridos. É sobre um aumento da duração e do nível de contribuição dos activos – necessário para a satisfação de uma taxa de substituição garantida – que deveríamos hoje colocar a ênfase.

CONCLUSÃO

Gerações futuras, obras futuras

Várias problemáticas deixadas em suspenso mereceriam no futuro um exame aprofundado. Entre as questões teóricas, sublinhemos que a relação pai-filho gera potenciais dificuldades para a caracterização das preferências das gerações sucessivas. Será que as conclusões aqui defendidas seriam radicalmente alteradas se integrássemos plenamente, entre as preferências dos pais que somos, a nossa preocupação com o bem-estar dos nossos filhos? E se considerarmos plenamente essas preferências, não como dadas, mas como fruto das nossas escolhas de educação, será que essa integração conferiria um novo rosto a uma teoria liberal-igualitária da justiça intergeracional? Por outro lado – outro problema teórico –, se não formos capazes de desenvolver uma abordagem plausível da responsabilidade *colectiva*, tudo indica que isso terá consequências para as teorias da justiça entre as gerações, e, nomeadamente, sobre a nossa aptidão a recorrer à distinção entre escolhas e circunstâncias. Por fim, as implicações da dimensão «por cabeça» da teoria liberal-igualitária aqui defendida deveriam ser exploradas de modo sistemático.

Quanto ao lado empírico, o argumento de proibição da poupança assenta em premissas que têm de ser examinadas em detalhe. gnoramos se os mais desfavorecidos, uma vez esclarecidos sobre o conjunto dos elementos do debate, estariam, ao fim e ao cabo, dispostos a aceitar que as nossas sociedades transmitissem mais à geração seguinte do que aquilo que herdámos. Importa também determinar o que as externalidades intergeracionais – que analisámos no fim do capítulo 4 – representam em termos de volume relativo quanto ao conjunto do que transferimos à geração seguinte. A própria possibilidade de substituir, por exemplo, uma melhoria das tecnologias por uma redução dos recursos petrolíferos, no intuito de manter a constância do capital transferido de uma geração à outra, depende disso. Para responder a esta pergunta, devemos, aliás, dispor de ferramentas integradas que possam ser contadas: o que é que transferimos efectivamente de uma geração à outra, em termos de capital físico, ambiental, humano, tecnológico e institucional? A noção de poupança genuína é um guia útil nesta matéria. Contudo, ela continua a ser relativamente rudimentar. Por fim, importa também determinar se, tendo em conta as riquezas acumuladas a nível mundial, será plausível postular que já ultrapassámos o ponto de transição para a fase de cruzeiro.

*

* *

Não se enganem em relação a estas perguntas abertas. Não, a filosofia não visa trazer como única resposta às nossas perguntas existenciais outras perguntas ainda mais abissais. A exigência do equilíbrio reflectido incita-nos, contudo, a pôr em questão o conjunto das premissas dos nossos raciocínios, sejam elas teóricas ou empíricas. E, para isso, a filosofia tem de dialogar com a economia, com o direito, com as ciências da natureza... A recusa de nos limitarmos a posições de princípio desprezando qualquer realidade contingente faz com que este diálogo seja inevitável. No entanto, também é este que permite à filosofia esclarecer efectivamente o sentido das nossas existências e – no caso que nos ocupa – nutrir e prolongar o nosso sentido de justiça.

FONTES

A presente obra vale-se de outros trabalhos publicados anteriormente pelo autor. No que concerne ao capítulo primeiro, o leitor encontrará algumas das ideias aí contidas em «Faut-il couper les ailes à l'arrêt 'Perruche'?», *Revue interdisciplinaire d'études juridiques*, vol. 48, 2002, pp. 93-110. O capítulo segundo desenvolve, em parte, argumentos já apresentados em «A-t-on des obligations envers les morts?», *Revue philosophique de Louvain*, vol. 101 (1), 2003, pp. 80-104. Poder-se-á encontrar uma primeira abordagem ao raciocínio desenvolvido nos capítulos terceiro e quarto em «What do we owe the next generation(s)?», *Loyola of Los Angeles Law Review*, vol. 35 (1), 2001, pp. 293-354 e em «La justice entre les générations. Faut-il renoncer au maximin intergénérationnel?», *Revue de métaphysique et de morale*, vol. 107 (1), 2002, pp. 61-81. Por fim, algumas das teses defendidas na primeira parte do capítulo quinto foram anteriormente apresentadas em «L'éthique environnementale aujourd'hui», *Revue Philosophique de Louvain*, vol. 96 (3), 1998, pp. 395-426.

REFERÊNCIAS BIBLIOGRÁFICAS SELECIONADAS

Arneson, R., 1991. «Lockean Self-Owner-ship: Towards a Demolition», *Political Studies*, vol. 39, pp. 36-54.

Arrow, K., 1984. «Rawls's Principle of Just Savings», in *Collected Papers, Vol. 1. (Social Choice and Justice)*, Oxford, Blackwell, pp. 133-146.

Arrow, K., Dasgupta P., Goulder, L., Daily, G., Ehrlich, P., Heal, G., Levin, S., Mä-ler, K.-G., Schneider, S., Sterrett, D, e B. Walker, 2004. «Are We Consuming Too Much?», Nashville, *Journal of Economic Perspectives*, American Economic Asso-ciation, vol. 18 (3), pp. 147-172.

Auerbach, A., Gokhale, J. e L. Kotlikoff, 1991. «Generational Accounts: A Mea-ningful Alternative to Deficit Accoun-ting», in D. Bradford (ed.), *Tax Policy and the Economy*, vol. 5, Cambridge (MA), The MIT Press, pp. 55-110.

Barry, B., 1989. «Justice as reciprocity», in *Liberty and Justice*, Oxford, Oxford Uni-versity Press, pp. 211-241.

Barry, B. e R. Sikora (eds.), 1978. *Obligations to Future Generations*, Philadelphia, Tem-ple University Press.

Beckerman, W. e J. Pasek, 2001. *Justice, Posterity and the Environment*, Oxford, Oxford University Press.

Birnbacher, D., 1994. *La responsabilité envers les générations futures*, Paris, PUF.

Bourgeois, L., 1902. *Solidarité* (3ª ed.), Paris, Armand Colin.

Callahan, J., 1987. «On Harming the Dead», *Ethics*, vol. 97 (2), pp. 341-352.

Cayla, O. e Y. Thomas, 2002. *Du droit de ne pas naître*, Paris, Gallimard.

Chauvel, L., 1998. *Le destin des générations. Structure sociale et cohortes en France au XXème siècle*, Paris, PUF.

Chauvel, L., 2003. «Génération sociale et socialisation transitionnelle. Fluctua-tions cohortales et stratification socia-le en France et aux Etats-Unis au XXè siècle» (tese de agregação), Paris, Insti-tut d'Etudes Politiques.

Collard, D., 1999. «The generational contract in classical and neoclassical thought», in R. E. Backhouse e J. Creedy (eds.), *From Classical Economics to the Theory of the Firm: Essays in Honour of D. P. O'Brien*, Chelte-nham, Elgar, pp. 139-153.

Cunliffe, J., 1990. «Intergenerational justice and productive resources; A nineteenth century socialist debate», *History of Eu-ropean Ideas*, vol. 12, pp. 227-238.

Dobson, A. (ed.), 1999. *Fairness and Futurity. Essays on Environmental Sustainability and*

Social Justice, Oxford, Oxford University Press.

Dworkin, R., 1993. *Life's Dominion. An Argument about Abortion and Euthanasia*, London, HarperCollins.

Dworkin, R., 1985. *A Matter of Principle* , Cambridge (MA), Harvard University Press.

Dworkin, R., 2000. *Sovereign Virtue. The Theory and Practice of Equality*, Cambridge (MA)/Londres, Harvard University Press.

Elliot, R., 1986. «Future Generations, Locke's Proviso and Libertarian Justice», *Journal of Applied Philosophy*, vol. 3, pp. 217-227.

Elliot, R., 1989. «The Rights of Future People», *Journal of Applied Philosophy*, vol. 6 (2), p. 159-169.

Feinberg, J., 1984. *The Moral Limits of the Criminal Law. Vol. 1: Harm to Others*, Oxford/Nova Iorque, Oxford University Press.

Fleurbaey M. e P. Michel, 1992. «Quelle justice pour les retraités?», *Revue d'économie financière*, vol. 23, pp. 47-64.

Fleurbaey M. e P. Michel, 1999. «Quelques réflexions sur la croissance optimale», *Revue économique*, vol. 50, pp. 715-732.

Fotion, N. e J. Heller (eds.), 1997. *Contingent Future Persons. On the Ethics of Deciding Who Will Live, or Not, in the Future*, Dordrecht, Kluwer.

Genicot, G., 2002. «Le dommage constitué par la naissance d'un enfant handicapé», *Revue générale de droit civil*, pp. 79-98.

Goodin, R., 1999. «Treating likes alike, intergenerationally, and internationally», *Policy Sciences*, vol. 32, pp. 189-206.

Heyd, D., 1992. *Genethics. Moral Issues in the Creation of People*, Berkeley, University of California Press.

Iacub, M., 2002. *Penser les droits de la naissance*, Paris, PUF.

Jonas, H., 1990. *Le principe responsabilité. Une éthique pour la civilisation technologique*, Paris, Le Cerf.

Kavka, G., 1982. «The Paradox of Future Individuals», *Philosophy and Public Affairs*, vol. 11 (2), pp. 93-112.

Lamont, J., 1998. «A Solution to the Puzzle of When Death Harms its Victims», *Australasian Journal of Philosophy*, vol. 76 (2), pp. 198-212.

Lehman, C. e D. Tilman, 2000. «Biodiversity, Stability, and Productivity in Competitive Communities», *The American Naturalist*, vol. 156 (5), pp. 534-552.

Locke, J., 1997 (ed. original 1690). *Deux traités du gouvernement*, Paris, Vrin.

Masson, A., 1999. «Quelle solidarité intergénérationnelle ?», *Notes de la Fondation St. Simon*, n° 103, p. 52.

Mulgan, T., 1999. «The Place of the Dead in Liberal Political Philosophy», *Journal of Political Philosophy*, vol. 7 (1), pp. 52-70.

Mulgan, T., 2003. «La démocratie post-mortem», *Revue philosophique de Louvain*, vol. 101 (1), pp. 123-137.

Musgrave, R., 1986 (ed. original 1981). «A Reappraisal of Financing Social Security», in *Public Finance in a Democratic Society. Vol II : Fiscal Doctrine, Growth and Institutions* (Collected Papers), New York, New York University Press, pp. 103-122.

Myles, J., 2003. «What justice requires: pension reforms in ageing societies», *Journal of European Social Policy*, vol. 13 (3), 264-269.

Norton, R., 1987. *Why Preserve Natural Variety?*, Princeton, Princeton University Press.

Nozick, R., 1974. *Anarchy, State, and Utopia*, Oxford/Cambridge, Blackwell.

Paden, R., 1997. «Rawls's Just Savings Principle and the Sense of Justice», *Social Theory and Practice* , vol. 23 (1), pp. 27-51.

REFERÊNCIAS BIBLIOGRÁFICAS SELECIONADAS

Parfit, D., 1984. *Reasons and Persons*, Oxford, Clarendon Press.

Partridge, E., 1981. «Posthumous Interests and Posthumous Respect», *Ethics*, vol. 91 (2), pp. 243-264.

Pettit, P., 2000. «Non-consequentialism and Universalisability», *Philosophical Quarterly*, vol. 50, pp. 175-190.

Piketty, T., 2001. *L'économie des inégalités*, Paris, La Découverte.

Pezzey, J. e M. Toman, 2002. «Introduction», in Pezzey e Toman (eds.), *The Economics of Sustainability*, Aldershot, Ashgate, pp. xi-xxxii.

Pitcher, G., 1984. «The Misfortunes of the Dead», *American Philosophical Quarterly*, vol. 21 (2), pp. 183-185.

Przeworski, A., 2005. «Democracy as an equilibrium», *Public Choice*, vol. 123 (3), pp. 253-273.

Raffelhüschen, B., 1999. «Generational Accounting in Europe», *The American Economic Review*, vol. 89 (2), pp. 167-170.

Ramsey, F., 1978 (1928). «A Mathematical Theory of Saving», in *Foundations. Essays in Philosophy, Logic, Mathematics and Economics* (D. H. Mellor, ed.), Londres, Routledge e Kegan Paul.

Rawls, J. 1987. *Théorie de la Justice* (trad. C. Audard), Paris, Le Seuil.

Rawls, J. 1999. *The Law of Peoples, with The Idea of Public Reason Revisited*, Cambridge/London, Harvard University Press.

Roberts, M., 1998. *Child versus Childmaker. Future Persons and Present Duties in Ethics and the Law*, Lanham, Rowman and Littlefield, p. 235.

Routley, R., 1973. «Is There a Need for a New, an Environmental Ethic?», *Proceedings of the Fifteenth World Congress of Philosophy* (Sófia), pp. 205-210

Schokkaert, E. e P. Van Parijs, 2003. «Social Justice and the reform of Europe's pension systems», *Journal of European Social Policy*, vol. 13(3), pp. 245-263

Shrader-Frechette, K., 1993. *Burying Uncertainty. Risk and the Case Against Geological Disposal of Nuclear Waste*, Berkeley/Los Angeles, University of California Press, p. 346.

Silvestre, J., 2002. «Progress and conservation under Rawls's maximin principle», *Social Choice and Welfare*, vol. 19, pp. 1-27.

Solow, R., 1974. «Intergenerational Equity and Exhaustible Resources», *Review of Economic Studies*, pp. 29-45.

Thomson, D., 1996. *Selfish Generations? How Welfare States Grow Old*, Cambridge, The White Horse Press, 1996.

Van Parijs, P., 1996. «Quand les inégalités sont-elles justes?», in *Rapport Annuel 1996*, Paris, Conseil d'État, pp. 465-476.

Waluchow, W., 1986. «Feinberg's theory of "Preposthumous" Harm», *Dialogue*, vol. 25(4), pp. 727-734.

Woodward, J., 1986. «The Non-Identity Problem», *Ethics*, vol. 96(4), pp. 804-831.

ÍNDICE

Prefácio não filosófico a uma obra filosófica (Jorge Sampaio) I

Agradecimentos 7

Introdução 9
I. Percurso assinalado em território intergeracional 11
    Obrigações impossíveis? 11
    Teorias da justiça entre as gerações 12
II. A hipótese do suicídio da humanidade 14
III. Construtivismo moral e coerentismo negativo 17
    Porquê abandonar o fundacionalismo? 18
    O equilíbrio reflectido 19
    Um coerentismo particular 22
IV. *Coortes* e classes de idade 24
V. Justiça *inter-* ou *trans*-geracional? 29
    Os dois sentidos de «inter» 29
    A justiça *trans*geracional 30

Capítulo primeiro. Nicolas, Lionel, e as gerações futuras 33
I. Será que qualquer deficiência é um dano? 36
    Quatro condições 36
    O que é um dano? 39
    A diferença entre Nicolas e Lionel 42
    A contribuição do erro médico 44
II. Reinventar o conceito de «dano»? 46
    A exigência de igual solicitude 46
    A solução de solidariedade 48

PENSAR A JUSTIÇA ENTRE AS GERAÇÕES

Um conceito alargado de dano para os pais	49
O problema filosófico da não-identidade	51
Um conceito de dano independente da identidade?	53
O patamar de dignidade	54
Esclarecimentos	58
III. E se os nossos filhos e netos fossem todos Lionéis?	61
A extensão do problema	62
A estratégia da recuperação	64
IV. Podem as pessoas futuras ter direitos para connosco?	68
Não-existência e direitos condicionais	69
Não-identidade, recuperação e obrigações em relação às pessoas futuras	71
Um argumento *a fortiori*	**76**

Capítulo segundo. E se tivéssemos obrigações para com os mortos?	81
I. Obrigações em relação aos mortos?	84
A estipulação para outrem	85
Profilaxia moral	86
O interesse de todos	87
II. Danos (pré-)póstumos?	89
Não há dano sem experiência?	89
A hipótese das propriedades póstumas	93
Danos para quem, e quando?	94
Duas dificuldades	96
III. E se os mortos existissem?	98
Evitar a tirania dos mortos	101
Uma aplicação aos mortos do argumento das vidas completas	103
O desacordo intergeracional	105

Capítulo terceiro. O que devemos à geração seguinte?	107
O quarteto de segundo plano	108
I. A teoria da reciprocidade indirecta	111
Duas máximas	111
Três variações	113
A. Restituir , mas a quem?	115
O mecanismo do modelo	117
Avaliação das duas variantes	118
B. Negociar à custa dos mortos?	120
A objecção do dom (Barry)	120
Léon Bourgeois e a intenção das gerações passadas	121
Free-riding e gerações ferroviárias	124

A exigência de ausência de custo líquido (Nozick)	128
Obrigações para com os mortos?	131
C. E se tudo tivesse começado mal?	133
A objecção da primeira geração	133
Receber do passado ou pedir emprestado ao futuro?	135
II. Três teorias lockianas	137
Uma cláusula de equivalência intergeracional – três versões	139

Capítulo quarto. Será o crescimento injusto? — 147

I. Um modelo em dois tempos	149
O pano de fundo utilitarista	149
O modelo de Rawls	152
II. Como justificar uma fase de acumulação?	154
A passagem para o *leximin*	155
Duas defesas rawlsianas da fase de acumulação	156
Uma defesa liberal simples	157
Uma defesa igualitarista consequencialista	160
Serão as democracias ricas mais estáveis?	162
III. Fase de cruzeiro e proibição da poupança	165
Porquê proibir a poupança?	165
A. As excepções à regra fechada	168
A hipótese da desvantagem exógena	171
Regresso à bomba-relógio	173
B. Duas objecções	175
A herança privada	175
Melhorias parétianas no plano intergeracional	176

Capítulo quinto. Conservação da biodiversidade e reformas: dois casos práticos — 179

I. Porquê conservar a biodiversidade?	179
Ambiente, natureza, biodiversidade	182
A. Sobre a biodiversidade e sobre os homens	185
Biodiversidade, produtividade, estabilidade	185
Biodiversidade e ópera	187
Existe uma alternativa não antropocêntrica?	192
B. O último homem, o gradualismo e o anti-especismo	192
Organismos e locutores	194
Espécie ameaçada ou espécie superior?	196
II. Reformas inter-geracionalmente justas	197
Repartição ou capitalização?	199

PENSAR A JUSTIÇA ENTRE AS GERAÇÕES

Refeições gratuitas 201
A regra de Musgrave 204
A objecção dos direitos adquiridos 207
Gerações, escolhas e circunstâncias 209
O lugar das pensões 212
Defesa da taxa de substituição garantida 216

Conclusão 221
Levar a sério a não-identidade 221
Livrar-se do modelo da reciprocidade indirecta 222
A prova da prática 225
Gerações futuras, obras futuras 227

Fontes 229

Referências bibliográficas selecionadas 231

COLECÇÃO *ARETÉ*

A palavra grega *ARETÉ* significa excelência, virtude, e refere-se à necessidade de cada indivíduo realizar o seu fim – a sua essência – no mundo. É a palavra que escolhemos para a colecção das publicações do *Instituto de Políticas Públicas Thomas Jefferson-Correia da Serra* com o objectivo de tornar acessíveis ao grande público obras de três grandes áreas temáticas: a Economia, a Ciência Política e a Filosofia Política, e, ainda, de outras áreas científicas relevantes, como o Direito, a Sociologia, a História. Mais do que textos meramente académicos, pretende-se publicar obras que tenham relevância prática para as questões do nosso tempo.

A escolha deste título não foi, por isso, um acaso: o I*nstituto de Políticas Públicas* deseja, com estas obras, fornecer alguns instrumentos que permitam aos cidadãos exercerem os seus direitos e deveres de forma mais esclarecida e exigente e sobretudo informar o debate público e político para que este se desenvolva de forma mais fundamentada.

As obras que compõem a Colecção *ARETÉ*, independentemente da área científica específica, e embora sigam diferentes ângulos de abordagem, têm como denominador comum o facto de se concentrarem em temas relacionados com a reforma das instituições políticas e no terreno das políticas públicas, focando-se na actualidade e em temas com particular centralidade em Portugal, na Europa e nos países de língua oficial portuguesa.

Desta forma, pretende-se colocar à disposição de todos os cidadãos, portugueses ou de outros países de língua portuguesa, novas informações e conhecimento sobre os assuntos decisivos preferencialmente relacionados com as importantes questões da estrutura institucional e da esfera

PENSAR A JUSTIÇA ENTRE AS GERAÇÕES

de actuação do Estado e das autarquias locais. Temos também a ambição de ir mais além: tornar o processo de tomada de decisões políticas mais eficiente e transparente.

Com a Colecção *ARETÉ*, o *Instituto de Políticas Públicas* espera contribuir para alargar o âmbito do debate público, para tornar esse debate mais participativo, mais informado, mais aprofundado, mais livre.

Os Coordenadores,
Paulo Trigo Pereira
Ana Rita Ferreira